述往

述往事，思来者

靳飞 编著

张伯驹年谱

北京出版集团
文津出版社

图书在版编目（CIP）数据

张伯驹年谱 / 靳飞编著 . —北京：文津出版社，2021.9
ISBN 978-7-80554-752-7

Ⅰ.①张… Ⅱ.①靳… Ⅲ.①张伯驹（1898-1982）—年谱 Ⅳ.①K825.4

中国版本图书馆 CIP 数据核字（2021）第 037978 号

出品人：安 东 高立志	责任编辑：高立志 罗晓荷
责任印制：陈冬梅	封面设计：高静芳

书名题签：卢树民

张伯驹年谱
ZHANG BOJU NIANPU

靳飞 编著

出 版	北京出版集团
	文津出版社
地 址	北京北三环中路 6 号
邮 编	100120
网 址	www.bph.com.cn
总 发 行	北京出版集团
印 刷	北京华联印刷有限公司
经 销	新华书店
开 本	880 毫米 × 1230 毫米 1/32
印 张	15.875
字 数	338 千字
版 次	2021 年 9 月第 1 版
印 次	2021 年 9 月第 1 次印刷
书 号	ISBN 978-7-80554-752-7
定 价	88.00 元

如有印装质量问题，由本社负责调换
质量监督电话 010-58572393

十有九输天下事,百无一可眼中人。

——袁克文题赠张伯驹

凡 例

一、凡农历时间皆用汉字表述，公历用阿拉伯数字表述。

二、年谱中张伯驹年龄俱用虚岁。

三、凡与张伯驹回忆有出入处，皆系编撰者所订正。

四、所引张伯驹诗文之标点，皆系编撰者重新校订。

五、引文中原有注释皆注明"原注"，未注明者为编撰者所拟。

目 录

张伯驹的遗产（孙郁）……1

自序……9

张伯驹年谱卷一（1898年—1917年）……1

张伯驹年谱卷二（1918年—1926年）……37

张伯驹年谱卷三（1927年—1940年）……60

张伯驹年谱卷四（1941年—1948年）……151

张伯驹年谱卷五（1949年—1957年）……219

张伯驹年谱卷六（1958年—1971年）……346

张伯驹年谱卷七（1972年—1982年）……404

参考文献……448

编后记（张详）……465

再校后记（汪润）……470

张伯驹的遗产

孙 郁

老友靳飞作《张伯驹年谱》，未印之前有幸过目。我自己对张伯驹知之甚少，所识者不过冰山一角。靳飞说此书几易其稿，凡十余年，拳拳之情，透在纸间。书中涉猎旧闻颇广，史料亦多。闲时阅之，峰回路转之中，忽有神灵扑面之感，见到了诸多未见之景。年谱不仅是陈迹的罗列，亦能成人间长调，其间可咏叹者，一时无法说清。

张伯驹是个奇人，用靳飞的话说，他一生"牵扯到晚清、民国、共和国等几个时代的政治、社会、经济、文学、艺术、军事等诸多方面"。近来看上海古籍社《张伯驹集》，渐知其文采，觉得其文章、诗词均有妙处，为现代以来少有的文物专家、戏剧家和诗人。靳飞的年谱，较前人的叙述更全面、具体，对一个人与一段历史的描摹，维度也大了。兴亡之变，荣辱之声均在，感慨之间，怅然之气隐隐。读这本书，对我来说是一次补课，这些在大学的课堂上也不易见到的。

民国至今，文化的变异很大，世道人心都不同以往。张伯驹生于乱世，偏偏情系传统，于琴棋书画中得诸多乐趣。往来于政商之间，却没有染有政商界的积习。且用自己的资源抢救文化遗产，谈艺、收藏、演戏、教学，古文明的遗绪熠熠发光。他在颠簸之间，所作所为，均非己身小利，爱在文明的途中，且含着不灭的梦境，那种痴情，我们在现在的文人那里已不易见到了。

在现代史上，激进的文人之声后来覆盖了文坛，士大夫的情调则有落伍之嫌。张伯驹是易代之际的闲人，他从事的事业，都非主流的，今天的青年人能得其妙意者恐已不多。他唱戏、填词，写楹联，鉴赏古字画，看起来都与新文化无关，格式与趣味与革命的文艺也相去甚远。因为闲，便没有火气，保留了士大夫好的传统。一言一行，都有传统中的真气。有趣的是，张氏不仅闲，还很痴，闲人而又痴情，则有常人不解之处。我们看他的诗文，对古董、旧画、历朝书法，均有心得。尤其言及梨园的旧事，形神兼备，非一般鉴赏家可及。他虽痴情，却不贪恋，能够以远世的态度面对诸多美物，佛家的空无思想也含在其间。故拿得起，放得下。以为一切都转瞬即逝，唯爱在人间，美不被尘世遮掩，则心满意足矣。

梨园里的气氛里，因为有张伯驹、齐如山这样的文人在，文化的水准便与诗文与哲学齐肩，有了非同寻常的味道。张伯驹对梅兰芳、谭鑫培、余叔岩的理解，是学术的与诗的。他把京剧与佛学，与审美的最高境界连为一体，便知道如何把握其发展的脉络。《红毹纪梦诗注》关于梨园旧事的勾勒，乃民国戏剧史的一页，看出舞台艺术的真谛，那是内在于戏剧美学之间，有圈外之人所不懂的所在。他在其间领悟到凡俗之外的东西，人间的极致之美于此可得一二。《佛学与戏剧》一文就讲到戏剧的审美妙处：

> 依予研究结果，佛学与戏剧，同是彻底解剖人生，以为积极维持人生永远安宁之工作。佛学以真我置于旁观地位，而以假我为一切化身，以解剖人生。戏剧则忘其假我，以真我为一切化身，以解剖人生。一为写意，一为写实；一为由原质而生方法，一为由方法而反求原质；一为由高深而趋浅近，一由浅近而入高深。取法不同，归宿则一也。

这分明解释了深浸梨园的原因，不都是简单地观人看事，也是悟道求真的选择。他知道，在一个风云剧变的时代，自己不是改革社会的人物，但却可以找到安顿自己的生命之所。新的事物可以存放自己与否，不得而知，但过往的文明里有这样的遗存是无疑的。他对古代文物、宗教、文学，都有心得，其诗文出笔不凡，有超俗的境界。在他那里，几千年的文明系于一身，古风纯而秀美，似乎也染透了心绪，就有了几多奇音。

在中国，一个人的学问如何，看他对美术的理解，对诗词的体悟，对佛教的认识，便可知道大概。张氏解析历史遗物，好奇心里有生命的温度，能够驻足于文明里的闪亮之地，历史遗产与其生命已经息息相关。他以这样的心境进入梨园，舞榭楼台，就多了诗心和快意。

这样一个心怀天下、颇有爱意的人，却一直在厄运之间，说起来是一个悲剧。早年遭兵匪之患，晚年划为右派，流放到东北，所牵连的人事与文事非一句两句话可以说清。但也恰恰因此，他对历史与文明之认识，则有切肤之痛。知道自己应当做些什么，不应当做些什么。我想，靳飞作此书，便在于其内在的感动吧。

五四之后，新文人吐故纳新，有诸多佳作问世，遂引领着社会风潮。像张伯驹这样的人物，看到了革命的不可避免性。但以为文化的革命，则应小心谨慎，不可把文化的遗产简单视之。我们看他论述戏剧与革命的文章，则可以感到，他是有济世之心的人，主张文化里的静的一面。近代以来的革命，在动的一面甚多，忘记了文化的安静的益处。中国文化的精妙之气，在于超时空里的安静。古老的遗存定格在生命深处，外面的风雨如何变动，均不能撼摇其本性。于是在晦暗之地有奇光闪烁；于风雨之夜能有安定之所。张伯驹的文化理念，其实并非落伍者的选择，至今想来，那温润的词语与旷达的情怀，岂不正是今人所需要滋润者？旧的戏文与辞章，乃几代人精神的积淀，是粗糙生活的点缀，也系由无趣进入有趣的入口。张伯驹深味我们的时代缺少什么，于是苦苦寻梦，且与世风相左，那恰是他不凡的地方。

我注意到，他平生留下的文字不多，除《红毹纪梦诗注》外，还有《续洪宪纪事诗补注》《丛碧词话》《丛碧词定稿》《素月楼联语》《春游琐谈》《丛碧书画录》等。年谱据此发现了许多生平史料，眼光是中正的。我于此看到其知识结构，觉得那一代人的杂学里，有文化中最美的元素，这些在如今的文学学科里已经没有多少位置，被认为是一种小道。但其实我们细细查看，则有文史里贵重的存在。我们从中所得的，是在新文学里所无的东西。比如他的书画题跋，几乎篇篇都好。所谈的名画、名人笔记，鉴赏的深度外，还有知识的趣味。明清之后，士大夫喜欢写短的书话，从钱牧斋到纪晓岚，从知堂到黄裳，写过许多美文。张伯驹与他们不同，他写的文字，都与实物有关。从古人的遗迹里，摸索历史线索，又谈及思想与诗趣，就没有空泛的感觉。文明在他眼里，是形象可感的存在，触摸到的文与画，可激发我们对遗产的爱意。所藏的晋陆机《平复帖》卷、唐杜牧《张好好诗》卷、宋范仲淹《道服赞》卷、宋黄庭坚《草书》卷，均为国宝，都捐给了国家。言及这些作品时，鉴赏的眼光独特，有了诸多妙文。他在谈论书画的题跋里，常能道出原委，又点明真伪，于线条色彩与气势间，揣摩古人心境。他对民间流传的艺术品，多有警觉。知道什么是赝品，什么是杰作。现在从事文物鉴定的人，多不会写文章，有语言功底者不多。而他笔锋从容明快，如久历沧桑者的独语，文人雅事，悉入笔端。我们这些后来的人，对其遗文，只有佩服。

从年谱的资料和《张伯驹集》看，他是个很通达、幽默的人。既能够写出词学研究的妙文，又能记艺林俗事，于正史之外得到启悟。我喜欢他那些关于文坛掌故的文章，印象是比郑逸梅的艺林闲话不差，《世说新语》的智慧也常出现在笔下。有趣的是他对伪道学的态度，那看法与太炎先生的观点颇为接近。《道学先生》一文讽刺朱熹以来迂腐的文人荒谬之迹，六朝人的笔触历历可见。他对民国往事的勾勒，雅音有之，闲笔亦多。比如《职官考》，写民国官制的可笑，参之民间笑话，批评的眼光与新式文人很是接近。张伯驹在述往的文字里，能够跳将出来，以历史的眼光反观旧物，又有批判的精神，则是旧式士大夫少见的风采。我们从他欣赏章太炎、黄侃、吴承仕的行迹里，读出旧文人气里的逆忤精神。他在新旧之间的选择，原也复杂得很。

这样的文人，我们过去统统把他们归为旧式的遗老，其实是一种误解。新文学史不太讲这类人的文字，就遗漏了民国文化的一道重彩。我这代人，受到"文化大革命"的影响，对张伯驹这类旧派人物，多有隔膜。旧戏、旧事、旧画，都视为废物，不敬的地方很多。我在博物馆工作多年，与历史的旧物接触，发现自己竟是艺术的盲人，对许多遗产均很无知。再后来读到那些被打倒的文人的旧作，有许多的高明之处，遂叹近代革命的残酷。中国社会的悲剧，在于对文化的破坏未曾间断。而历史的精妙之所，常常在那些喜静的文人之中，他们倒是延续了民族的精神火种。张伯驹保存的字画，均系国宝，价值连城的。官方所忽视、蔑视的遗存，他却以性命存之，成了历史的佳话。

年谱所谈的话题颇多。作者旁征博引，虽只列资料，而臧否之意存焉。我看这部年谱，对晚清的一类知识群落有了兴趣。这个群落，过去被视为遗老者而鲜谈，但他们的存在，对旧的遗产的存在，真的重要。张伯驹与张大千、齐白石、梅兰芳、尚小云、余叔岩均有深交，而和晚清学界闻人也有接触。政治界的人物袁世凯、张作霖与其有缘，后来和周恩来、陈毅的关系亦很不浅。在这个关系网里，他情之所系者，非世道功名，而是纯美的精神。我们读他的诗文，便可见其素朴生活里的非同寻常的一面。

因为不懂梨园的历史，我对此年谱的许多地方无从判断。但感动我的是作者的善心。靳飞写这部年谱，含着他的寄托。写此书，有他的情结。作者久在梨园，且广涉民间文艺，通京都旧俗，写起来就有会心之处，每每有惊人之思跳出。因崇仰而寻觅，为梦想而成诗，就没有了功利之心。似乎也与其生命的存在有关，说起来很有意思。作者青年时代便与京城文化老人交往，除梨园界外，出版界、作家圈子亦多忘年之交。但其用力最久的却是这部著作。我想，张伯驹之于靳飞，大概是鲁迅之于胡风，知堂之于废名，乃一种传统的延伸。靳飞是梨园界的名人，扮演的也像张伯驹当年的角色。比如他打造的中日版昆曲《牡丹亭》，引进日本的花道、香道，向日本推介胡文阁、谭正岩等名伶，均功不可没。而靳氏还醉心于旧的诗文，喜谈文物与历史掌故，均有民国文人的意思。张伯驹在许多方面，都是他的前导。谁说著书立说者，不是借着古人之镜而照着自己呢？

从这个意义上说，《年谱》不仅是一个历史人物的影像资料，重要的是一位后学寻梦的心影。我们在这里看到了两代人的对白，那是一种穿越时空的交流。有默契，有呼应，也有嗟叹。年谱的写作，以不动声色而让人泪下者，乃高明的文本。这固然有传主的魅力所在，也系编者的推演所致。我在此读出我们文明里最黯淡也最性灵的一页。才知道，过往的时光里，有诸多我所不识、不解的人物，而这些已经成了广陵散般的存在，不可复制了。想到此，便感到黯然，惆怅顿生。而复兴旧梦的冲动也暗自涌来。靳飞就是个复兴旧梦的人。他的大爱精神，就这样与张伯驹的遗产重叠在一起了。

2013年8月22日北京至西安之旅

自序

靳 飞

一

大约是在八十年代中期，我刚结识梨园界的老前辈叶盛长先生不久，他就对我讲起张伯驹的故事，说，"我这个右派，就是跟着张伯驹给党提意见才惹出来的。我觉得张老那么有学问，说出话来能错吗？结果我们就都成了右派。"我那时只有二十岁年纪，哪里懂得什么，这却是我第一次听到张伯驹的大名。既然知道了，也就注意了，其后遂在《燕都》杂志上，不断看到有人提到这个名字。

《燕都》杂志是一本了不起的杂志。"文化大革命"终于结束，政治日益清明，北京燕山出版社迅速办起这本杂志，组织了一批历经浩劫而残存下来的老学者，动手写些老北京掌故，翁偶虹、景孤血、朱家溍、邓云乡、黄宗江、吴小如，都是其主力作者。仿佛是一件贵重的瓷器骤然被打个粉碎，要再复原已经是不可能的；老先生们赶紧捡拾起些碎片，一一作出标记。人的身体里有遗传基因，文化里也有遗传基因。文化的遗传基因就存在于这些碎片里，虽未必再值钱了，文化却可因此而生生不息。

张伯驹即如瓷器碎片一般地散落在《燕都》杂志里。但凡涉及他的故事，都是传奇。最为脍炙人口的，便是在他四十岁生日的堂会上，他自己票演《失空斩》，亲饰诸葛武侯，而配演则是杨小楼、余叔岩等多位京剧史上的标志性人物。相对于这一举世无双的记录而言，所谓"民国四大公子"的说法，都显得平常了。

没有想到的是，我在九十年代初移居东京以后，家里有套香港《大成》杂志，原本是汉学大家波多野太郎心爱之物，太郎先生晚年转让给内子。内子是太郎看重的弟子，太郎又曾问学于内子祖父波多野乾一。《大成》杂志的气质，与《燕都》如出一辙——这话其实是说反了，《大成》在先，是一群更老的老先生遭逢鼎革，离开大陆以后，寄托故国之思的所在。

张伯驹又是《大成》频频出现的人物，不过，与《燕都》有所不同的是，张伯驹在《大成》里的形象，可说是毁誉参半。《燕都》的作者，不说很刻薄的话，讲究为尊者讳，为长者讳；而《大成》的某些作者，则是不说上几句刻薄话，就好像是白作了文章。我更为感兴趣的，却不是这些人是人非，是在《大成》杂志里，读到了张伯驹的《我从余叔岩先生研究戏剧的回忆》《盐业银行与我家》《沧桑几度平复帖》等多篇文章。

在《燕都》与《大成》两杂志的启蒙之下，我开始收集整理张伯驹的相关资料，这项工作，断断续续，不想竟做了二十余年。

二

张伯驹的著述并不多，可是内容庞杂，涉猎尤广，众所周知的是其戏剧、书画、收藏、诗词等四大项；事实上则牵扯到晚清、民国、共和国等几个时代的政治、社会、经济、文学、艺术、军事等诸多方面。更为复杂的是，在伯驹充满个性的、坚守自由的人生中，他从不人云亦云，随波逐流，而是始终保有着自己的独特见解。

他是一位隐士，但他决不消极，决不冷漠。他是一位文士，但他没有理性的设计，自然也不会持有什么主义。他是一位志士，在他三十岁之后，他一直顽固地追求按照自己的方式生活，在自己的生活方式中实现自己的目标，通过实现自己的目标，进而在社会中实现自己的人生价值。

他有过无数次失败，"十有九输天下事"；然而他仍不轻易苟同，"百无一可眼中人"。他所深深拜服的，只是我先民之文化传统。他珍爱这些传统，并且不断地超越现世的种种利益，将自己的这种"珍爱"的情感加以提纯，直至使其彻底融入自己的"天性"中，中华文化传统乃与其血脉相连。

张伯驹是近现代收藏大家，以收藏《平复帖》《游春图》《上阳台帖》《诸上座帖》等书画巨迹闻名天下，无人能出其右。伯驹终将所藏捐献国家，其《丛碧书画录》序云：

> 自鼎革以还，内府失散，辗转多入外邦。自宝其宝，犹不

及麝脐翟尾，良可慨已。予之烟云过眼，所获已多，故予之收蓄，不必终予身为予有，但使永存吾土，世传有绪，是则予为是录之所愿也。

张伯驹是戏剧家，他追随京剧宗师余叔岩学习十余载，躬行实践，亦步亦趋。

其《红毹纪梦诗注》云：

> 余三十一岁从余叔岩学戏，每日晚饭后去其家。叔岩饭后吸烟成瘾，宾客满座，十二时后始说戏，常至深夜三时始归家。次晨九时，钱宝森来打把子，如此者十年。

他可以容忍剧人的鸦片恶习，他并不认为剧人必须应该兼具道德典范。他所怒不可遏的是，艺术上的轻浮与草率。这就有了余叔岩与他的好朋友孙养农记述下的故事：

> 我带他去看上海某名角的《四郎探母》，他一听之下，马上离座就朝外走，口中还喃喃有辞，我急忙跟上，问他什么事，他不脱乡音地说："前后门上锁，放火烧。"我被他说得一愣，就问他："干什么呀？""连唱戏的带听戏的，一齐给我烧"，他气鼓鼓地说。我听了不禁哑然失笑。
>
> 又有一次，我们一同在听谭富英的《群英会》，那个去孔明的里子老生，在台上大耍花腔，他就跑到台口，一面用手指着一面就骂："你不是东西。"骂完回头就走，弄得台上台下的人都为之愕然。这种举动，当然不足为法，但是足以证明他是如何地爱护戏剧，而痛恨破坏规矩的人了。

张伯驹是诗人，他不善言谈，甚至拙于文章；而他作诗填词，却信手拈来，尽展其五车之学、八斗之才。在他所有留下的文字里，最多的是诗词，最精的是诗词，最真的也是诗词。其忘年之交周汝昌果然是伯驹知己，周在伯驹身后，为其词集作序时，特意说到北宋晏小山，说：

> 就中小晏（晏几道）一家，前人谓其虽为贵公子而有三痴焉，语绝可思。我以为如伯驹先生者，亦曾为公子，亦正有数痴，或不止三焉。

周汝昌语，典出黄庭坚之《小山词序》：

> 余尝论：叔原（晏几道）固人英也，其痴处亦自绝。人爱叔原者，皆愠而问其旨：仕宦连蹇，而不能一傍贵人之门，是一痴也；论文自有体，不肯作一新进语，此又一痴也；费资千百万，家人寒饥，而面有孺子之色，此又一痴也。人皆负之而不恨，已信之终不疑其欺己，此又一痴也。乃共以为然。

以此数"痴"，移评伯驹，亦无不当。伯驹之词，虽浅而挚且有致，虽淡而清而有情，不求与古人合而能与古人合，不求与古人异而能与古人异。近世之人，词之卓然一家者罕有，伯驹居其一也。伯驹更有临终之作《鹧鸪天》，竟纯以气象胜，一洗平生婉约纤弱，堪称绝唱。其词曰：

> 以将干支指斗寅，回头应自省自身。莫辜出处人民义，可负生教父母恩。
>
> 儒释道，任天真，聪明正直即为神。长希一往升平世，物我同春共万旬。

沉着开阔，深挚自然，足证伯驹在其生命结束之际，不仅心安理得,且由"痴"而"悟",升华到另一番境界,实非寻常词人所得企及。

以伯驹不世之才华、不世之际遇,驽钝如区区我者,研读伯驹生平成就,直似勉力攀登蜀道,纵不敢有丝毫懈怠,犹是兢兢战战,徒嗟远道之人胡为乎来哉!

三

我自读伯驹《丛碧书画录序》而兴长叹,其所谓"世传有绪",付出之代价即《史记》之"楚虽三户,亡秦必楚"之牺牲,此亦中华文化之最能动人处。

由此思及中国之著名悲剧故事,为营救赵氏孤儿,公孙杵臼与程婴有段经典对话,大意是,舍命救孤与以命养孤孰难?公孙择其前者,程婴取其后者,皆竭其全力完其义,尽其责。

迄至近代,中国遭逢陈寅恪所云之"近数十年来,自道光之季,迄乎今日,社会经济之制度,以外族之侵迫,致巨疾之变迁;纲纪之说,无所凭依,不待外来学说之掊击,而已销沉沦丧于不知觉之间;虽有人焉,强聒而力持,亦终归于不可救疗之局"。历史的舞台,重新又上演了一回《赵氏孤儿》。

当此时也,梁巨川、王国维选择了饰演公孙杵臼,张伯驹选择的则是程婴。当然,在那个年代里,选择做公孙的、选择做程婴的,都各是一大批中国之一流人才,倾其所有,义无反顾。陈寅恪先生也是一位程婴。

此种精神感召之下，鉴于张伯驹研究之不足，我自2002年起，发愿欲为伯驹留下一部信史，亦为自己能在心灵深处建起一座庙宇，以伯驹为偶像，崇之奉之。奈何限于自身水平与条件，积十年之力，阅千万字，九易其稿，草成年谱初编。检视其缺漏之处，自知犹是数不胜数，仅得聊胜于无耳，幸诸方家视之勿以学术相衡也。有云昔日王国维先生灵前，陈寅恪先生系行三拜九叩之大礼；值此张伯驹先生冥寿一百一十五周年，我即以此部年谱，作大礼参拜焉。

2013年5月30日于北通州新华西街新寓

[庚子岁再校后补记]

2013年5月完成《张伯驹年谱》初稿，并且请了挚友孙郁先生赐序，即准备交出版社付印。不料网络迅猛发展，突然又出现了关于伯驹先生的大批资料，张伯驹研究亦掀起一个小高潮，相继推出了寓真先生著《张伯驹身世钩沉》、张恩岭先生著《张伯驹传》等多部著述。作为年谱编纂者，逢遇"高潮"，反而不能迎头而上了，对新的资料需要予以再次甄别确认，只好暂时把年谱的出版停止下来。这是很对不住孙郁兄及各位帮过忙的朋友们的。还有一位对不住的朋友，亦需要正式道个歉，就是天津百花文艺出版社的资深编辑家曾永辰先生。

大约是在二十年前，萧乾与文洁若夫妇曾向百花社的董延梅介绍过我。董延梅那时在出版界，如同今日企业界的董明珠，同是叱咤风云的人物。董延梅因萧文说项而注意到我，大概是又看了几篇我的习作，然后交代给曾永辰说，"你要去给靳飞出一本书"。这样，曾永辰从文洁若那里要了我的联系方式，与我见了面。

曾永辰说话，与董延梅似的，不绕弯子。曾对我说，"我要你给我写一本能够在书店的书架子上、在读书人的书房里，都立得住的书"。我在文化界，不黑不红很多年了，而且还干着很多事情，诸如制作中日版昆剧《牡丹亭》、担任东京大学驻北京代表处代表，等等。用北京话说，就是"东一榔头，西一棒子"，杂乱无章。对于曾永辰的要求，我没有做到的把握。

其后，遇到"非典"，虽然那时我住在东京，但也闲下来了。于是，用了这个空当儿，完成了《茶禅一味：日本的茶道文化》。这本书不是学术性质的，基本上可以算是一篇篇幅很长的随笔。我用这本书对董延梅与曾永辰交了答卷，感谢他们的青眼相加。令我感到庆幸的是，《茶禅一味》直到现在还在卖着，陆续也不断有人拿书来找我，要我签上个名字，最近还有店家自己制作了影印本在网上售卖，我也不气，因为这可以证明，没有辜负曾永辰的期许。

也可能是《茶禅一味》的成功，鼓舞了曾永辰。曾永辰又问我，"你还可以写什么？"我说，"我要写一部张伯驹的信史，如何？"曾永辰手臂一挥，很有气魄地说，"好！你马上写！写完就出！"

结果，董延梅退休了，再往后，曾永辰也退休了，我的任务也还没有完成。每隔一二年，曾永辰都会打电话给我，我也自己督促自己，居然十余年倏忽过去。

今逢庚子时疫，我在北京，因为昨岁北京出版社安东先生要我为其"述往"丛书添砖加瓦，我也拖了年余，就想着用这段闭户不出的时间，做这项工作。我把我对于张伯驹事迹的订正，写成了《张伯驹笔记》，交上了差。同时，我顺便也把年谱校正了一遍。

感谢在张伯驹研究方面，任凤霞、寓真、张恩岭等各位专门家都做出诸多努力，特别是寓真先生，其著作披露大量珍贵资料，对于年谱的编纂，大有裨益。感谢王际岳、胡东海、耿直、丁剑阳在疫情期间照顾我的生活，使我可以安心做自己的工作。还要感谢张永和、王志怡、孙郁、吕凤鼎、卢树民、高远东、孙小宁、潘占伟、李斌、陈飞、朱龙斌、王亮鹏、高一丁、张洋、汪润、荃爰、王子溟、吴春光等各位文友及北京戏曲评论学会同人对我的帮助。感谢靳东、果靖霖、李玉刚、余少群四位影视明星列名推荐。2013年的时候，是张洋君帮助我录入电脑并予校对的，这次则是汪润君帮的忙。总而言之，写作与研究工作，貌似是一人单干，其实却是离不开别人的支援的。对于孙郁兄、曾永辰兄的歉意，对于各位帮忙的朋友，我所能做到的回报，就是尽最大努力，让这本书成为一本信得过、读得完、立得住的书。

2020年3月20日于北京新华西街寓所

张伯驹年谱卷一
(1898年—1917年)

一八九八年（清光绪二十四年戊戌）一岁

2月12日（戊戌年正月二十二日）

张伯驹于1898年2月12日即清光绪二十四年戊戌正月二十二日，出生在河南省陈州府项城县（今周口市下辖项城市）秣陵镇阎楼村。谱名家骐，字伯驹，后以字行。初号冻云楼主，三十岁后改号丛碧，别署展春主人、好好先生、游春主人等。

伯驹家世寒俭，数代书香。祖父张瑞祯，字恩周，又字雨延，生年不详，1894年即光绪二十年甲午科乡试中举，未仕，1896年即光绪二十二年病逝。

张瑞祯有子张镇芳、张锦芳及女数人。张锦芳即伯驹生父，约出生于1874年即同治十三年，字絧庵，曾参加科举，科名不详，清末任职度支部郎中，官正五品；民国初期，出任第一届国会（1913年4月—1914年1月，众议院议长汤化龙）众议院河南省议员，旋即归隐乡间，乐善好施，热心公益，尤为乡里称道。1940年病逝后，其乡曾为其建"絅庵先生纪念碑",称其"自清末迄至民国初元,汝南开办一切公益,得公赞助之力居多,其他排难解纷,造福于汝人者,殆不可以数计"。张锦芳还曾主持编修《项城县志》(1911年石印本),著有诗集《修竹斋引玉咏》。

锦芳妻崔氏生年不详,逝于1950年底。育有二子二女,长子家骐即伯驹,次子家骅,女月娥、月莲。月娥婚后即去世。家骅约在1925年病故,年二十四岁。

张月莲生于1902年5月,后更名家芬,嫁清署理江北提督刘永庆之子沛鸿为妻,有子女四人。刘沛鸿于1932年亡故。

锦芳另有侧室数人,其一名杨慧仙,于20年代末期育有一子名家骏。家骏解放后在新疆工作,1961年自行退职。

张伯驹幼年过继伯父张镇芳为嗣子,改称锦芳崔氏夫妇为叔婶。

张镇芳字馨庵,又作心庵,号芝圃。生于同治二年癸亥十二月二十八日,少年师从同乡名儒余连尊,以擅作八股文著称于乡里。1885年即光绪十一年乙酉科以优廪应试,考选拔贡,同年连捷,乡试中举;1892年即光绪十八年考取壬辰科第三甲第九十一名进士,签分户部陕西司主事。1895年、1896年即光绪二十一年、二十二年相继丁母忧、父忧,回籍守孝。伯驹即出生于张镇芳在乡服丧居住期间。

张伯驹《盐业银行与我家》:

因我的姑母是袁世凯大哥袁世昌(原注:字裕五)之妻,故与袁有姻娅关系。

张伯驹《续洪宪纪事诗补注》:

盖先父兄弟行五,项城(袁世凯)诸子称先父"五舅",左右皆称先父"五大人"也。

张伯驹《春游纪梦·科场换卷》:

先祖与先叔甲午科同入场,先祖盼子功名心切,以为先叔卷无取中望,以己卷换之。榜发,先祖竟获中。林贻书、袁珏生、冒鹤亭先生皆与先祖是科同年,其实余应晚其一辈,因是余晚两辈矣,见面只有以太年伯称之。

张伯驹《春游纪梦·重瞳乡人印》:

吾邑项城县春秋时为项子国,后灭于楚,以封霸王项羽之先世,故以地为姓。今项城东尚有地名项羽城。

编者谨按:项国系为鲁国所灭,后楚襄王徙陈,以此处为别都。

一九〇〇年(清光绪二十六年庚子)三岁

张镇芳服满返京,恰逢"庚子事变"。张镇芳追随慈禧皇太后、光绪皇帝奔逃西安,次年随驾回銮,仍返户部供职。

一九〇一年(清光绪二十七年辛丑)四岁

11月7日李鸿章病逝。袁世凯得以继任李职,擢署直隶总督兼北洋大臣,跃居晚清政坛重镇。张镇芳有姊嫁袁世凯同父异母兄袁世昌为妻,遂以同乡兼姻亲身份及时攀附袁氏。

一九〇二年（清光绪二十八年壬寅）五岁

张伯驹幼年多病，一直生活在项城故乡。

张伯驹《春游社琐谈·看河南家乡戏》：

> 河南戏班角色以红脸为主，凡一班之盛衰，皆以有无好红脸演员为定。所谓红脸，非关羽之红脸，乃赵匡胤之红脸，即正工老生角。余六七岁时即曾观红脸戏，且能学唱数句。吾邑乡俗，小儿多病，遇酬神演戏，抱小儿至后台为开脸，可消灾延寿。余三四岁时多病，即曾由乳母抱至后台开脸，所开者即赵匡胤脸也。

10月

张镇芳经袁世凯奏调至直隶，任北洋银元局会办，复派永平七属盐务总办等职。

一九〇三年（清光绪二十九年癸卯）六岁

8月

张镇芳受委总办永平七属盐务。

12月

张镇芳报捐候补道。

一九〇四年（清光绪三十年甲辰）七岁

12月

张镇芳加捐候补道指分直隶试用，经袁世凯奏保，奉旨交部从优议叙。

冬

河南大旱，故乡生活困苦。遇此灾年，又值伯驹虚龄七岁，已到读书年龄，其家遂送伯驹北上，依嗣父母张镇芳夫妇居住生活。张镇芳正任职总办永七盐务，驻滦州。

张伯驹婿楼宇栋据伯驹生前叙述所拟的《张伯驹小传》记述说，"伯驹七岁由家乡至滦州省父"。

张伯驹《关于刘张家芬诉分产事答辩之一》记：
在我七岁时，我叔父（张锦芳）把我带到滦州，过继于我父亲（指张镇芳。原注：这时我父亲在滦州当盐务总办）。

一九〇五年（清光绪三十一年乙巳）八岁

张镇芳报捐候补道指分直隶试用后，举家移居天津，伯驹随嗣父母住在东马路东侧南斜街寓所。

张伯驹约在此时已在天津家塾中就读，课本是传统的《三字经》等。

《张伯驹自述》：

　　八岁至十四岁往天津，在家中私塾上学。

张伯驹《春游社琐谈·五子》：

　　余七岁入家塾上学，始读《三字经》，塾师命生记死背。中"窦燕山，有义方，教五子，名俱扬"至今不忘，当时则不知其义。

编者谨按：此处之"七岁"，不易判断为实岁虚岁；也就是说，伯驹读家塾系始于滦州抑或天津，尚无定论。

本年

课余，伯驹常随家人到新式剧场观看京剧及地方戏，尤感新奇兴奋。

张伯驹《红毹纪梦诗注》记观看孙菊仙演剧事：

　　余七岁时曾在下天仙观其演《朱砂痣》，当时即能学唱"借灯光"一段，至今其唱法尚能记忆。

张伯驹《红毹纪梦诗注》记观看杨翠喜演剧事：

　　记余八岁时，曾在天津北大关茶园观杨翠喜演戏，已不复记忆。

编者谨按：参考其他相关回忆，这一观剧回忆之时间并不一定确切。

伯驹天津童年时期，曾观看余叔岩演剧。

张伯驹《红毹纪梦诗注》：

> 当时有两童伶：一小小余三胜（原注：即余叔岩），谭派；一小汪桂芬，汪派。小小余三胜出演于下天仙，小桂芬出演于丹桂，余皆曾观其戏。

编者谨按：据张斯琦《余叔岩年谱》所录，1905年11月11日至12月26日、1906年6月25日至10月16日，余叔岩以"小小余三胜"之名在天仙茶园演出。余叔岩，名第祺，艺名叔岩，字叔远。

一九〇六年（清光绪三十二年丙午）九岁

年初

袁世凯再次奏请朝廷对张镇芳予以嘉奖，其《道员张镇芳请饬交军机处存记片》：

> 查永属盐务，自道光年间改官运，废弛五十余年，久成弊薮。臣（袁世凯）于二十九年奏准派员试办，经该道（张镇芳）悉心筹度，剔除弊窦，体恤民艰，杜绝私销，均平价值，自二十九年七月至三十年年底，已得余银十余万两；自三十一年正月至年底止，又得余利银十余万两。际兹库帑奇绌，该道竭力经营，得此巨款，洵属有裨国计。

经袁督力荐，张镇芳接替凌福彭，升署长芦盐运使。

6月27日

张伯驹《红毹纪梦诗注》：

  余七岁随先君（张镇芳）居天津南斜街，值端阳雨，乘东洋车（原注：后称人力车，铁轮，座为椅，前两木把，人于中挽之）。遮油布，不能外视，车把上插黄蓝野花，以示过节。直驶下天仙茶园观戏，大轴为杨小楼《金钱豹》，亮相扔叉，威风凛凛。大喊一声："你且闪开了！"观众欲为夺魂，后大街小巷齐学"闪开了"不绝。此为余生平观乱弹戏之首次，至今已七十年，其印象犹似在目前也。

吴小如先生《读〈红毹纪梦诗注〉随笔》订正：

  伯老（张伯驹）生于1898年，虚岁七岁，则为1904年。所谓大喊"闪开了"云者，乃此戏豹精变俊扮武生之前所念，非后场开打亮相扔叉时之台词，伯老所记盖略有误。杨小楼1937年春，在北京长安戏院演《金钱豹》，乃彼最末一次演出此戏矣。大喊"闪开了"之后，穿开氅翻一虎跳下场，干净利落，精彩绝伦。刘曾复教授及王金璐兄皆藏有杨老在后台勾脸上妆照片，即是日所摄也。

编者谨按：吴小如亦误。伯驹七岁、八岁两年间，北京、天津两地端阳节前后均未下雨。伯驹回忆所云之"七岁"，应系指实岁，即1905年事。但伯驹所记时间仍误。据《北京灾害史》《那桐日记》《严修日记》，1904年及1905年之端午，京津两地无雨；伯驹之"端阳雨"，应系在1906年6月27日，即丙午年端午次日，则伯驹已经实龄八岁。只是目前尚未发现有资料证明是日杨小楼在津演出，故难作最后判断。

张伯驹《红毹纪梦诗注》：

余七岁时在下天仙观戏，大轴为杨小楼《金钱豹》，前为九阵风《泗州城》，打出手极为精彩，以正在童时，甚爱看之。九阵风名阎岚秋，为武旦中之前辈。

吴小如《读〈红毹纪梦诗注〉随笔》：

九阵风之艺精美绝伦，予三十年代犹及见之。惟伯老言其演《泗州城》"打出手极为精彩"则属误记。盖旧时武旦戏中，《泗州城》并不打出手也。九阵风之侄阎世善今犹健在，亦工武旦，可以证明之。

本年

楼宇栋、郑重编《张伯驹生平简表》：

1906年学会作诗，诗作被编入张镇芳、马丽轩等组成的"丽泽诗社"所编的《丽泽社诸家诗》。

张恩岭《张伯驹传》：

张伯驹聪慧异常，有着惊人的记忆力，朝夕诵读，过目不忘，9岁即能作诗。……有太康人士，曾于清朝光绪年间任过翰林院庶吉士的王新桢，曾在《丽泽社诸家诗》一文中写道："伯驹，絅庵（原注：即张锦芳）之子，丽轩之甥也，英年挺出，直欲过前人。若《从军行》《天上谣》等作，激昂慷慨，魄力沈雄，有倚天拔地之慨。虽老于诗者，未必能办，丽轩称其'素有大志，诗文皆豪迈可喜',信然哉。"可惜伯驹少年诗作未能保存下来。

一九〇七年（清光绪三十三年丁未）十岁

春

项城县创建百家师范学堂，张镇芳捐银三万两。

约在本年前半，伯驹生父张锦芳进京在度支部任职，居先农坛西侧潘家河沿。伯驹在端午节时曾自天津入京省亲。

张伯驹《红毹纪梦诗注》：

> 余十岁时，先叔任度支部郎中，居潘家河沿。余入京省视，时盐运使署医官陈华甫君亦来京。值端阳，陈君同余及友三四人去致美斋午酌，食抓炒鱼，极美。街市热闹非常，商店皆门悬龙虎山天师符，各茶园皆演连本《混元盒》。余等饭后去广德楼观戏。当时情景，似犹在眼前。

9月3日

慈禧皇太后在京召见袁世凯，改授袁为军机大臣兼外务部尚书，以杨士骧接替袁氏，任直隶总督兼北洋大臣。

本年

张伯驹仍在津家塾中读书，课余时常观剧，且能学唱数段。

张伯驹《红毹纪梦诗注》：

记余八九岁时，先君任长芦盐运使，使署在鼓楼之东，使署西有元升茶园，距署咫尺，余常往观戏。

同书：

杏花村即山西汾酒产地，元元红山西梆子老生唱法，人谓其韵味醇厚，如杏花村之酒。有人谓其《辕门斩子》一剧，其神情作风，必极精彩。惜余八九岁时，不能领会。惟尚记对八贤王一段唱词如下："戴乌纱好一似愁人的帽，穿蟒袍好一似坐了监牢。登朝靴好一似绊马索，这玉带好一似捆人的绳，不做官来不受困，食王的爵禄当报王的恩。"童时余还能学唱，后不知元元红归何处，梆子戏亦不再看矣。

一九〇八年（清光绪三十四年戊申）十一岁

2月26日

张镇芳奉旨实授长芦盐运使，官至从三品。使署在南门内东侧仓门口即今天津运署西街（现为运署西街小学和北门里小学校址）。

本年

伯驹曾入京省视张锦芳夫妇，在文明茶园观看谭鑫培演剧。

张伯驹《红毹纪梦诗注》：

余十一岁时，入京省视先叔婶，偶过文明茶园，见门口黄纸大书"谭"字。时昼场已将终，乃买票入园，正值谭鑫培演

《南阳关》，朱粲方上场，余甚欣赏其脸谱扮相，而竟不知谁是谭鑫培也。

一九〇九年（清宣统元年己酉）十二岁

1月2日

袁世凯奉旨开缺回籍养疴。张伯驹回忆，袁曾潜至天津，张镇芳谒袁并赠银三十万两，表示以后袁的家属生活由其负责照料，要袁放心。

张伯驹《续洪宪纪事诗补注》：

> 清末，项城闻开缺命，即于晚车戴红风帽，独坐包车，暗去天津，住英租界利顺德饭店。直督杨士骧未敢往见，命其子谒项城，并赠银六万。先父往相晤，劝项城次晨即返京，速去彰德。先父兼任粮饷局总办，有结余银三十万两未动，即以此款赠项城，为后日生计。

6月27日

直隶总督兼北洋大臣杨士骧在任上病殁。

一九一〇年（清宣统二年庚戌）十三岁

春

袁世凯在河南彰德之养寿园竣工，邀请直督陈夔龙、直隶布政使凌福彭以及张镇芳、袁世廉、王廉、吴保初、田文烈、丁象震、沈祖宪、王锡彤等亲戚友好十余人游园，赋诗唱和，袁克文将当日诗作汇编为《圭塘唱和诗》刊行于世。集中所收袁世凯所作之《次张馨庵都转赋怀见示韵》：

> 人生难得到仙洲，咫尺桃园任我求。
> 白首论交思鲍叔，赤松未遇愧留侯。
> 远天风雨三春老，大地江河几脉流。
> 日暮浮云君莫问，愿闻强饭似初不？

编者谨按：袁世凯诗既以廉颇自况，复以鲍叔赞张镇芳，皆甚贴切。鲍叔一典，更是点明袁张之间通财事实。

秋冬间

严修因其家族在盐务风潮和橡胶股票风潮中资产受损，函请袁世凯予以帮助。袁嘱张镇芳为严家谋划，竭力维持。

一九一一年（清宣统三年辛亥）十四岁

4月23日

张镇芳升任湖南提法使，官正三品，暂留长芦盐运使任。

9月初

袁世凯命其长子袁克定送第四子克端、五子克权、六子克桓、七子克轸赴津，入天津马家口新学书院（TACC，今原址改建天津市第十七中学）读书。并持受业门生帖谒见严修，袁氏函请严修"务祈视若犹子，切实训诲，尤勿稍涉客气"。袁氏亦嘱托张氏就近照顾。张镇芳乃遣子伯驹同时入学，充任袁氏诸子伴读。严修因此时常考问袁氏诸子及伯驹功课，训勉有加。

张伯驹《续洪宪纪事诗补注》：

> 辛亥年，余及项城四、五、六、七诸子同肄业新学书院，下课即在此（指严修别墅戒酒楼）午饭，范孙先生（严修）有时来视，并考问功课，训勉有加。

10月1日

严修等带领伯驹与袁氏诸子同往实习工场。

《严修日记》：

> 同毓生、少明、张生、袁生往实习工场，五钟散。

10月10日

武昌起义爆发。

10月18日

袁世凯复函张镇芳，谈到武昌起义及袁之处置。

10月29日

严修与袁氏诸子及伯驹会面。

《严修日记》：

访毓生并晤袁张诸生。

"张生"即张伯驹。

11月13日

袁世凯复出任内阁总理大臣，本日抵达北京。此前，袁氏命张镇芳以三品京堂衔赴彰德办理粮台。

编者谨按：所谓三品京堂，清制凡都察院、通政司、詹事府及其他诸卿寺堂官称为"京堂"，多系三、四品官；以后又兼用作三、四品官的虚衔。

一九一二年（中华民国元年壬子）**十五岁**

1月4日

张镇芳解长芦盐运使职。

1月22日

《严修日记》：

袁总理令甥张生来辞行。

编者谨按：据此伯驹于此时中断新学书院学业，为避战乱暂至彰德居住，附读于袁家家塾。这应是伯驹离津赴豫的确切记录。不过，据袁世凯子女们回忆，在他们抵达彰德之后，听到传言说，有人欲对袁氏家属不利,于是,袁氏子女又分批返回天津。①

2月3日

直隶总督陈夔龙告病开缺,袁世凯命张镇芳返回天津,署理直督兼北洋大臣。

2月初

署理直隶总督兼北洋大臣张镇芳率署理两江总督张勋、署理湖广总督段祺瑞、安徽巡抚张怀芝、山西巡抚张锡銮、河南巡抚齐耀琳、吉林巡抚陈昭常、署理山东巡抚张广建等诸省督抚,联名奏请清廷立即实行共和制。

2月12日

清廷颁布退位诏书。

3月10日

袁世凯在北京宣誓就任中华民国临时政府大总统。

3月13日

张镇芳卸署理直督职,荐严修接任而为严"正色辞之",旋由张锡銮继任。

---

① 参见:袁静雪《我的父亲袁世凯》(《文史资料选辑》第74辑,文史资料出版社1981年)。

3月23日

张镇芳署理河南省都督,其主要部属包括:布政使倪嗣冲、王祖同;护军使雷震春;河北镇总兵赵倜;署河陕汝道刘镇华等。

张伯驹随父赴开封上任,抵豫后弃文修武,改入河南陆军小学堂学习。

《张伯驹自述》:

> 十五岁随父去河南开封。

4月

河南宝丰大刘庄农民有号称"白狼"者,又称"白朗",率众劫掠原县知事张礼堂宅,就此揭竿而起;随后宝丰、鲁山一带出现多支农民武装队伍。

7月下旬

张镇芳指示暴徒闯入省议会,向议员开枪射击,"登时击伤议员9人,守卫队1人,夫役1人"。(原注:《自由报》1912年7月28日)

10月9日

张镇芳加上将衔。

10月24日

张镇芳、雷震春致电陆军部,称已诱杀农民队伍首领数人。

杜春和《白朗起义》:

河南都督张镇芳看到这种情况，极为焦灼，他指使河南陆军第三旅旅长王毓秀改用"招抚收编"的诡计，诱骗农民队伍就范。在敌人许以官职、金钱的引诱下，杜启宾、秦椒红等十多个首领动摇投降，先后去鲁山受抚，被敌人全部杀害。杜启宾等人被害后，他们的部众都纷纷投奔白朗，使白朗这支队伍很快增加到五六百人。

10月28日

张镇芳实授河南都督。

一九一三年（中华民国二年癸丑）十六岁

1月10日

张镇芳兼任河南民政长。

2月3日

张镇芳五十岁寿辰，袁世凯赠寿联："五岳齐尊，维嵩峻极；百年上寿，如日中天"。这一联系脱胎于袁世凯五十寿辰时，北洋官报局总办丁象震所赠袁之寿联。丁象震联是："五岳齐尊，维嵩曰峻极；百年上寿，如日之方中。"

7月5日

张镇芳免兼河南民政长。

10月10日

张镇芳被授勋二位。

一九一四年（中华民国三年甲寅）十七岁

2月12日

因征剿白狼军失利，张镇芳被撤销勋位，调回北京；改由陆军部长段祺瑞兼任豫督。袁世凯电令张镇芳离职。袁电云：

> 张督近为中外攻击甚力，留之适足害之，不如避位以塞舆情，于公私为两利也。

3月26日

民国政府宣布拟创办盐业银行，命张镇芳负责筹办事宜。

寓真《张伯驹身世钩沉》引张镇芳至财政部函件：

> 迳启者：镇芳前奉
>
> 大总统谕筹办盐业银行，嗣以事体重大，条理繁颐，禀
>
> 添派乃宽会同办理在案，遵即敬谨筹划，迭经财政会议，业蒙
>
> 大总统谕饬
>
> 大部筹拨官款二百万元，另由镇芳、乃宽招集商款三百万元，官商合办，定为股份有限公司。当经修订简章，函准
>
> 大部查照复核在案。现在组织一切，粗具规模，择于本年三月二十六日，先行开办北京总行。其天津、上海两处，亦拟

设立分行,赓续开幕。至各省繁盛之区,俟京津沪三行成立后,节次扩充,酌量添设。务期基础坚实,脉络贯通,进渐持恒,推行尽利。仰副

大总统谆谆委任之至意,所有开办北京盐业银行日期相应函达

大部,即希查明为荷。

此致

财政部

张镇芳　袁乃宽　谨启　三月二十六日

5月间

张镇芳出任参政院参政。

张伯驹《盐业银行与我家》:

由于英、德两个帝国政府,为了抵制日本独霸中国的野心,怂恿袁世凯将共和改为帝制,袁曾与张(镇芳)商量此事,张是清末的君主立宪派,对袁欲作皇帝,没有表示积极支持,故袁后来对张再未作封疆大吏的安排。

张伯驹《续洪宪纪事诗补注》:

项城为帝制,先父初不赞成,彼此间至有隔膜。

同书:

洪宪初,先父曾劝项城勿为,谓即使成功,难以为继,试看后人谁为李世民耶?清室逊位,洪宪帝制,(袁)克定皆力主持;但与筹安会之流谋,皆文人徒事空言,无实力武功。迨

直皖诸将尽不用命，项城始感克定非李世民之才，然晚矣。

编者谨按： 参政院共七十三位参政，张镇芳即其中一员。根据《参政院组织法》规定，参政资格如下：有勋劳于国家者；有法律、政治之专门知识者；有行政之经验者；硕学通儒有经世著述者；富于实业之学识经验者。参政院于本年5月26日在京成立，院长为副总统黎元洪兼任，梁启超、汪大燮、熊希龄等皆列名参政。也有资料表述，张镇芳不是第一批参政，系后来补入。但袁世凯把张镇芳归入参政之中，这就是要张镇芳退出权力核心，享受荣誉职务及待遇。

8月

白狼起义基本平息，张镇芳被撤销处分、发还勋位。

第一次世界大战全面爆发，袁世凯发表中立宣言。

10月23日

袁世凯在京设立陆军混成第一期模范团，隶属陆海军大元帅统率办事处，袁亲任团长，以陈光远任团副，王士珍、袁克定、张敬尧、陈光远任办事员。模范团设步、骑、炮、工、辎重及机关枪六科，伯驹入骑科学习。

张伯驹《续洪宪纪事诗补注》：

项城成立陆军混成模范团，内分步、骑、炮、工、辎及机关枪六科。项城以陆海军大元帅亲自兼任团长，盖为培育将才，编练亲军。第一期毕业学员考取前十名者,皆加卫侍武官衔,叨此隆遇,无不感激图报也。

冬

张镇芳联络满洲亲贵那桐、豫亲王福晋等人,开始筹备设立盐业银行。

一九一五年(中华民国四年乙卯)十八岁

1月1日

袁世凯颁授文官官秩,从上卿至少士共分九等,上卿仅授徐世昌一人,张镇芳与朱启钤、熊希龄、张謇、钱能训、孙宝琦、梁士诒等同为中卿。

张镇芳命张伯驹赴中南海向袁世凯拜年贺岁,袁于居仁堂接见伯驹。伯驹《洪宪纪事诗补注》:

> 洪宪前岁元旦,先父命余去给项城拜年。项城在居仁堂,立案前,余行跪拜礼,项城以手扶掖之。问余年岁,余对:"十八岁。"项城曰:"你到府里当差好吧?"余对:"正在模范团上学。"项城曰:"好好上学,毕了业就到府里来。回去代我问你父亲过年好。"余辞退回家,甫入门,所赐之礼物已先到,为金丝猴皮褥两副,狐皮、紫羔皮衣各一袭,书籍四部,食物等四包。时余正少年,向不服人,经此一事,英气全消,不觉

受牢笼矣。

伯驹更有诗记之：

> 拜贺春元纪岁华，皇恩始感浩无涯。
> 褒奖数语消英气，赐物先人已到家。

2月11日

张镇芳五十二岁寿辰，在北京北池子宅举办堂会，时任京畿军政执法处长雷震春任招待，袁世凯特命次子袁克文前来拜寿，袁克文还推荐演出昆曲数出。是日堂会戏还有荀慧生《破洪州》，孟小茹、梅兰芳《汾河湾》，孙菊仙、尚小云《硃砂痣》，大轴是谭鑫培的《托兆碰碑》。

张伯驹《续洪宪纪事诗补注》：

> 洪宪前岁，先父寿日，项城命寒云（袁克文）来拜寿。时寒云从赵子敬学昆曲，已能登场，但不便演，介绍曲家演昆曲三场。后为谭鑫培《托兆碰碑》，时已深夜，坐客皆倦，又对昆曲非知音者，乃忍睡提神，以待谭剧。谭来后，在余室休息。雷震春任招待，与对榻，为其烧烟。谭扮戏时，余立其旁，谭着破黄靠，棉裤外着彩裤，以胭脂膏于左右颊涂抹两三下，不数分钟即扮竣登场，坐客为之一振。惜余此时尚不知戏也。

张伯驹《红毹纪梦诗注》：

> 余十八岁时，先君寿日演戏宴客，老乡亲（孙菊仙）演《硃砂痣》，是时（尚）小云始出科，陪演新娘子。余在台下观，

见小云唱时，尚于袖内拍板也。

同书：

> 余十八岁，先君寿日，（荀）慧生演《破洪州》，是时彼始出科，艺名白牡丹。

孟宪彝《孟宪彝日记》：

> 与周总长论财政，并求电调江省魁财政厅长来京，筹议吉江善后要政。同到张馨安处贺寿。观梅兰芳、孟小茹之《汾河湾》，梅则优于孟多矣。

2月28日（乙卯元霄）

伯驹夫人潘素生于苏州。

3月26日

盐业银行在北京正式开业，址在前门外西河沿7号，实际资本共六十四万元。张镇芳出任总理，张勋、袁乃宽为协理，股东还有倪嗣冲、那桐、王占元、张怀芝、刘炳炎等。张镇芳占股四十万元，实交三十万元。

张伯驹《盐业银行与我家》：

> 张镇芳鉴于北方没有商业银行，乃于1915年初向袁世凯建议，拟办一个官商合股银行，由于他久任长芦盐运使，对盐务熟悉，拟将政府所收盐税，纳入这个银行里，因而取名为"盐业"。经袁批准，交由财政部执行。这时第二次任财政总长的周学熙及其后任周自齐，均认为当时中央政府的收入，一向依

靠关、盐两税；而海关以赔款的关系，税收控制在外国人手里，尚须仰人鼻息，方能得到一些款项，假若盐业银行成立，由张镇芳主持，财政总长就指挥不灵了。但这两位总长又不便违反总统意旨，在立案后，仅由盐务署先行拨交十万元，大部分官股迟迟不肯交出。这时欧战已经发生，日本帝国主义看到英、德火并，无暇顾及中国，为了控制袁世凯，更积极支持袁世凯称帝，逼使其承认《二十一条》。不久袁死，盐业银行官股也就无人提起了。

同文：

1915年3月盐业银行正式成立，原来拟议中的总股款五百万元，计官股二百万元，私股三百万元。但官股实收，只是以盐务署名义投资十万元，私股有张镇芳四十万元（原注：实交三十万元），张勋十万元，倪嗣冲十万元，其他如那桐、王占元、袁乃宽、张怀芝、刘炳炎等人认股，多则八万元，少则二、三万元。股款尚未缴交，就先行成立北京行。北京行由岳荣堃（字乾斋）、朱邦献（字虞生）组织；天津行由张松泉、王仁治（字郅卿）组织；上海行由倪远甫组织。资金均由总管理处拨给。总理张镇芳，协理张勋、袁乃宽，总稽核黄承恩。由于各行均系当地金融界有号召力量的人支持其事，占用资金不多，也能应付裕如。当时总管理处因资金少，开幕时只有六十四万元，所以很不健全，各地分行各行其是。适逢那时各省督军跋扈，不听中央命令，故一般人讽刺说盐业银行是督军制，意味着各分行各自为政，不听北京总处领导。

8月23日

杨度、孙毓筠、刘师培、李燮和、胡瑛、严复等人组织的"筹安会"正式成立。

9月

袁世凯密令设立"大典筹备处",着手准备改行帝制的各项事宜。筹备处以朱启钤为处长,梁士诒、周自齐、张镇芳、杨度、孙毓筠、唐在礼、叶恭绰、曹汝霖、江朝宗、吴炳湘、施愚、顾鳌为处员。

9月19日

张镇芳会同朱启钤、梁士诒、周自齐、段芝贵、袁乃宽、雷震春、唐在礼、吴炳湘、阮忠枢、倪嗣冲、张士钰、傅良佐、陆锦、夏寿田等袁氏近臣联名呈请早定大计。

张镇芳与梁士诒等组织全国请愿联合会,以沈云霈为会长,那彦图、张镇芳为副会长,向参政院举行变更国体的总请愿。

12月23日

云南将军唐继尧、巡按使任可澄率先发出电报通牒,要求袁世凯取消帝制,惩办祸首。其电稿称:

杨度等之公然集会,朱启钤等之秘密电商,皆为内乱重要罪犯,证据凿然。应请大总统查照前项申令,立将杨度、孙毓筠、严复、刘师培、李燮和、胡瑛等六人，及朱启钤、段芝贵、周自齐、梁士诒、张镇芳、雷震春、袁乃宽等七人，即日明正典刑，以谢天下。

随即，蔡锷等分率云南护国军三路出兵，进攻四川、贵州、广西，打响"护国战争"。

本年

张伯驹认清豫亲王福晋为义母。

张伯驹《红毹纪梦诗注》：

　　余十八岁时，认豫亲王福晋为义母，见福晋严妆仪态，俨若天神。

编者谨按：豫亲王福晋在民初有"开明贵族"之称。

一九一六年（中华民国五年丙辰/洪宪元年一月一日至三月二十三日）**十九岁**

3月23日

袁世凯申令废止洪宪年号，仍以本年为中华民国五年。

4月12日

张镇芳与杨度、孙毓筠等一同辞去参政院参政职。

6月6日

袁世凯在京病逝。张镇芳与徐世昌、段祺瑞、王士珍等四人同为袁氏遗嘱接受者。

薛观澜《袁世凯、黎元洪结合之史实》：

> 民国五年（1916）6月6日袁世凯帝制失败，病情沉重，卧春藕斋，气息奄奄，已入弥留状态。（袁）克定侍疾在榻旁，袁氏召徐世昌、段祺瑞、张镇芳三人，以备托孤寄命。……张镇芳曾任河南将军，事袁甚忠，与袁为至亲，当时我等皆以五舅呼之，凡小站军需以及袁家经济，悉系其手。

7月14日

继任大总统黎元洪发布惩办帝制祸首令。据云因袁克定出面说情，张镇芳被从"祸首"名单中剔除。

一九一七年（中华民国六年丁巳）二十岁

5月10日

京剧艺术家谭鑫培在北京病逝。

6月14日

因大总统黎元洪与国务总理段祺瑞之间的"府院之争"，张勋率军进京调停。本日张勋在张镇芳、张伯驹父子及雷震春等人陪同下，从天津乘火车抵京。

张伯驹《盐业银行与我家》：

> 1917年，安徽督军张勋在徐州召集会议，酝酿复辟，与

张镇芳函电磋商甚密，督军团及各方代表签署决定复辟时，张镇芳亦应邀赴徐州。同年四月二十七日（原注：阴历）张勋到天津，随后偕同张镇芳、雷震春等赴京，我随侍先父在侧。在车站候车室，报贩子兜售那时出版的《红楼梦索隐》，雷震春和一行人打趣说："不要看索隐了，我们到北京去索隐吧！"看当时情况，好像他们很有把握。

7月1日

张勋拥戴清宣统帝复辟，授张勋、王士珍、陈宝琛、梁敦彦、刘廷琛、袁大化、张镇芳为议政大臣。张镇芳兼任度支部尚书、盐务署督办。

7月9日

张勋复辟失败，张镇芳、雷震春、冯德麟逃离北京时被捕，张镇芳交由大理院审理。

张伯驹《盐业银行与我家》：

> 张勋逃入荷兰使馆，张镇芳同雷震春乘车回天津，行至丰台，即被段芝贵下令把他们逮捕，解至铁狮子胡同陆军部羁押。数月后，因为我父是文人，交大理院审讯办理，雷震春和冯德麟则交军法会审。在押期间，我曾去探视，并看见雷、冯两人，他们住在三间不相通的房屋里。当时三个人表现出三种不同的态度：我父表现出"世受君恩，忠于故主"，认为恢复清朝是他的职责，这样做是对的；雷震春谈话时，则气愤填膺，谩骂

那些签署赞成复辟的人,反而把他们逮捕,骂那些人不是东西;冯德麟则战栗惶恐,表现出贪生怕死的样子。

冯玉祥《我的生活》:

张勋看见大势已去,早已逃入荷兰使馆。他的两个谋士雷朝彦、张镇芳潜逃至丰台,打算上车去天津。我闻讯,即电令留守丰台的第二团将他们扣留,拟即惩办,段芝贵却把人要了去,说由他们依法惩处。

编者谨按:伯驹记录有误,抓捕张镇芳的是时任第十六混成旅旅长冯玉祥,而非段芝贵。

7月15日

本日起北京、天津及河北暴雨连日不绝,引发水灾。

7月

段芝贵以盐业银行拨款二十万元帮助张勋复辟为名,委派吴鼎昌接管盐行。不久,财政总长梁启超任命吴为盐行总经理。

张伯驹《盐业银行与我家》:

张勋复辟失败后,段芝贵以讨逆军东路总司令兼任京畿卫戍区总司令,吴鼎昌这时任天津造币厂厂长,他同段芝贵、段永彬、王郅隆都是赌友,由王建议,段派吴鼎昌接收了盐业银行。段芝贵采取这个手段,是有打击和报复我父之意的。

同文:

吴鼎昌到盐业银行后,自封为总经理。因有一部分股款尚未交齐，即决定采取措施：第一，旧股东已认股本的，一律限这年年终交齐，否则由新股东加入；第二，增加股本，从现在起，每年增资百分之二十五，如果旧股东放弃已认股款不交，即让新股东加入。吴这样做，就是为了削弱我父亲在旧股中的影响和权力，同时增加新股东的力量，以便于他的垄断。这时我父亲尚有旧股十万元未交，而且正因复辟案关在狱中，自然无力交款，这样新股东就可以乘虚而入了。到了年终我父亲出狱后，仍然设法交齐了股款。

同文：

张勋复辟失败后的这年7月间，盐业银行在京、津、沪三地报纸刊登紧要通告，假借股东临时大会名义，推荐吴鼎昌为总理。吴改任总理后，首先从交通银行协理任凤苞、金城银行总经理周作民、中南银行总经理胡笔江三人那里，拉来三十万元作为股本，并规定账面要露出四分之一的股款一百二十五万元（编者注：指创建银行时所规定的五百万元总股款的四分之一）的数字来。但是，这时连同旧股东已交股款计算，仍然不足，于是又填出空额股票二十万元，凑足账款数字。所填空额股票，就在京行抵押，成为收足股款五百万元的四分之一的股款的象征。

9月29日

北京政府令熊希龄督办京畿水灾河工事宜。经张镇芳老友王祖同从中联络，张伯驹以"张家骐"之名，向熊希龄处捐款四十万元助赈，为父赎罪。

张伯驹《盐业银行与我家》：

（张镇芳）在被押期间，他的同年老友王祖同（原注：张任河南都督时，他任省民政厅长）为他奔走。这年秋直隶省发生大水灾，熊希龄任近畿赈灾督办，熊访王商营救事，希望我父拿出一部分捐款。王商之我们家属，就以我的名义，替我父捐了四十万元（原注：包括交通银行钞票十万元——当时有折扣，公债二十万元，现款十万元）。这笔款子后来就成为熊希龄创办收容灾区孤儿的香山慈幼院的基金。

王树枏《参议院议员前广西巡按使王公墓志铭》：

清室复辟之役，项城张公镇芳遭拘禁，（王祖同）出死力营救之。

王祖同联络陆军第八混成旅旅长徐占凤，请他通过其族侄、段祺瑞最信任的助手徐树铮，出面为张镇芳斡旋。徐占凤致徐树铮函：

且镇芳家私百万，如能罚金爰赎，免其一死，化无用为有用；且镇芳尚无儿女，则感荷再造，不第镇芳一人已也。

编者谨按：王祖同，字肖庭，河南鹿邑人，进士出身，与张镇芳同年。王氏于清末曾先后在广西、江西任知府，其间因报丁忧居住开封数年，恰逢袁世凯罢官回籍，王祖同以地方士绅首领身份，联络当地，嘱咐对袁要予以多方维护，阻止杜绝外人干扰，袁王因此订交。民国肇创，袁世凯感念王祖同情谊，于1912年7月31日任命王祖同接替倪嗣冲，出任河南布政使，王遂在河南都督张镇芳手下任职，成为张的亲信与挚友。张镇芳回京改任参政，王祖同亦任职参政，两人再次成为同事。

10月5日

北京政府判处张镇芳、雷震春无期徒刑。宣判后，张、雷即得保外就医，张镇芳住进首善医院。

张伯驹《盐业银行与我家》：

> 张镇芳移交大理院审理后，盐业银行北京行经理岳乾斋未经张本人及家属同意，擅自代请汪有龄（原注：字子健）为辩护律师。大理院长是皖系姚震（原注：字次之。编者：应为枝），检察长张孝栘（原注：字涤生，华北沦陷后任华北临时政府最高法院院长）。张和汪有龄与吴鼎昌、岳乾斋均系酒友，他们串通一气，判张死刑，又经汪辩护，改为无期徒刑。值得注意的是开庭时，旁听席上出现了当时司法总长林长民和参议院议长王家襄及议员胡石青等。事后律师出庭费十万元，但不要现款，而要盐业银行股票。

叶恭绰《我参加讨伐张勋复辟之回忆》：

> （张勋）复辟失败后，雷震春、张镇芳赴京，途中被获，事后有人斡旋，由法庭解决，而令汪有龄为律师，酬汪十万元，藉还赌债。此类事不胜列举，此其著者。刘廷琛由西直门经京绥铁路逃回青岛，无人过问，其他若此者尚多。厥后惩办命令皆系文员，无一武人，遂成惯例，此亦纪纲不立的一大确证。

本年秋冬间或至次年初

张伯驹在天津成婚，夫人李月娥，出身亦是官宦人家，与伯驹青梅竹马。

《张伯驹自述》：

张伯驹原配李氏（李月娥），1938年故去；继妻邓氏（邓韵绮），1948年与我离婚；继妻王氏（王韵香），1952年与我离婚。

子，张柳溪，王氏所生，辅仁大学毕业，在石家庄工业局工作，团员；儿媳朱道纯，在石家庄市做医务工作，党员。女，张传綵，潘素所生，在西安任小学教师；婿，楼宇栋，北京大学毕业，在陕西省考古研究所工作。

张伯驹之子张柳溪口述、张恩岭整理《父亲张伯驹的婚姻》：

父亲十五六时由爷爷包办了安徽亳州一女子，她父亲姓李，曾任安徽督军。父亲的这位原配夫人，我称她为娘。爷爷给父亲办的婚礼排场很豪华，父亲的结婚礼服类似袁世凯就任总统宣誓时的元帅服，是黑呢子的，领口、袖口和大襟都镶有一指多宽的金线，肩上有金线编织的肩章，裤缝处也镶有一指多宽的金线。我娘穿的是清末民初显贵家庭的妇女常穿的那种绣花短袄和盖到脚面的长裙。

编者谨按：张柳溪回忆不尽确切，如伯驹夫人李氏之出身，待考。

袁世凯第五子克权为张伯驹作《催妆诗为伯驹作》四首。诗云：

其一

合欢锦上合欢觞，天半祥云护喜郎。

都是当年嬉逐侣，一泓春水戏鸳鸯。

其二

同心兰种阆园开，背地传觞醉绿醅。

女是扫眉班内史，恰当温子八叉才。

其三

天生艳福凤鸾谐，坚似金钿合似钗。

此日华堂盟白首，朱门喜气溢瑶街。

其四

迷耳丝竹奏室前，香车引动降神仙。

莫羞儿女难堪语，此是人生第一缘。

编者谨按：这一时期伯驹与袁世凯诸子交往较为密切。1916年—1918年间，张伯驹还曾与袁氏第四、五、六、七、八子，同赴彰德洹上村，为袁世凯夫人于氏祝寿。

张伯驹《洪宪纪事诗补注》：

项城逝世后，四子克端以次，皆居天津小白楼，余时相过从。

同书：

一日余至项城八子克轸室，见其案上皇八子印，余笑谓曰："使项城为王，君印文为何？"相顾一笑。

同书：

某岁，余与项城四、五、六、七、八诸子同车往彰德洹上村，祝项城正室于夫人寿。于车中谈及项城在历史上比何人，克端曰：操、莽耳。克权曰：可比桓温。众论乃定。
同书：

  项城逝后，于夫人居彰德洹上村。某岁值夫人寿辰，余随项城四、五、六、七、八子往祝寿，见于后堂；行家人礼，淳朴有乡风，举止殊不似皇后之尊严也。

本年

张伯驹从陆军混成模范团毕业。

张恩岭《张伯驹传·生平简表》：

  从中央陆军混成模范团毕业，到陕西督军陆建章部下任职。后，陆建章被部下驱逐，张伯驹返回北平。

张伯驹年谱卷二
（1918年—1926年）

一九一八年（中华民国七年戊午）二十一岁

1月中旬至2月上旬间

张伯驹与袁克权及袁世凯第七子克齐等同游颐和园，袁克权有诗记之。袁诗云：

《丁巳十二月雪后同伯驹、南田、两峰游颐和园之作》

研光散处五丁开，著此劳劳未易才。

破帽狂吟碧驴去，胡卢一笑荔枝来。

强魂地下蒙污血，黄屋千年始祸胎。

我亦鼎湖堕髯客，伤心岂独对蓬莱。

编者谨按：南田情况不详，当是克权、伯驹少年时的朋友，两峰即袁克齐。另有一首当是游颐和园不久而作，《庚午日偕伯驹、南田、两峰宴于西人别墅之作》。诗云：

丈室悬留歌哭地，一家胡越喜冲和。

凌云头角徘徊久，秘彩神龙变化多。

烂烂天狼频犯斗，沉沉九域几投戈。

尘冥不接人间世，坐想灵风起大罗。

2月20日

　　盐业银行召开第一次股东总会，选举那桐、张恕斋、刘炳炎、黄承恩、王郅隆、段永彬、任凤苞等七人为董事；瑞丰、张伯驹为监事；李光启、陈秉鉴、周作民等为候补董事。

　　张伯驹《盐业银行与我家》：

　　1918年初盐业银行成立董事会。第一任董事有张镇芳、王郅隆、绍曾（原注：代表那桐）、任凤苞、刘绍云、黄承恩、袁乃宽、吴鼎昌，稍晚一些时候，又增加张梦潮（原注：代表张勋），监事张伯驹、瑞丰（原注：并非股东，是岳乾斋的朋友）。总经理吴鼎昌，原任协理张勋因案撤销，只留协理袁乃宽，但不久袁乃宽也辞职，从此不复设协理。

　　《那桐日记》2月27日：

　　今日接到盐业银行来信，云：本行于二月二十日举行第一次通常股东总会，选举董事七人、监事二人、候补董事三人，执事已被举为本行董事。等因。又单内开：董事那桐、张恕斋、刘炳炎、黄承恩、王郅隆、段永彬、任凤苞，监事瑞丰、张家骐（编者注：即张伯驹），候补董事李广启、陈秉鉴、周作民。

　　编者谨按：张伯驹《盐业银行与我家》文中谈到"1918年初，盐业银行成立董事会"，即应是指本次会议。但伯驹回忆似有不确，现据《那桐日记》之记录修订。

2月28日

北京政府颁布命令：

> 督军曹锟等呈称：雷震春、张镇芳历居要职，卓著勋劳，名刑书，才有可用等语。着即开释，发往曹锟军前效力。

张镇芳与雷震春开释后赴汉口报到，数日后返回京津。张镇芳历经复辟大狱，心灰意冷，在河南周口购别墅"杏园"，闭门休养。

张伯驹《盐业银行与我家》：

> （张镇芳）到年终又奉到指令发往"军前效力"，他同雷震春起程前往湖北报到。到了汉口，督军王占元在督军署设宴招待，住了三天，然后回北京，转来天津，寓居在英租界马场道自己家里。

同文：

> 张镇芳到天津不久，就返回河南周家口老家住了两年多。

7月中旬

伯驹嗣母、张镇芳原配夫人智氏在天津病逝。

张伯驹《红毹纪梦诗注》：

> 先母逝世，归葬项城，由翰林王肖庭（王祖同）父挚题主，以本邑两举人襄题。本邑秀才赞礼，着襕衫，宽袖大袍，古风俨然。

《那桐日记》7月15日天津：

> 余于巳刻到张心（馨）庵处为其夫人吊祭，未刻归。天极热，晚落雨一阵。

9月24日

盐业银行召开董事会。

《那桐日记》：

今日盐业银行召开董事会，遣宝儿（那桐子绍曾）前往代表。

12月27日

为张镇芳请赦一事，安徽督军倪嗣冲致电北京，陆军部总长段芝贵批示。

寓真《张伯驹身世钩沉》：

急。北京，王总理、段总长、田总长钧鉴：正密。馨庵请赦一案，业经仲珊督军主稿联衔电呈，迟之又久，未奉恩命，引领北望，无任神驰。窃念国体之变，罪有攸归，馨庵文人，本在胁从罔治之列，况此次毁家助赈至四十万元之多，全活灾黎数以万计，揆诸古人赎刑之例，谅可法外施仁。近闻医院养疴，期将届满，万一重入囹圄，实无异置之死地。诸公笃念故交，热肠古道，务恳于主座前，代为缓颊，速颁恩命，不独馨庵有生之日皆戴德之年，而高义薄云，即同人亦无不爱佩也。临电依驰，鹄候示复。嗣冲，宥印。

编者谨按：王总理即王士珍，段总长即段芝贵，田总长即陆军部次长田中玉。馨庵是张镇芳的字，仲珊是曹锟的字。

段芝贵复电：

蚌埠，倪督军鉴：辅密宥电诵悉。仲珊兄电，前已到达。馨本多年旧交。现正设法办理，特先闻。芝，沁印。

本年后半

张伯驹赴蚌埠任安武军营务处提调,数月后返津。

张伯驹《红毹纪梦诗注》:

淮西大脚自明已是,乱弹有《凤阳花鼓》一剧。余二十一岁在蚌埠任安武军全军营务处提调,街上演花鼓戏,一男一女,挎腰鼓,头盘髻,插花,大脚穿搬尖鞋,与乱弹扮相唱调无异,则知乱弹每戏皆有由来也。

一九一九年(中华民国八年己未)二十二岁

年初

张伯驹仍在安武军供职。

5月4日

五四运动爆发。

9月18日

王祖同在北京病逝。

本年

伯驹离开安武军后,闲居天津。

张伯驹《红毹纪梦诗注》:

余二十二岁时曾于天津陶园观其(指李万春)演《断臂说书》

《安天会》，学自载涛，乃张淇林之真传也。

张锦芳一家到天津住。

寓真《张伯驹身世钩沉》引张家芬起诉书，张伯驹手写答辩材料：

> 我父亲无儿女，在我七岁时，我叔父把我带到滦州，过继于我父亲（这时我父亲在滦州当盐务总办）。在民国八年后，我叔父、婶母及刘张家芬，都在天津住。刘张家芬后来就叫我父亲的同居孙善卿叫妈，叫我父亲叫爹，并没有过继的话。而且封建旧家庭里，只有过继儿子的，没有过继女儿的。

一九二〇年（中华民国九年庚申）二十三岁

7月14日

雷震春病逝。

7月19日

国务总理段祺瑞辞职，皖系政权失败。

秋

张镇芳携伯驹赴奉天（今沈阳）看望东三省巡阅使张作霖。张作霖委伯驹以奉军总司令部总稽查的虚职。

张伯驹《盐业银行与我家》：

（张镇芳）秋九月从河南来天津，我随侍他到奉天去看张作霖，住在张的巡阅使署后花厅，大约盘桓了三、四天。张作霖对他甚为亲切，每天都有宴会，饭后打麻雀，参加者除张作霖外，尚有鲍贵卿、张作相、许兰洲、汲金纯、孟恩远等轮流作陪。临别前一天晚上，饭后有一段对时局的谈话，张作相、许兰洲先走，谈话只有张作霖、张镇芳、鲍贵卿、孟恩远，他们在鸦片烟盘旁边谈了一夜。这时张作霖正在踌躇满志，表示说："我今天不就是辽东王吗？不需要争什么。"但他忽然问我父："关里什么地方好？"张镇芳回答说："陕西省地居关中，既可雄视中原，又可控制西北，是个天府之国，那个地方如能掌握，就可以左右时局。"孟恩远接着说："兄弟！你要关里哪个地方，哥哥替你去打下来。"这时正是孟恩远在吉林失败不久，故意说这样的谄媚话。根据这次谈话，坚定了张作霖进关抢地盘的决心，原因之一是盘踞在陕西的刘镇华嵩军与张镇芳关系密切。临辞别时，张作霖委任我为奉军总司令部总稽查（原注：未受薪，无实职，只是名义而已）。我父张镇芳回天津后，住了一些时，又回周家口老家去过年，以后就经常来来往往。

10月3日

熊希龄创办香山慈幼院。

一九二一年（中华民国十年辛酉）二十四岁

前岁末或本年初

张伯驹单独赴奉天面见张作霖，提出将张镇芳盐行股票五万元让渡给张作霖，请张作霖以股东身分出面对盐业银行事务予以干涉。又经张勋、岳乾斋等人调解，以盐行董事会名义公推张镇芳为董事长，张伯驹仍任监事；而吴鼎昌则仍居总经理，掌握盐行实际权力。

张伯驹《盐业银行与我家》：

> 1921年4月间，我又去奉天见张作霖，因上次未谈盐业银行事，这时我单独和他谈到盐业银行怎样被吴鼎昌攘夺，及怎样接收改组情况。张听后大为震怒说："我可以出来说话。"我回答："你不是股东，怎样说话呢？"张说："我可以入股。"于是，我把我父亲的股权让渡给张作霖五万元，他就成了股东。然后，他打电报给吴鼎昌，质问他盐业银行是张某人创办的，你非原来的发起股东，如何能当总经理，这是不合法的，我以股东资格，请你说明道理。吴接到张的电报后，托岳乾斋出来了事。岳托张勋，请他出来打圆场，在天津张勋家里谈话，参加者有岳乾斋和北京行副理朱虞生、张勋和我，谈判结果，推举张镇芳为盐业银行董事长。董事长的好处，每年除股金红利外，另有一笔红利，可分到三万多元；监事人每年可分红利四、五千元；董事每月车马费五十元，每年红利可分四、五千元。但是，总经理吴鼎昌，和北京行经理岳乾斋，每年除股东红利外，还可分盈余红利，都在四、五万元左右。分红多少，当然

要看年终结算盈余为定。这次谈判胜利，不但争回了被攫夺盐业的面子，出了这口气，而且又多得了红利，吴鼎昌从此对我们也比较客气了。这事我父亲并不知道，我回到河南报告他，他说我办得很好。从那时起，直到1933年我父亲张镇芳去世，都是以他的名义担任该行董事长。

编者谨按：伯驹此处回忆，时间有误。据《那桐日记》，本年2月2日那桐已接到盐行董事会公推张镇芳为董事长之公函，则伯驹赴奉天见张作霖，不应迟至4月，应该更早。

寓真《张伯驹身世钩沉》收录一封1921年2月1日吴鼎昌关于张镇芳任董事长一事致董事会任振采（凤苞）的函：

振采仁兄大人阁下：

本行董事会议决公推张馨老（镇芳）为董事长，并议定自十年期（1921年度）致送公费数目、分配花红分数各在案，兹代拟致张董事长函稿一纸及缮正函一件，送呈誉阅。即请阁下于正函及函稿一并签名盖章掷下，以便送他董事签名盖章后封发为盼。

敬颂　公绥

愚弟　吴鼎昌　启
十年二月一日

四董事签名致张镇芳函：

迳启者：九年度本行全年结账，营业发展获利增多，信用愈彰，行基益固，溯源探本创垂，早著勋劳，挈领提纲，擘画端资宏著。现在本会议决，公推执事为盐业银行董事会董事长，自十年起，每年致送公费伍千元，每届全年结账由总管理处花红内，提壹成五，作为董事长花红，相应函达，即请

查照。此致

张董事长　盐业银行董事会启　十年一月二十九日

任凤苞　刘炳炎　黄承恩　那桐（董事签名，二月三日发）

《那桐日记》1921年2月2日：

今日亥刻盐业银行董事会送来一信，公推张镇芳为董事长，大众署名签字，余已照办，即交黄承恩董事来人持回。

编者谨按：自1917年7月张镇芳被捕而丢掉盐行，经过近四载时间，终得重返盐业银行。尽管张镇芳出任的是名誉性质的董事长，实权仍由总经理吴鼎昌把握，但这却毕竟是属于张家的一大胜利。

11月16日

吴鼎昌召集盐业银行、金城银行、中南银行联合会议，达成联营决议、营业规约和联合事务所简章。

戴建兵等《话说中国近代银行》：

决议明确由三行共同建立联合营业基金，先投入二百万元，其中中南出一百万元，盐业、金城各出五十万元，三行的联合营业事务所地点分别设在北京西河沿的盐业银行、天津英租界的金城银行、上海汉口路的中南银行，三行联合事务所设办事员三人，由吴鼎昌、周作民、胡笔江担任，推吴鼎昌为办事员主任。

本年

张伯驹在北京三庆园观看余叔岩演剧后，开始对余氏艺术有所领悟，由此经常观看余氏演出并学习余氏唱法。

张伯驹《红毹纪梦诗注》：

> 余二十四时，在三庆园观余叔岩演《南阳关》，（鲍）吉祥饰韩擒虎。

张伯驹《我从余叔岩先生研究戏剧的回忆》：

> 我二十四岁时，在北京三庆园再次看他的戏，这才有所领悟，从此经常看他的戏，并开始学他的唱法。

楼宇栋《张伯驹小传》：

> 本年伯驹任湖北、湖南、四川、江西四省经略使署咨议（原注：经略使为曹锟）。曹锟函荐伯驹于两湖巡阅使吴佩孚。吴派伯驹在参谋处任事，但并未赴任。

编者谨按：曹锟任川粤湘赣四省经略使系在1918年6月20日至1920年8月20日期间。后改任直鲁豫三省巡阅使，以吴佩孚为副使。因此楼宇栋所记未确，待考。参见《辛亥以后十七年职官年表》。

张伯驹娶妾邓韵绮，邓原为大鼓艺人，艺名小白莲。伯驹词有《新雁过妆楼·七夕北海游宴》，疑即张邓新婚生活写照。

张伯驹《新雁过妆楼·七夕北海游宴》：

> 斗汉高寒。银湾渡、佳期再度今年。解歌长恨，箫凤试奏连环。花倚交鸳桥影外，镜浮画鹢水光间。醉无眠。碎珠露湿，

长夜阑干。

兰舟珠灯宴乐，看晕脂秀靥，舞袖便娟。怨弦如诉，飞鸿不寄遥天。年时梦尘回首，怕容易、秋风吹鬓鬖。铜琶响，唱念家山破，休怅飘鸾。

张柳溪口述、张恩岭整理《父亲张伯驹的婚姻》介绍邓韵绮：

我大妈当年是唱得好的京韵大鼓艺人，我上大学时她已经四五十岁了，仍断不了哼唱几句。她的长相不算娇艳，也不太善于打扮自己，穿着绸缎衣装也不比别人更美，当年主要是唱红了的。她到底是出身贫寒，所以很会料理家庭生活，她能把我父亲在北京的生活安排得很好，北京家里的管家和厨师也能按照我父亲的需要随时侍候，做出令我父亲满意的丰盛菜肴。

我大妈虽然不是很圆滑，但是也能处理与各方人士的关系，当时在北京的各种场合都是她陪伴我父亲，和我父亲来往密切的人都知道她。

一九二二年（中华民国十一年壬戌）二十五岁

3月12日

盐业银行董事四年到期改选，仍以张镇芳为董事长，伯驹为监事。

3月或4月初

张伯驹第三次赴奉天面见张作霖，为张勋复出说项。

张伯驹《盐业银行与我家》：

在第一次直奉战争前夕，张勋认为他的机会已到，想出来抓他在安徽的军队（原注：他的军队在他部下张文生手里），需要中央给他一个军事上的名义，要求张镇芳写信给张作霖为他帮忙。张镇芳鉴于张作霖与曹锟有交情，故信中没有偏袒奉直任何一方，只是请张作霖向中央保荐张勋，命我持函往见张作霖。见张后，我有个说帖给他，说冯玉祥不是曹锟的贴心羽翼；赵倜乃曹、吴心腹之患。请张勋到徐州掌握他的军队，与赵倜联合一起，奉军从长辛店往京汉路压迫，张和赵从陇海路进攻，可收夹击之效。张作霖说现在正在讲和，不要打仗，正由赵次帅（原注：尔巽）商谈中，你明天赶快回去，请速告令尊大人，也出来参加调停，大家不要打仗。

第二天我去见他辞行，张又对我说："不行了，我不打他们，他们要打我了。"我说："既然如此，那就请打电报给中央，要张勋出来好了。"张说："现在我已不承认中央，不能与他们打电报，要出来他自己出来好了。"并给我一张他的名片，叫我去找当时的国务总理周自齐，替张勋说话。

我到北京，张勋又派商衍瀛、刘佐常（原注：张勋任安徽督军时的两淮盐运使）再去奉天和张作霖谈判，结果和我所谈的一样，不得要领。当我与周自齐打电话约定下午三点钟会面，不料到时他避而不见，原因是奉系察哈尔都统张景惠正在北京被直系包围，首鼠两端，周去问张景惠，他说不能发表张勋的命令，徐世昌也不主张为张勋再发表明令。这时战事已起，张景惠发出主和通电，完全倒向直系，不再与奉系配合。

张作霖进关后，总部设在军粮城，我和商衍瀛、刘佐常去见他。张着便衣，床上放着一支手枪，他说："大家都能不出来，就是我一个人打；如果奉军败了，我还有几十万人，全数调进关来再打。"言下非常气愤。我和商、刘退下来，到张的秘书厅，秘书长谈国桓和秘书厅的人都说，现在就是摇旗呐喊也是好的。于是秘书厅代张勋以北路军总司令名义，从军粮城发出通电，为张作霖助威。张勋这个总司令，根本未出英租界，就与张作霖一齐垮台了。

7月11日

大陆银行参加盐业、金城、中南银行联营，形成四行联营格局，时称"北四行"。

9月22日

张伯驹出席在天津浦口道张勋宅举办的张勋七十大寿堂会，观看十三旦侯俊山等人演剧。

张伯驹《红毹纪梦诗注》：

> 侯俊山号十三旦，擅长武小生及武旦，《伐子都》及《八大锤》为其拿手之戏。多演出于张家口，京津少能观其戏，年老已不再出演。记余二十五岁时，张勋寿日演剧宴客，特烦其演《八大锤》。是日各名角皆有，台下座客全满。余与张勋坐台下观之。俊山演来极为卖力，战四锤将至为精彩，虽已老年，

英风犹在，盖亦因张之寿日，各角无不精神振奋也。

一九二三年（中华民国十二年癸亥）二十六岁

2月5日

张镇芳六十岁寿日，恰逢立春。张伯驹在天津中州会馆为父亲张镇芳、叔父张锦芳举办祝寿堂会，严修、绍曾（代表那桐）等前来贺寿。此前，伯驹发出《征寿文启》，严修、康有为等皆有寿联及诗文赠张氏兄弟。康有为联云：

述孝承先，兄弟相携，永锡难老；

以忠获罪，缧绁之中，虽败犹荣。

编者谨按：张锦芳生日不详，似应亦在张镇芳生日前后。祝寿事见于张伯驹《洪宪纪事诗补注》及《严修日记》《那桐日记》。

3月

本月逢伯驹二十六岁生日。经熊希龄呈请北京政府，张伯驹以京畿水灾捐款助赈事，获得政府褒奖，以简任职存记任用，授予二等大绶嘉禾章。此外，熊希龄所办之香山慈幼院，建"镇芳楼"作为纪念。

9月12日

张勋在天津病逝。

10月5日

曹锟以重贿当选总统。

一九二四年（中华民国十三年甲子）二十七岁

2月下旬至3月初

张伯驹以简任职分发陕西，赴西安出任陕西督军公署参议。

张伯驹《秦游词》自序：

> 余少年从戎入秦，宝马金鞭，雕冠剑佩，意气何其豪横！

张伯驹《八声甘州·忆长安春夜骋豪游》：

> 忆长安春夜骋豪游，走马拥貂裘。指银瓶索酒，当筵看剑，往事悠悠。

张伯驹《春游社琐谈·八仙庵、大觉寺玉兰》：

> 余二十六岁时曾到西安。值正月末，往游骊山华清池，逢雨雪，云雾弥漫，不见骊山顶。温汤流入园池，热气如烟，笼罩池上。池两旁迎春花盛开，景如画。就贵妃池浴，水滑真如凝脂也。次日晴霁，又游八仙庵。庵右院有玉兰树一株，高十余丈，一人不能合抱。正花时，千葩万蕊，若雪山琼岛，诚为奇观。

5月31日

逊清内务府向盐业银行抵押金钟、金册等物，押款计八十万元。

9月15日

第二次直奉大战爆发,张伯驹自西安返京。

10月23日

冯玉祥发动"北京政变"。

11月5日

清逊帝溥仪被驱逐出紫禁城。

一九二五年(中华民国十四年乙丑)二十八岁

3月12日

孙中山在北京病逝。

5月末

张作霖率部入关。

10月10日

故宫博物院举行开幕典礼。

本年

张伯驹辞去一切挂名差事,专任盐业银行监事。

楼宇栋《张伯驹小传》：

　　第二次直奉战争爆发，冯玉祥倒戈，曹锟下台，刘镇华战败下野，伯驹时年二十八岁。伯驹虽厕身于官场，但十分不满军阀那套腐败生活，更看不惯上层人物那种在洋人面前奴颜婢膝，对老百姓却敲骨吸髓，彼此之间又尔虞我诈的虚伪行径，乃决心离开旧军队，辞去一切挂名差事。

张伯驹在北京购置西四弓弦胡同1号"似园"。

"似园"旧主人以"稚甫"为笔名，曾于八十年代后期在《燕都》杂志撰文《张伯驹似园述往》：

　　1925年，经友人介绍，割爱售予张伯驹先生。先父迁出时，将其最得力的园艺工人大李留给伯驹先生。（中略）似园坐落在西四大拐棒胡同内弓弦胡同路北一号。园的南墙贯穿整个弓弦胡同（原注：弓弦胡同路南无门，路北只此一家），园的北墙贯穿整个警尔胡同（原注：当时警尔胡同路南无门），东临西皇城根北街，西临大拐棒胡同，是一所四面临街的方形院落。院内分东西两部分：东部面积似大于西部，其中只一山、一池、一亭，别无建筑，但小径蜿蜒，山石嶙峋，花木扶疏，春鸟秋蛩，饶有真趣。西部西南角上是大门，可出入车马。进大门迤东有南倒厅，对面居中是一座垂花门，迎面是正厅，是一座两进的明五暗十的大花厅，厅基较高，石阶为十三级。垂花门东西两侧有抄手游廊，北转后，廊基逐渐升高，至正厅钻山儿处，与正厅前廊衔接。院内无东西厢房，东面游廊开有什样锦窗户，从窗棂中依稀可见东园景物。正厅石阶左右有西府海棠四巨株，院内西南隅有凉亭一座，东南隅有牡丹一坛。从正厅东西两侧往北可至后院，院内有后罩房。似园轮廓，大致有如上述。

张伯驹《多丽》词：

多　丽

余所居为李莲英旧墅，同人于此作词社第二集，即席赋。

禁城偏，园林旧属中官。仿宫家、飞廊架宇，翠华传驻云骈。走黄尘、门喧车马，拥绛雪花压栏杆。骄宠谁伦，恩荣无比，当时炙手焰熏天。自奕局、长安换劫，人世几桑田。空留得，堂前旧燕，解话开元。

又今日异时新主，吟俦重续词坛。绿天深、风摇蕉扇，红日晚雨打荷钱。梦影难留，芳尘易逝，祓愁长应近樽前。更休再，歌骚谱怨，且共惜余欢。人归后，斜阳在树，酒醒鸣蝉。

编者谨按：李莲英在慈禧太后逝后出宫养老，隆裕太后赐李宅邸在西苑（中南海）门外北夹道。李宅附近有隆裕太后设立的南花园，设首领太监一名，大师傅一名，太监十余名，花匠五六十名，专养各种花木盆景。伯驹词有自注云"廊宇建造仿排云殿规模，落成后传西后曾临幸，未知是否"。然其宅实非李莲英宅，有可能原是皇室南花园；而传说中驾临过的太后，则应是隆裕而非慈禧。

张伯驹开始请余叔岩琴师李佩卿为其说戏。

张伯驹《我从余叔岩先生研究戏剧的回忆》：

我二十八岁那年，请了余先生的琴师李佩卿给我说戏，在一年的工夫里，我学会了很多出余氏的戏。

张斯琦《余叔岩年谱》引看云楼主《与余叔岩之一席话》：

　　琴师李佩卿为妙香之弟子，胡琴均予所授。前因其境况极窘，一切皆予照料，渠娶妻亦予力助，始得过门，二次沪局，月费三百元，技尚平妥。

一九二六年（中华民国十五年丙寅）二十九岁

2月2日

　　张伯驹纳一侧室，苏州人，年仅十七岁，取名王韵缃。

寓真《张伯驹身世钩沉》引伯驹《身世自述》：

　　到我二十七岁（此处系实岁），我兄弟（伯驹原注：我叔父之子）病故，两门只我一子，我父亲催我再纳妾，并指示以生育为目的，不论才貌，要身体肥壮。由盐业银行副经理朱虞生介绍了王韵缃。本来介绍的有两人，王韵缃是其中之一，因为朱虞生的同居与王韵缃之母是朋友，那一个就没叫她与我见面，力促王韵缃与我的成功。是年就与王韵缃实行同居，于我三十一岁时生了一子。这时我叔父（张锦芳）的同居杨氏也生一子。一个大家庭共居一处，大家都是享受懒惰，有鸦片烟瘾的就有十人之多。

寓真《张伯驹身世钩沉》引王韵缃于1952年1月15日向法院提交的离婚诉讼状：

原告王韵缃，娘家父亲行医为生，因生活困难，无可奈何之下，由我母亲牵领到北京，寄居姑母曾姓之家。俟后又因姑母家境亦感困难，故不得已之下，将我终身许与被告张伯驹。在我十七岁的那年，经盐业银行副经理朱虞生介绍，与张伯驹双方见面后，张伯驹甚为同意。遂于1926年2月2日，与张伯驹结婚，寄居于北京帘子胡同。张伯驹声明，暂且在此居住些时，再去天津回到家庭里同居，并赠与我母亲三千元，我即与张伯驹在京过活半年，后搬进天津家庭同住。

1927年生下我子，以后我丈夫遂对我冷淡，以致置之不理。我过在旧社会里，只有忍受。又因已有了儿子，并且公婆待我很好，所以总还希望他能回心转意。但是，他竟完全置我于不顾。如此有名无实的夫妇生活七年之久。

张伯驹与王韵缃之子张柳溪回忆，张恩岭整理《父亲张伯驹的婚姻》：

我妈是苏州人，我姥爷从家乡外出做工，在北京安了家。我父亲经过大中银行职员的介绍（柳溪所述不确——编者注）看中了我妈妈，就在北池子一带弄了一套小院（应是帘子胡同），给我姥姥一笔钱，娶了我妈。他给我妈起名叫王韵缃，不久以后我妈妈就怀孕了，我爷爷奶奶早就盼望有个孙子，知道我妈妈怀孕后，就把我妈接到天津家里与我爷爷奶奶同住。妈妈生下我之后，爷爷奶奶为了让妈妈照顾好我，也为他们能看着我长大，就没有再让我妈回北京，而是留在了天津家里，留在了爷爷奶奶的跟前。

我妈生长在一个比较贫困的家庭里，家里主要靠我姥爷干活来维持生计。在这个家里，父母关爱女儿，姐妹互相关爱照顾，女儿孝敬父母、听父母的话，一家人共患难来维持全家的生活。我妈妈在嫁给我父亲之前没有真正接触过社会，也没有社会上那些市侩气，不懂得阿谀奉承。她从小养成的习惯是老老实实，尊重孝敬长辈，关爱体谅同辈。她对任何人都老实、实在，办什么事都考虑别人的需要和利益。到天津家里和爷爷奶奶生活在一起，她仍然是这样的性格。

9月1日

吴鼎昌、胡政之、张季鸾三人以"新记公司"名义盘购《大公报》，本日在天津复刊。吴鼎昌出资五万元，任社长。胡政之任经理兼副总编辑，张季鸾任总编辑兼副经理。

本年

应盐业银行北京行副理王绍贤之请，张伯驹开始利用他与张作霖及其奉系势力的关系，为盐业银行拉拢存款。

张伯驹《盐业银行与我家》：

> 1926年，北京行副理朱虞生调任上海行经理，王绍贤成为北京行重要角色，其后张作霖盘踞北京时代，王绍贤利用我和奉系的关系，同奉系军阀来往，拉拢存款。

张伯驹仍热衷于观剧、学戏，并且不畏战乱，从天津赶至北京观看余叔岩演出《托兆碰碑》。

张伯驹《红毺纪梦诗注》：

> 某岁张作霖与冯玉祥军战，冯军撤南口，张军入京，城关车站皆驻兵。时（余）叔岩在开明戏院演《托兆碰碑》，余自天津来京观戏。津至京车为下午四时余，因军事误车，至八时始开行，至东便门已十时，车站已驻兵不得入。忽见河南岸来一车，乃余之司机见车站不能入而径来此接者，即过河上车直去开明戏院。始入座，正唱"金乌坠玉兔升黄昏时候"第一句导板，亦巧矣。

编者谨按：1924年10月23日冯玉祥发动"北京政变"，控制住北京局势。张作霖则系于1925年5月底率部入关，次年与冯军交战，冯军退守南口。如果伯驹的记忆无误的话，其观余叔岩剧事即是在1926年。

张伯驹年谱卷三

（1927年—1940年）

一九二七年（中华民国十六年丁卯）三十岁

2月23日

伯驹三十岁生日，作有《八声甘州·三十自寿》词一首。词云：

几兴亡无恙旧河山，残棋一枰收。负陌头柳色，秦关百二，悔觅封侯。前事都随逝水，明月怯登楼。甚五陵年少，骏马貂裘。

玉管珠弦欢罢，春来人自瘦，未减风流。问当年张绪，绿鬓可长留。更江南、落花肠断，望连天、烽火遍中州。休惆怅、有华筵在，仗酒销愁。

3月20日

武汉国民政府正式成立。

3月31日

康有为在青岛病逝。

6月16日

张作霖在北京组成安国军政府，自任大元帅，以潘复为内阁总理。

6月前后

据张伯驹云，张作霖曾邀请张镇芳出面组阁，为伯驹父子婉拒。

张伯驹《盐业银行与我家》：

> 1927年张作霖到北京，自任为大元帅，派财政部次长董士恩到天津邀我父亲张镇芳晤面，商谈请他组织内阁事。我父亲到京住西城弓弦胡同一号。这时张作霖拟用老一辈的人出来组阁，为他的大元帅支撑门面。我对父亲说："你的政治生命，在复辟一役中已经决定了一生毁誉，而且现在南方革命是一种新生力量，揆诸大势，胜败难言，以不出来为是。"我父颇以为然，故到中南海周旋了两天，打了两次麻将，婉辞回津。其后张找梁士诒，梁也不干；后来由张宗昌推荐，一向以智囊自命的潘复钻营组成内阁。

编者谨按：此应系1927年6月前后之事，盖张作霖于本年6月在京设立安国军政府，自任大元帅，着手组阁，6月18日以潘复为国务总理。

11月18日

安国军政府军事部陆军署次长杨毓珣家堂会。

张伯驹《红毹纪梦诗注》：

　　张作霖为大元帅，杨毓珣时任陆军次长，其母寿在金鱼胡同那家花园设宴演剧宴客，倩叔岩演《上天台》。叔岩不常演此戏，由李佩卿先到家吊唱，余即于戏单上写戏词。余问叔岩如何唱法，叔岩曰："就是一个上句，一个下句，安排一下就好了"。后来了解音韵，知五声之念法与三级韵之运用，就是这样自能结合剧情，安排唱腔；同身段一样，知道节骨眼、起范儿、内外工、子午相，也自能安排身段。是日余同叔岩去那家花园，全厅已无隙地。叔岩演戏，余坐于台上地毯上，听了一出《上天台》。

孙养农《说余叔岩》：

　　余氏所灌唱片内，有一张百代公司所灌《上天台》中"姚皇兄休得要告职归林"一段二黄三眼，大家都认为唱得十分精彩，使人百听不厌；但是，从没有看见他在台上演出过这出戏，认为是件憾事。其实他在一家堂会中演出过一次，可惜那天的听众，只不过是限于主人的至亲好友们，所以能躬逢其盛的人，实在是太少了。

　　那天的堂会是杨梧山先生自寿，杨氏生平喜欢拉胡琴，曾经跟陈彦衡学过，最初是研究谭派的，后来遇见余氏，一见如故，再一听他的唱，就倾倒得不得了，二人结为至好，余氏一生知己之中杨氏亦为其一。

那天所演的这出《上天台》，是杨氏自己要求他唱的，因为他也是十分地爱好这出戏，而余氏又从来不演，所以就趁此机会特烦他，他感于知己，一定不会拒绝的。果然余氏破例地做了他生平唯一一次的演出。

编者谨按：杨毓珣字琪山，与杨梧山为兄弟。此处以张伯驹回忆为准。

本年

张伯驹与余叔岩结成挚友，并直接向余氏学戏。

张伯驹《红毹纪梦诗注》：

余三十一岁从余叔岩学戏。

张伯驹《我从余叔岩先生研究戏剧的回忆》：

（前略）并在这一年的一个堂会上，见到了余先生。他对我说："我们凑凑，你学什么戏，我给你说。"这次我们一见如故，第二天我就到椿树胡同头条他的家看望他，至此我不断向他学习他的戏剧艺术。

编者谨按：伯驹所云"堂会"，疑即指本年春杨毓珣母寿堂会。此系张伯驹与余叔岩交往之初始。

张伯驹开始学习填词。伯驹《无名词》序：

自三十岁学为词，至庚寅后二十九年，有集《丛碧词》。

张伯驹演出京剧《二进宫》《空城计》《八大锤》。

张伯驹《我从余叔岩先生研究戏剧的回忆》：

  我三十岁时，彩唱了《二进宫》《空城计》《八大锤》三出戏。

编者谨按：伯驹此时票演京剧，应是仍以"冻云楼主"为号。有说法是，本年仲春伯驹曾在寿州孙家天津堂会戏中演出，待考。

  伯驹开始收藏中国古代书画，所收第一幅是康熙帝书"丛碧山房"横幅。伯驹即改"似园"名为"丛碧山房"，自己也改号丛碧。

张伯驹《丛碧书画录》序：

  予生逢离乱，恨少读书。三十以后，嗜书画成癖。见名迹巨制，虽节用举债，犹事收蓄。人或有訾，笑焉不悔。

张伯驹《丛碧书画录》：

  清康熙书横幅

  纸本。书"丛碧山房"四字，笔宗柳法。任丘博学鸿词庞垲号丛碧，此或赐庞氏者。为予收蓄书画之第一件，而予所居好植蕉竹花木，因自以为号。

  清康熙书横幅

  描金黄蜡笺纸。书"嵩高峻极"四字。此为嵩山峻极宫匾额原本。

编者谨按：张伯驹只说"丛碧山房"系其第一件藏品。根据其《丛碧书画录》著录分析，另一件"嵩高峻极"，疑亦属于同一批藏品。盖伯驹眼高，世人亦以收藏巨家称之，此后如康熙帝书法之类藏品，恐再难入伯驹法眼。

"丛碧山房"件既居伯驹收藏开篇地位，伯驹且改"似园"名为"丛碧山房"，自己亦复改号丛碧，其背景当不会是如伯驹所谓"予所居好植蕉竹花木"这般简单。

其实，"丛碧山房"无论从词意还是书法均非高明，关键是在于庞垲其人。庞垲（1657—1725），字霁公，号雪崖，河北任丘人，中举后又以博学鸿词科授官翰林院检讨，历任内阁中书、工部主事、户部郎中等职，在京居住二十余年。康熙三十七年（1698）调任福建建宁府知府，后辞官返乡。《清史稿·列传二百七十一》有《庞垲传》，全文曰：

> 庞垲，字霁公，任丘人。生有至性。七岁时，父缘事被逮，母每夕祷天。（庞）垲即随母泣拜，无或间也。稍长，工为文。康熙十四年举人，试鸿博，授检讨，分修《明史》。明都御史某谄附魏忠贤，其裔孙私馈金，丐《阉党传》讳其事勿书，力拒之。大考降补中书，洊擢户部郎中，出知建宁府。浦城民以令严苛激变，夜焚册局，杀吏胥，罢市，令惧而逃。（庞）垲闻变即驰至浦城，集士民明伦堂，晓喻祸福，戮一人而事定。民感其德，立书院祀之。九仙山多盗，至掠人索赎。掩捕数十人，境内帖然。未几，告归。

> （庞）垲嗜吟咏，与同里边汝元以诗学相劘切。其所作醇雅，以自然为宗。有《丛碧山房集》。

总体说，庞垲为官清正，有才华，有能力，尚自然，知雅趣。而其所以能打动伯驹者，作者以为，主要还是因其幼年有"至性"的故事，即"七岁时，父缘事被逮，母每夕祷天。（庞）垲即随母泣拜，无或间也"。另有记载说，庞垲父亲庞克慎在客乡蒙冤入狱，母亲忧愤而亡，七岁的庞垲哀痛欲绝，以至于"感动街巷"，众人乃帮助庞垲殓埋其母。

无巧不成书的是，庞垲这段早年际遇，与伯驹毁家赎父葬母悲剧颇相类近，从而引起了张伯驹深深的感触。盖张勋复辟之案，史有定论，不易平反；况其父张镇芳参与复辟，证据确凿，难辞其咎。然而在伯驹心底，终是有为父抱屈之意。伯驹偶得"丛碧山房"墨迹，感其切合身世，遂改以"丛碧"为号，即是欲以"当世庞垲"自居，亦以此永志张家之惨痛家史。伯驹所说的"蕉竹花木"，只可当是一句对外界的托辞罢了。

正所谓无独有偶，张伯驹在收藏康熙帝书"丛碧山房"墨迹之后，甚至是同时，他又得到康熙帝为嵩山峻极宫所书的"嵩高峻极"。这四个字与张伯驹家的关系，却是再也明显不过：张家事业处于巅峰的张镇芳督豫时期，袁世凯为张镇芳送来祝贺五旬大寿的寿联，正是以此四字为出典，作为寿联的点睛之笔。同时，这副寿联又是脱胎于袁世凯五旬寿辰时，丁象霆赠袁之寿联，丁联仍是以此四字点睛。可以想象，昔年嵩山峻极宫得此御题匾额，当是何等喜气洋洋；昔年袁世凯得此寿联，又是何等意气风发；及至张镇芳得此寿联，能不愈发激奋，甘为袁氏朝廷柱石，重建袁氏江东基业。转瞬之间，不消说康熙大帝早已灰飞烟灭，其开创之康乾盛世业已完结；袁世凯的洪宪王朝竟成昙花一现，张镇芳一落千丈，其与伯驹父子二人皆是一事无成。偏偏是到得这水落石出之际，康熙帝御题原件，居然流落在张伯驹手，冥冥之中，人生无常，世事难料，亦不知此四字当为伯驹父子之纪念，还是对于伯驹父子之讽刺。伯驹著录之时，应是亦难着笔，唯有简单指明来历而已。

了解到这两幅康熙帝墨迹背后故事，方可感知其带给伯驹的刺激。用带些唯心色彩的解释，张伯驹或许是能够意识到这一偶然事件所具有的"点化"意味，似乎是有一种力量在对他作出引导；唯物的说法，至少是启发了伯驹对于收藏的浓厚兴趣。他从此开始其被后世视为与众不同、无与伦比的收藏事业，终生执着，无私无悔。

张恩岭《张伯驹传·生平简表》：

是年，子张柳溪出生。

张柳溪口述、张恩岭整理《父亲张伯驹的婚姻》：

在我们的大家庭里，爷爷奶奶都是有规矩和守礼节的人。我妈妈每天早上都要去我爷爷奶奶和六爷爷、六奶奶（编者注：六爷爷、奶奶即张锦芳夫妇）屋里请安，因为爷爷非常宠爱我这个孙子，看到小孙子就特别高兴，所以我妈常带我在爷爷奶奶的屋里，一方面按照我爷爷奶奶的要求抚养教育我，另一方面也方便侍候我爷爷奶奶。我妈不仅尊敬我爷爷奶奶，对家里的其他长辈也是每日请安，对我娘也十分尊重。由于我妈性格温顺，又生下我这个爷爷奶奶非常宠爱的孙子，于是我爷爷奶奶对她有点另眼看待，有点宠爱，但我妈从不认为自己了不起，更不会贬低别人，不计较名分地位，也不争财产，因此，我爷爷奶奶更认为我妈妈为人忠厚老实，可以信赖，都对我妈抱着肯定嘉许的态度，这样我爷爷把管家的大事交给了我妈妈。

同文：

我妈妈在天津家里安排好长辈、孩子生活的同时，也惦念我父亲的生活。我父亲当时在北京，上海盐业银行的俸禄有限，但生活开支比较大，我妈妈常常把盐业银行的股息转账给他，以保证他的开支。我父亲逢年过节回天津，也都是我妈妈给他安排一切。我妈妈一有时间也带着我去北京看望父亲。

我妈和我大妈邓韵绮的关系也非常好，我大妈也把我视为己出。在我们家，我妈妈一直尽着相夫教子、孝敬长辈、照顾全家生活的责任，应该说孝敬我爷爷奶奶，还有照顾好我本来是我父亲的责任，但是这些责任最后都落在了我妈妈的身上。

任凤霞《一代名士张伯驹》：

张伯驹的婚姻生活确属不幸。他十八岁时和李氏结婚，李氏的父亲是一武官，曾经和伯驹的祖父在一起共事。这件婚事是父母之命，他与她毫无感情。由于他不满这桩婚事，后来自己又娶邓氏为妻，但家里不予承认。邓氏和李氏一样，昼夜不离鸦片烟，伯驹对此十分讨厌。父母又因李氏、邓氏不生育，又为他续娶三房王韵缃女士。婚后，他与王女士性格不和，感情不好。结婚不久，王女士就提出离婚，但这时她已怀孕，遂未成。后来，王韵缃女士为他生了个儿子。

编者谨按：张伯驹情感丰富，其家庭生活亦至为复杂，不好妄下断语。现今所见资料，约有三方面说法可供参阅。其一是伯驹词作，然若不逐一订正指明，读者恐难以理解。其二是潘素生前回忆及女儿张传绦之说法，任凤霞氏著作即用此说；其三是伯驹之子张柳溪之回忆,王忠和、荣进之《生是长弯一抹风:民国公子张伯驹》采用之。但后二者实则各执一辞,皆未可轻信。

一九二八年（中华民国十七年戊辰）三十一岁

4月7日

蒋介石发布誓师词,国民政府二次北伐开始,蒋为总司令。

6月4日

张作霖在皇姑屯被炸身亡。

8月

吴鼎昌将盐业银行总行迁至天津,并耗费巨资在法租界水师营路（今和平区赤峰道12号）建成总部大楼。

10月10日

国民党在南京宣布成立国民政府,蒋介石任主席,亦即国家元首。定都南京,改北京为北平特别市。

10月16日—18日

余叔岩与龚云甫、陈德霖、钱金福、王长林、鲍吉祥等在天津明星大戏院演出《空城计》《奇冤报》《全本一捧雪》《钓金龟》《行路训子》《断太后》等剧。张伯驹随同余叔岩往返京津之间,余叔岩开始正式为伯驹说戏。

张伯驹《红毹纪梦诗注》：

余从叔岩学戏，第一出为《奇冤报》。某次叔岩应天津剧院约演出，余同去津。由叔岩家至车站，在车内一路说《奇冤报》反调。叔岩在津演出《奇冤报》《空城计》《战太平》三剧（伯驹此处记忆略有差误——编者按），又同回京，即排练身段、穿上厚底靴，走台步，滚桌子，排完后即在饭庄演唱。

张斯琦《余叔岩年谱》：

（1927年）5月23日天津新明戏院夜戏：

周瑞安、诸如香、钱金福《长坂坡》，王凤卿《朱砂痣》，余叔岩、郝寿臣《失街亭》，梅兰芳《洛神》。

（中略）按：是年，张伯驹始从余叔岩学戏，据余叔岩演出史实与张伯驹本人回忆，时间前后不差。唯天津所演剧目略有不同。

张伯驹《我从余叔岩先生研究戏剧的回忆》：

第一出戏是《奇冤报》，虽然这出戏的唱法我向李佩卿学过，有些基础，但余先生仍然详细地给我重说，尤其是其中的两段"反二黄"，在吐字、发音、腔调转折顿挫上，余确实有很多妙处。

有一次，余去天津演出，我与他同去，在火车上，我们一直念这两段反调。正好他那次在天津演出的戏有《奇冤报》，这两段反调我就这样学会了。回到北京后，他又从台步开始教我身段。余先生说台步是身段的根本，初练台步，最为要紧，如果台步走坏了，不易改正，就是成名的内行，像王又宸、言菊朋、鲍吉祥他们几位的台步，也还是有些毛病的。余先生的台步，穿官衣褶子与穿箭衣、披蟒、扎靠不同，他先教我练习穿官衣褶子的台步。他说，走台步之前，要先把气沉静下来，眼向前平视，前胸微扣。一般的走台步，两手大拇指向上挑起水袖，而余先生则是右手大拇指挑起向左，左手大拇指挑起向右，指背朝前，使两臂自然成了弧形。他说，要是大拇指朝上挑，手背就朝外了，两个臂膀就不圆了。走步时要求两脚跟用力蹬出成八字形，亮出靴底，探出步去，落地自然，上身稳而不僵。两臂不能矜持用劲，先一步一钉（原注：顿）后，继续行步，走到尽头，随步转身再走。似这样每次要走十几遍。脚步走好之后，又教我拿上马鞭，穿上褶子学举马鞭，打马鞭。穿箭衣、披蟒、扎靠的举马鞭、打马鞭的形式、角度、用力的轻重也各有不同。

排了"行路"，接着排"中毒"一场。这场戏身段最多，导板后有搓手、揉眼、按腹、一吐、两吐、扔方巾、蹬椅子、垫右胳膊、甩髯口、甩发、滚桌子，这些身段都是根据老谭先生的路子，还有连摸门拉锁、屁股坐子、搓步甩发、前扑、后跌，以后就专重唱工了。分场排完后，又让我再穿上靴子行头，总起来连排，这一出戏才算完工。

张伯驹向余叔岩学戏，亦极认真，乃至为学戏而改变自己的作息时间。

张伯驹《红毹纪梦诗注》：

余三十一岁从余叔岩学戏，每日晚饭后去其家。叔岩饭后吸烟成瘾，宾客满座，十二时后始说戏，常至深夜三时始归家。次晨九时，钱宝森来打把子，如此者十年。

张伯驹最初向余叔岩所学之戏是《奇冤报》《战樊城》《长亭》《阳平关》，这是几出"打基础的戏"。此后十年之间，张伯驹陆续向余氏学戏极多。

张伯驹《红毹纪梦诗注》：

> 叔岩戏文武昆乱传余者独多。记有《奇冤报》《战樊城》《长亭》《定军山》《阳平关》《托兆碰碑》《空城计》《群英会》《战宛城》《黄金台》《武家坡》《汾河湾》《二进宫》《洪洋洞》《卖马当锏》《断臂说书》《捉放宿店》《战太平》《凤鸣关》《天水关》《南阳关》《御碑亭》《桑园寄子》《游龙戏凤》《审头刺汤》《审潘洪》《朱痕记》《鱼肠剑》《法场换子》《上天台》《天雷报》《连营寨》《珠帘寨》《摘缨会》《盗宗卷》《伐东吴》《四郎探母》《青石山》《失印救火》《打渔杀家》《打棍出箱》；《（左虫右八）蜡庙》之褚彪，《回荆州》之鲁肃，《失街亭》之王平，《别母乱箭》《弹词》等。其他未排身段、零段之唱不计。

12月29日

张作霖之子张学良宣布东北易帜。

一九二九年（中华民国十八年己巳）三十二岁

1月19日

梁启超在北平病逝。

3月15日

近代教育家严修在天津病逝。

本年

张伯驹继续向余叔岩学习京剧。

张伯驹与袁克文结成挚友，交往密切。

张伯驹《洹上词·寒云词序》：

　　余与寒云为中表戚，方其盛时未尝见也，己巳岁始与过从，共相唱酬为乐，乃恨相见之晚焉。

编者谨按：伯驹此处所说非是实情。盖因袁克文于1920年在上海《晶报》连载《辛丙秘苑》，文中痛斥张镇芳为反复小人。张家遂与克文多年没有往来。至本年伯驹、克文即所谓"度尽劫波兄弟在，相逢一笑泯恩仇"，双方重归于好。

一九三〇年（中华民国十九年庚午）三十三岁

春

载泽在北平病逝，经熊希龄、荣厚等人代办后事。

仲冬

张伯驹世交好友孙养农三十岁生日，伯驹拟寿联，余叔岩书写，为孙贺寿。伯驹联云：

百年岁月，来日方长，弧矢耀光辉，绿酒华灯今夜宴；
数点梅花，得天独厚，箫韶回律吕，阳春白雪万家歌。

本年

张伯驹与袁克文、方地山诗词唱和，取名《蛇尾集》，连载于《北洋画报》。

一九三一年（中华民国二十年辛未）三十四岁

年初

张伯驹与袁克文、红豆馆主溥侗等在北平开明戏院同台演出，袁克文主演《审头刺汤》，大轴为伯驹与溥侗主演的《战宛城》。演罢已到凌晨二时，伯驹与克文又至妓馆霭兰室，饮酒作书，填词唱和，晨四时许始尽兴而散。

张伯驹《春游社琐谈·袁寒云踏莎行词》：

庚午岁冬夜，以某义务事共演戏于开明戏院。寒云与王凤卿、王幼卿演《审头刺汤》，寒云饰汤勤。乱弹戏寒云只演《群英会》《审头》之蒋干、汤勤两角，学于老苏丑郭春山。郭此戏极有矩矱，而寒云饰演更生色。大轴为《战宛城》，余饰张绣，溥侗（原注：红豆馆主）饰曹操，为黄润甫真传。阎岚秋（原注：九阵风）饰婶娘，钱宝森饰典韦，许德义饰许褚，傅小山饰胡车。终场夜已将三时，卸妆后余送寒云至霭兰室，饮酒作书。时密密洒洒，飞雪漫天，室内炉暖灯明，一案置酒肴，一案置纸墨，寒云右手挥毫，左手持笺，即席赋《踏莎行》词。词云：

随分衾裯，无端醒醉，银床曾是留人睡。枕函一晌滞余温，烟丝梦缕都成忆。

依旧房栊，乍寒情况，更谁肯替花憔悴。珠帘不卷画屏空，眼前疑有天花坠。

余和作云：

银烛垂消，金钗欲醉，荒鸡数动还无睡。梦回珠幔漏初沉，夜寒定有人相忆。

酒后情肠，眼前风味，将离别更嫌憔悴。玉街归去暗无人，飘摇密雪如花坠。

时已交寅，余遂归去。词上阕忆韵误以入作去，余亦未注意及之，迄今三十余年乃为发现。在当时为寒云兴到之作，因偶失韵，宋人亦尝有之，固无妨也。后人知其词而不知其事矣，爰为记之。

李炳莘《余叔岩年表》：

本年初,叔岩病略有好转,参加了江西会馆赈灾义务戏。大轴:《战宛城》。叔岩饰张绣,红豆馆主溥(侗)西园饰曹操,钱金福饰典韦,王长林饰胡车,田桂凤、九阵风分饰邹氏。演戏不久,王长林于3月7日病逝,享寿七十四岁。田桂凤亦于5月21日去世,从此以上钢铁阵容,不复见矣。

编者谨按:果如李炳莘所记,则伯驹演出《战宛城》应系步叔岩之后而为之。

2月

余叔岩与张伯驹合著《近代剧韵》,由北平京华印书局出版。但不久余叔岩即将此书全部收回,不再公开发行。

张伯驹《我从余叔岩先生研究戏剧的回忆》:

余先生唱念的发音、收韵特别讲究。他对戏剧音韵学有家学渊源与自己的研究。(中略)后来余先生又从魏铁珊老先生研究音韵学,他经常看的书是《李氏音鉴》。我们为了在唱念上抓住根本,就一起研究音韵学,对阴阳平上去入在戏剧里的念法以及尖团字、上口字、发音、收韵与切音的关系,"三级韵"的运用方法等,余先生都结合他的经验作过阐发。我根据他所说的,又参考一些韵学书,写了一部《近代剧韵》。(中略)对于这部书我们之间也有过不同意见,例如"愁"字,无论哪种韵书上都是念尖音,而在近日皮黄戏里非念团音不可。我认为应该念尖音,余先生以为非念团音不可。因此在所写的《近代剧韵》里,我还是把"愁"字列入团字里边,而附详各韵书都作尖字。（中略）《近代剧韵》一书虽经写好印出，余先生还怕有错误之处，以至贻笑大方，所以并未发行。

2月中下旬至3月上旬

辛未年正月，张伯驹赴天津袁克文宅拜年。

3月22日

袁克文在天津河北区两宜里宅病逝。张伯驹作挽联悼之：

天涯落拓，故国荒凉，有酒且高歌，谁怜旧日王孙，新亭涕泪；

芳草凄迷，斜阳黯淡，逢春复伤逝，忍对无边风月，如此江山。

编者谨按："天涯落拓"句，一作"天涯漂泊"。"逢春复伤逝"，一作"相逢复伤逝"。

4月

国民政府明令张学良在北平设立国民革命军副司令行营，节制东北、华北各省军政，本月张学良抵达北平主政。盐业银行继续利用张伯驹拉拢与奉系的关系。

张伯驹《盐业银行与我家》：

迨至张学良再度进关，王绍贤时常用我出名，请奉系军人政客在妓院吃花酒。在妓院布置请客，多由当时名画家陈半丁往来恰办，至于王绍贤在事后搞些什么名堂，我就不清楚了。

据我所知，王绍贤为了拉拢三、四方面军团部副官长高纪敏，曾介绍诨号"盖北平"的交际花嫁给他。像这样的事，都是王绍贤作为一个银行家，进行联络的具体事例。

7月12日

中华戏曲音乐学院成立，李石曾任院长，聘请金仲荪、齐如山为副院长。下设北平戏曲音乐学院，以齐如山为院长，梅兰芳为副院长；南京戏曲音乐学院，李石曾亲兼院长，金仲荪、程砚秋为副院长；任命焦菊隐为中华戏曲专科学校校长，林素珊（李石曾秘书，先为焦菊隐妻，后嫁李石曾为妻——编者注）为教务长。焦菊隐任期不长，后由金仲荪接任校长。张伯驹被聘请为北平院院务委员会委员。

7月31日

余叔岩的琴师李佩卿逝世。

8月27日

中华戏曲专科学校聘任委员会成立，梅兰芳、余叔岩、王瑶卿、程砚秋、曹心泉、溥侗、程继先等人出任委员。

9月18日

"九一八"事变爆发。

11月10日

清逊帝溥仪自天津潜往东北。

12月21日

北平国剧学会在虎坊桥45号（今晋阳饭庄）成立，李石曾、于学忠、袁守和、胡适、溥侗、刘半农、刘天华、梁思成、焦菊隐、王泊生、管翼贤、徐凌霄、王梦白以及梅兰芳、余叔岩、张伯驹、齐如山、张次溪等各界名流，群贤毕至。成立大会选出王绍贤、梅兰芳、余叔岩、齐如山、张伯驹、李石曾、冯耿光、周作民、陈亦侯、王孟钟、陈鹤荪、白寿芝、吴震修、黄秋岳、段子均、吴延清、陈半丁、傅芸子为理事，王绍贤为主任。学会下设四个组：

组别	职责
教导组	梅兰芳、余叔岩负责主持教学工作
编辑组	齐如山、傅芸子负责主持文字整理和印刷工作
审查组	张伯驹、王孟钟负责主持研究提高工作
总务组	陈鹤荪、陈亦侯（一说白寿芝）负责主持联络工作

张伯驹《北京国剧学会成立之缘起》：

北伐战争以后，国民党成立南京国民党政府，八国退回庚子赔款，国民党政府指定此款用于文化事业。李石曾乃用庚款退款创办文化事业。彼见熊希龄所办香山慈幼院，颇为羡慕，乃建设温泉村，开办温泉中学，建筑别墅，并以庚款存款开办农工银行。当时李有"文化膏药"之称。其所经办文化事业之卓著者，为1930年创办中华戏曲音乐院。该院内设北平戏曲音乐分院、南京戏曲音乐分院。北平分院由梅兰芳任院长，齐如山任副院长。南京分院由程砚秋任院长，金仲荪任副院长。南京分院实际仍在北平院内，附设戏曲音乐学校，焦菊隐任校长。李拨发庚款十万元助程砚秋赴法国演剧，并邀集各界名流百余人于中南海福禄居会餐，为程砚秋饯行，余亦为主人之一。北平戏曲音乐分院虽在北平，实徒具空名，仅成立一院务委员会而已。冯耿光为主任委员，梅兰芳、余叔岩、李石曾、张伯驹、齐如山、王绍贤为委员。梅程本为师生，是时程有凌驾其师而上之势。梅氏之友好多为不平，乃挽余约梅兰芳、余叔岩合作，发起组织北平国剧学会，募得各方捐款五万元做基金，于1931年11月在虎坊桥会址（原注：现为晋阳饭庄）成立。选出李石曾、冯耿光、周作民、王绍贤、梅兰芳、余叔岩、齐如山、张伯驹、陈亦侯、王孟钟、陈鹤荪、白寿之（一作"芝"——编者注）、吴震修、吴延清、段子均、陈半丁、傅芸子为理事，王绍贤任主任。理事陈亦侯、陈鹤荪任总务组主任，梅兰芳、余叔岩任教导组主任，齐如山、傅芸子任编辑组主任，张伯驹、王孟钟任审查组主任。教导组设传习所，训练学员，徐兰沅任主任。举行开学典礼日，晚间演剧招待来宾，大轴合演反串《(左虫右八)蜡庙》。梅兰芳饰褚彪，张伯驹饰黄天霸，朱桂芳饰费德功，姚玉芙饰院子，王蕙芳饰费兴，程继先饰朱光祖，白寿之饰金大力，姜妙香饰王栋，陈鹤荪饰王梁，朱作舟饰小姐，其余角色亦皆系反串。叔岩是日因病未能演出，兰芳演戏戴髯口则为第一次也。传习所教师皆为前辈任之，兰芳、叔岩并亲自指导。编辑组出版《剧学月刊》《国剧画报》《戏曲大辞典》，成绩颇为可观。梅程师生见面仍蔼然亲敬，然暗中之斗情形亦可想象。以后抗日战势日紧，梅氏迁居上海。学会遂事收缩，仅陈列戏剧材料，以私人捐助为经费，自不能与以庚款为经费之南京戏曲音乐院抗衡。以时局而紧缩，尚可保存梅兰芳面子。后来北平、上海沦陷，梅氏又避居香港，不曾在沦陷地区登台演戏，又足以增长梅氏之声望。当时曾有人问李石曾，何以如是大力支持砚秋？李答曰，非我之故！乃张公权（原注：张嘉璈之号）之所托耳。盖张嘉璈与冯耿光在中国银行为两派，互相水火，冯捧梅，张乃捧李石曾开办农工银行，而嘉璈正为中国银行总裁，互为利用，李受其托适为得计。由于巨商、政客之争权夺利而造成两艺人、师生之互斗，盖非幕外人之所能知也。

编者谨按：张伯驹回忆有不确处，国剧学会成立应在本日，中华戏曲音乐学院成立则在1931年7月12日。关于国剧学会事，详见拙著《张伯驹笔记》。

张伯驹关于国剧学会的记录，留下数种版本。张伯驹《红毹纪梦诗注》：

李石曾以退回庚子赔款成立中华戏曲音乐院，内设南京分院、北平分院。南京分院属程艳（砚）秋，北平分院属梅兰芳。南京分院并不在南京，仍在北平，院内并附设戏曲音乐学校。北平分院则只成立一委员会，梅兰芳、冯耿光、齐如山、余及王绍贤为委员,既无附设学校,亦无研究机构。李又以庚款支持程赴法国出演,一时程大有凌驾乃师梅兰芳之上之势。此时由冯、齐、王及余倡议,梅、余(原注:叔岩)合作,成立国剧学会,此为师生斗法之事。至外传张冠为张宗昌,非是,乃中国银行总裁张嘉璈也。中国银行有冯耿光、张嘉璈两派。冯捧梅,张捧程。后李石曾自对人言云,支持程艳(砚)秋乃受张公权(原注:嘉璈字)之托也。此内幕非外人所能知者。艳(砚)秋自法回国后,余曾往观其演出,旧时红缎金绣门帘台帐换了一大灰布帐子,场面皆在灰布帐子之内。按旧戏场面,须与演员心神相接,尤其在身段上打鼓师须随时相应。中国戏曲之技术与西洋戏曲之技术自有不同,而台上设置亦不能同。但艳(砚)秋只重唱,却亦无妨。王瑶卿对艳(砚)秋一字之评为"唱"字,身段武工,在其次矣。

张斯琦《余叔岩年谱》引《国剧学会宣言》:

世界上一切学术,所以存在,皆赖于学者本身,为不断之研究、精密之改良。以中国固有戏剧言,百年以来,风靡一世者,及至晚近,日渐衰微,矩镬散乱,寖失旧观。兰芳前岁薄游美洲,亲见彼邦宿学通人,对吾国旧剧之艺术,有缜密之追求,深切之赞叹,愈信国剧本体,固有美善之质,而谨严整理之责任,愈在我剧界同人。一年之间,各校对于国剧,研求既已异乎旧时之观念。叔岩年来闭门,勤加研讨,以为剧艺之精微博大,苟非亲传广益,终必至袭貌遗神,渐趋沦落。发扬光大之举,尤以为不可或缓。集议既同,顾及斯时,有所自效。

唯以二人学识短浅，志而未逮，故谨邀集诸君子，助以机缘，许以通力合作。礼延海内贤豪、剧坛耆宿，为国剧学会之组织。并设国剧传习所，为有志学国剧而未知门径者之讲肆机关，一切办法，另详简章。自忘谫陋，愿效前驱。所冀以转移风俗、探求艺术之工具，收发扬文化、补助教育之事功。区区苦衷，惟我国人，共赐谅鉴。

梅兰芳　余叔岩同启

《北平国剧学会组织大纲》：

一、宗旨：本学会以研究国剧学术发扬其固有精神为宗旨。

二、组织：本学会有创办人与赞成人组织之。设理事会基金委员会，分负会中一切责任。

三、会员：本会会员须经本会四人介绍，分下列三种：

甲，基本会员，每年捐洋二百元；

乙，特别会员，一次捐洋或募集基金在一百元以上者，或捐助物品图籍价值在一百元以上者，亦得特别会员；

丙，普通会员，每月捐洋四元，普通会员得享受本会阅书、听讲、观演等利益。

四、理事会：理事会管理本会一切事务，其理事由基本会员及特别会员推举，其章程另定之。

五、基金委员会：基金委员会管理本会基金及募集，除创办人为当然委员外，其他委员由理事会推定或延聘，其章程另定之。

六、国剧传习所：本会附设国剧传习所，由理事会规定之。

七、选举：理事会及基本委员每三年改选一次，凡基本会员及特别会员，有理事与基本委员之被选举权及选举权，凡普通会员有被推为办事人员之权。

八、会期：本会每年开大会二次，由理事长召集，报告会务，每半年一次，其会期临时通告之。

附则：本会组织有未尽时，经大会增改之。

（《国剧画报》）

12月31日

梅兰芳、余叔岩在北平国剧学会宴请溥西园、刘半农、郑颖荪、金仲荪、刘天华、梁思成、焦菊隐、王泊生、吴瑞燕、陈振先、傅佩青、王梦白、管翼贤、陈墨香、徐凌霄、徐汉生等三十余人。

约1929年底至本年间

张伯驹从陈宝琛、刘可超舅甥处，收藏清宫旧藏宋黄庭坚《诸上座帖》及宋米友仁《姚山秋霁图》。

张伯驹《春游纪梦·五代阮郜阆苑女仙图卷》：

溥仪出宫后由日本使馆移居天津日本租界张园，甚困窘，而从臣俸给不能稍减，遂不得不卖出所携之书画，其事颇似李后主银面盆事。时日人某欲以二万元日金得宋梁楷卷，陈太傅宝琛经手；其事成之后，又有日本某侯爵欲以日金四万得李公麟《五马图》卷献日本天皇。时溥仪正艰窘，愿以四十件书画售日金四十万元，《五马图》则更不索值以赠日皇。陈又经手其事，以四十件书画畀其甥刘可超。一日，刘持四件向天津盐业银行押款两万元，经理朱虞生约余往观，则为关仝《秋山平远图》四卷、李公麟《五马图》、黄庭坚《摩怀素书》、米友仁《姚山秋霁图》四卷。开价《秋山平远图》五万元，《五马图》三万，《摩怀素书》《姚山秋霁图》各两万元。押款两个月后，刘归还一万元，取走《五马图》卷；其《姚山秋霁图》则以一万元售予余，更以《秋山平远图》《摩怀素书》向余押款五千元。辗转半年不还，以《摩怀素书》了结，《秋山平远图》退还之。

编者谨按：伯驹这里回忆有误，朱虞生即朱邦献，盐行设立之初，担任北京行副理，后调上海行经理，1929年底再从上海调天津行担任经理。所以，朱邦献到津时，溥仪已经从张园迁居到静园，亦即进入了溥仪在津居住的最后阶段。

故宫博物院编《捐献大家张伯驹》：

《诸上座帖》是宋黄庭坚为友人李任道所录写的五代金陵僧人文益的语录，全文系佛家禅语。署款："山谷老人书"。"书"字上钤"山谷道人"朱文方玺。后纸有明吴宽、清梁清标题跋各一段。卷前后及隔水上钤宋"内府书印""绍兴""悦生"，元"危素私印"，明李应祯、华夏、周亮工，清孙承泽、王鸿绪，近代张伯驹等鉴藏印。此帖初藏南宋高宗内府，后归贾似道，明代递藏于李应祯、华夏、周亮工处，清初藏于孙承泽砚山斋，后归王鸿绪，乾隆时收入内府，至清末流出宫外，为张伯驹先生所得。此书学怀素的狂草体，笔意纵横，气势苍浑雄伟，字法奇宕，如马脱缰，无所拘束，尤其能显示出书者悬腕摄锋运笔的高超书艺。黄庭坚《山谷自论》云："余学草书三十余年，初以周越为师，故二十年抖擞俗气不脱，晚得苏才翁、子美书观之，乃得古人笔意。其后又得张长史、僧怀素、高闲墨迹，乃窥笔法之妙。"在《语录》后黄氏又作大字行楷书自识一则，结字内紧外松，出笔长而遒劲有力，一波三折，气势开张，一卷书法兼备二体，相互映衬，尤为罕见，是其晚年杰作。

素来以苛刻著称的文物鉴定专家徐邦达，编写《重订清故宫旧藏书画录》时，亦将该帖评定为"上上"。

张伯驹《丛碧书画录》：

大草书，真字跋尾。笔势如古藤虬结，所谓锥画沙者似。之后吴宽、梁清标题。《石渠宝笈》为"摩怀素帖"。经贾似道、严嵩藏文家籍。严氏《书画记》云，前作草书，师怀素颇逼真，皆禅语也。旧藏一佛寺，李范庵获之。枝山草书多出于此。自明以来已誉为黄书第一。

张伯驹《丛碧书画录》：

宋米友仁《姚山秋霁图卷》

纸本，墨笔，后赵肃、沈周、王登题，载《西清札记》。李日华《画媵》云："元晖虽祖家法，不尽拘涂，辙较南宫，务加明秀。余所藏《姚山秋霁图》，断乎蓝田营邱一派，非家山也。"是此图在明时已流传。观赵肃题,为元人书法无疑,惟元晖自题"姚山秋霁"不类其笔,或为元初人仿作亦未可知。

编者谨按:徐邦达编《重订清故宫旧藏书画录》以为此件系"明人伪作"。张伯驹《溥仪携走故宫古代书画佚失的情况》文里,则直截了当地说出,"米友仁《姚山秋霁》为元人仿"。

一九三二年(中华民国二十一年壬申)三十五岁

1月3日

下午七时,梅兰芳、余叔岩在虎坊桥国剧学会宴请剧界同人,有曹心泉、叶春善、王琴侬、王瑶卿、李宝琴、郭际湘、尚小云、程砚秋、荀慧生、于连泉、尚和玉、阎岚秋、朱桂芳、程继先、姜妙香、王凤卿、高庆奎、时慧宝、萧长华、郭春山、裘桂仙、王幼卿、王少卿、徐兰沅等三十余人。

1月8日

北平国剧学会会刊《戏剧丛刊》创刊。经张伯驹与余叔岩协商,获得余叔岩同意,《近代剧韵》更名《乱弹音韵辑要》,由张伯驹单独署名,《戏剧丛刊》从本期开始连载。伯驹小序云:

考诗歌之学,汉魏以前,但言音而不言韵。迨晋之吕静,因声类而撰韵集,于是始有韵书之称。至齐汝南周彦伦,辨平仄,着四声,切韵始有平上去入。梁沈约本彦伦之书,分配各韵,撰四声类谱。至此诗词之学,极其变;而歌曲之道,亦极其工。唐宋元明,千余年来,一以因之。迄清乾嘉间,乱弹创出,而切韵四声,无或能变,与词曲实异枝而同根者也。前朝供奉,即间不知书,耳聆口受,悉得真传,故能没世而名益称。惟后之学者,但袭皮毛,不问究竟,根本既失,江河日下。将见大雅之音,流为市井之声矣。晚今文化衰退,固不止戏剧一端,莫不同趋水落船低之势。旁观者,既莫能指其疵;当局者,又何必求其微。即有知者,则以为一人之秘,莫肯传。而不知世有伯乐,而后有千里马,将终于无伯乐,终于无马,可胜慨夫!余既感于此,乃作是篇,首述切音,阴阳平仄,尖团粗细之旨,次分韵为五声,尖团辑要,以易考证。纂校既成,爰付锓梓,庶先之传者无所失,而后之学者有所本,并望就正于海内外焉。张伯驹识。

1月12日

李石曾在中南海福禄居为即将赴欧洲考察的程砚秋举行饯别会,张伯驹以及于学忠、郑毓秀、魏道明、周作民、徐永昌、黄秋岳、余叔岩、梅兰芳、齐如山、曹心泉、王泊生等出席。

1月15日

国剧学会会刊《国剧画报》首卷正式发刊。

2月

张伯驹三十五岁生日,梅兰芳为其亲画佛像祝寿。

张伯驹《春游琐谈·梅兰芳画梅》：

畹华（编者注：梅兰芳）工画佛像，藏有明佛像册，常临摹。壬申（1932年）正月余三十五岁，畹华为画像幅赠余为寿。画未成时，余至其家，见其伏案弄笔。畹华夫妇爱猫，余亦爱猫。畹华特摩册中一佛像，身披袈裟，坐榻上，右手抱一猫。画幅藏经纸，乾隆尺高一尺七寸许，宽一尺一寸许，墨笔线条工细。楷书款"壬申元月敬摩明首尊者像为伯驹先生长寿，梅兰芳识于缀玉轩"，为黄秋岳所代书。钤"兰芳之印"，朱文小方印；右下钤白文"声闻象外生"方印。画迄今三十二年，余尚珍藏箧中，而畹华墓木已拱矣，追念前尘，能无慨然。

1月—3月间

张伯驹经常与梅兰芳等人在国剧学会聚会闲谈，学戏聊戏，谈文论艺，其乐融融。张伯驹曾于此时向画家陈半丁学习治印。

张伯驹《春游纪梦·重瞳乡人印》：

三十四五年前，余与梅畹华、陈半丁诸人每夕聚于虎坊桥国剧学会，余与畹华向半丁学治印。

张伯驹《春游社琐谈·关壮缪画竹卷》：

壬申岁某日晚，余与梅畹华、陈半丁、齐如山、徐兰沅、姚玉芙聚于虎坊桥国剧学会，有人求见，畹华延入座，其人持一卷云，此卷曾有美国好古人士愿出金三万购收，彼以为国珍不肯让，愿让于梅氏收藏。视之，乃关云长羽画竹也。纸本，墨笔，以五言律诗字组成竹叶，诗句如"义气冲霄汉，忠义贯斗牛"之类。后题跋有，如兄刘备，如弟张飞、愚弟诸葛亮，以及赵云、马超、黄忠等。晋以后，有王羲之、李白、杜甫、郭子仪、岳飞、文天祥历代名人不下五六十家。观后以价昂无力收藏，谢之。作伪者，殊不知有明版《康熙字典》之事。在三国时尚未有五言律诗，而亦无墨竹画，至唐始见画竹。

3月8日

清逊帝溥仪就任伪满洲国"执政"，改长春为"新京"。

3月17日

张伯驹宅海棠盛开，邀集梅兰芳、李释戡、黄秋岳、陈亦侯、岳乾斋、朱虞生、吴延清、陈半丁、陈鹤荪、白寿芝、姚玉芙、齐如山、徐兰沅、张次溪等聚会赏花。

编者谨按： 事见张次溪《双棠花下留影记》。此事存疑，盖吴延清业已死于淞沪抗战。

5月12日

北平国剧学会所属国剧传习所举行开学典礼，张伯驹发表讲演《戏剧与革命》。全文如下：

现在所讲的为戏剧之革命。因为革命两字，是最新的名词，譬如：现政府为革命政府，军队为革命军，外交为革命外交。其他事务，上冠以革命二字甚多，可见革命二字，是眼前最为当行的。《诗经》有云："周虽旧邦，其命维新"。假使其命不新，当然是要革掉的！这大概是革命名词的起源。但我想这个新字，当然要做好字讲，并不是新旧的新。近有陈友仁当外交部长，就不会说中国话，上呈的公事，都用英文，其命总算新到家了罢？但是新字照这样讲法，无论哪一国将中国亡了，都无所谓了。因为这方面，可以不用革命手续，一刹那间就完全变成新的了。所以我说新字，要当好字讲，现在不好，要将他变成好，就是革命的意义。

现在说革命的时间与方法：革命的时间，是应当短的。因为革命是一种手续，并不是一件物件，永久摆在那里的；如若永久摆在那里，就不会好。这个现象也是有的，因为是没找着革命的真意义，不是在事实上说话，是对人说话；是以对方为目标，以我为主体，要将他革了。可是后人，又要革我的命，后人又要革后人的命，革之无已，这叫作个人革命。时间当然是长了，于是革命遂同一件物件，永远摆在那里，所以革命虽然是最好的名词，却是最坏的现象。以上说的是革命的时间。

现在再说革命的方法：曾记得章太炎在平民大学讲演清季革命的历史，曾说到革命的方法有几种：一是武力是不可少的；尤其是个人革命，更不可少的。二是宣传，如办理各种刊物及新闻等类。三是运动，即是暗中进行。四是诡诈，譬如篝火狐鸣之类。经过这几种方法，革命遂至成功。太炎先生说的几种，都是动的方面的方法，却忘了静的方面的方法。静的方面的方法，是什么？就是戏剧。因为太炎先生，不曾研究过戏剧，所以他未曾想到。我所说戏剧的革命，并没有指定一个目标，完全所指的是事实。演剧的人，也并不是拿自己作主体，要打倒对方。如同一个镜子一样，对方来一个人，这镜内就有一个人；对方来一个狗，镜内就有一个狗。所以是静的。现在有一出戏，描写曹操的奸，凡是现在学曹操的人，一齐都到这镜子里来。这并不是戏剧的革命打的目标，是目标自己送来被打。又因为戏剧的革命工作是静的，所以又不受任何箝制，类如前清的时候，唱宋代的戏，总称金辽为胡儿，可清朝就是胡儿，也未曾禁止过；而听戏的人，全是希望兀术或萧天佐败的。足见戏剧在前清的时候，早已将种族的界限划分了，可谓为革命之大动力。到了民国，曹锟当总统的时候，《骂曹》要改成《群臣宴》，《捉放曹》要改成《中牟县》，虽然把戏的名词改了，唱出来依旧还是骂。直到如今各种刊物新闻，还要受检查，其功用当不能与戏剧同日而语了。

　　现在说：革命需要不需要？当然是需要！不是我一个人说，就是总理说革命尚未成功，何以经过二十年之长久工夫，革命还不能成功呢？是因为还没得着革命真意义，没有脱了个人革命的范围，所以还要向革命真意义上去努力。

　　现在说到戏剧的本身，要负革命真意义的责任，要先革自己的命，要表扬戏剧的原来的好处。不然，就要到陈友仁当外交部长的地步了。现在我们已经了解戏剧对于革命的能力，还要于实演上用功。如《打渔杀家》一戏，其意义甚好，如梅余二人来唱，就有许多人看；假如换两个劣角来演，就没有人看。无论剧本如何好，意思如何好，没人看也是枉然！所以要达到戏剧的目的，就要先将自己的艺术学好了。平常用功，要用精神病的态度，倒可以用个人革命的办法，一往直前地蛮干！

5月15日

国剧学会内，新建舞台落成后，晚八时举行演出典礼，余叔岩因病未参加演出。演出剧目包括《打渔杀家》，李仲恩、程蔼如《捉放曹》，王泊生《芦花荡》，张伯驹、姜妙香、钱宝森、陈香雪《阳平关》，朱作舟《铁笼山》《女起解》等，大轴则是由梅兰芳、张伯驹、朱桂芳、程继先、徐兰沅、姜妙香、朱作舟、程蔼如、陈香雪等名角儿名票合作大反串戏《八蜡庙》。张伯驹主演《阳平关》并在《八蜡庙》中反串饰演黄天霸。

张伯驹《红毹纪梦诗注》：

叔岩为余说《阳平关》趟马请令数场；与徐晃对打几场，则与钱宝森排练。此剧余屡演之，国剧学会成立，演戏招待来宾，余演《阳平关》，由姜妙香饰赵云，钱金福在台下观，点头曰："工夫不亏人"。能使钱老相许，实为难得。

张伯驹对在《八蜡庙》里饰演黄天霸，亦有诗记之。张伯驹《红毹纪梦诗注》：

八蜡庙前捉巨奸，亲承圣命下淮安。

于今只剩黄天霸，诸老英雄早化烟。

编者谨按：伯驹注云："今畹华逝世已十三年，只余黄天霸尚在矣"。可知伯驹晚年仍对国剧学会成立演出念念不忘，多有怀缅。

5月20日

《戏剧丛刊》出版第二期,张伯驹发表《佛学与戏剧》文。全文如下:

予以戏剧与佛学并论,似属标奇立异。在旧者则谓为崇异端趋下流,在新者则谓为出风头倡迷信,或有具此种观察,予亦有以谅解。因其无探源穷妙之学问,是以有成王败寇之论断,同属不识庐山真面目,亦未能过事苛责也。予以为不论儒释或其他各家学说,其原旨可一言以蔽之,不外维持人生永远安宁。惟欲求维持人生永远安宁之方法,应先从事于人生彻底解剖,然后始能知己知彼,无倚无偏,非是则如鱼不知有渊,渊不知有鱼。在孔孟学说,或因环境之故,有不能明白揭示,立意深远,而造语含蓄,除有少数通儒,探其微奥,其余者亦只徒有其表。始则咿唔青灯,以为猎取功名之资,渐则竟窃为制人之利器,而忘为克己之箴规,以之负维持人生永远安宁责任,适得其反。是以中间发生多少不平,而至于极端,以造成危险恐怖,结果比新者代兴,又多为一己之激愤,只得一部之同情,于根本上非大激大觉,必至先公后私,一误再误。此危险与恐怖,不惟未减少而又复增加。诚看今日之局面,已甚明显,固应为新旧两方所同负之责任无疑。予年来感于吾国思想之复杂,人心之涣散,局势之混乱,以为虽圣人复生,亦无以善其后。依现在教育之推测,更绝少将来之希望,杞忧在抱,久具悲观。不图于此得一线曙光,即予所谓佛学与戏剧,将来与现在危险恐怖之挽救,恐将惟此是赖。

依予研究结果，佛学与戏剧，同是彻底解剖人生，以为积极维持人生永远安宁之工作。佛学以真我置于旁观地位，而以假我为一切化身，以解剖人生。戏剧则忘其假我，以真我为一切化身，以解剖人生。一为写意，一为写实；一为由原质而生方法，一为由方法而反求原质；一为由高深而趋浅近，一为由浅近而入高深。取法不同，归宿则一也。孔孟学说，已如庄子所云摄缄縢，固扃鐍以备盗，而盗则负匮，揭箧，担囊而趋。盖已为盗盗矣，不有以代之。空言维持人生永远安宁，始则有畸轻畸重之弊，终则归自私自利之途。新陈代谢，循环不已，结果所在，不惟一国之不幸，亦属世界之不幸。更依吾国知识之程度，非过高即过低，尤须佛学与戏剧，互相提携迁就，以收速效，挽回一般之狂热，而坚其信仰与兴趣，则现在与将来之危险恐怖，或可消除乎？鄙见如此，待质高明。

3月—5月末期间

章太炎北游讲学，曾在北平晤张伯驹，并与吴承仕、黄侃一起做客张宅。

张伯驹《春游社琐谈·章太炎对联》：

章太炎炳麟书联不用自作联语。某岁到京，同吴检斋、黄季刚饮于余家，为人书联七八副，皆唐宋诗句。赠余篆书联杜诗："盘剥白雅谷口粟，饭煮青泥坊底芹"也。

张伯驹《春游社琐谈·采风录》按语：

《采风录》虽为曹攘荪主编，而背后实为《大公报》社长吴鼎昌所主持。吴已有其政治金钱势力，复事风雅为诗，《采风录》中作者皆谀其诗有逸才。吴曾买得逊清庆亲王奕劻挂甲屯别墅一区，轩榭精丽，院有海棠二株，不减溥心畬之翠锦园。花时置酒宴客，第一日皆银行界人，第二日皆《采风录》中人。余写有一说部，内一回云："扫地薰天纪开盛会，落花秋草共和新诗"，即指其事也。诗七律每作四首，余曾和《秋草》诗，不载于《采风录》。内一首三四句云："已尽余生还莆道，犹拼垂死待燎原。"盖暗刺南京政府。适章太炎先生北来时相晤，见此二句甚赏之。

编者谨按：由此则看，伯驹在此一时期，还曾尝试创作小说。

6月17日

《国剧画报》第二十二期发表张伯驹文《谭〈定军山〉》。伯驹文章提出：

吾国戏剧，以历史剧为主体，其他杂剧为陪宾。在前清时代演戏，多以须生压场，盖以须生所演，多历史剧之故，可为以历史剧为主体之证明。人之所以高于一切动物者，即因其有历史，有回顾；是历史即是人类之招牌与需要。即以秦始皇之暴虐，焚书坑儒，亦终难灭绝历史。而戏剧与历史，功用尤大。吾人尝读《通鉴》，总难全行记忆；然在戏剧上所演过者，终不遗忘。至中下社会之人，不识字者多，使其知以前之历史，尤须戏剧是赖；故其引证历史典故，每以戏剧为依据。历史剧之必要，已可想见。

7月4日

晚七时,余叔岩在北平国剧学会进行演讲,全面介绍了他对京剧老生唱、念及身段表演的艺术要求。

9月29日

张伯驹夫妇拜见印光法师,将潘素之名"白琴"改为"慧素"。

张恩岭《张伯驹传》引《张伯驹日记》:

> 原约泛舟游虎丘,在虎丘恐时间不及,乃于履老家午饭。饭后同履老、白琴及庐如夫人去拜印光法师。余与白琴同皈依之,余法名慧起,白琴法名慧素,讲训甚久。五时去公园,园开菊花展览会……

约本年后半

张伯驹与北平环翠阁名妓陆素娟合演《打渔杀家》,余叔岩亲自为两人说戏。

张伯驹《红毹纪梦诗注》:

> 《打渔杀家》一剧为一普通老生戏,凡老生皆能演之。此剧与《游龙戏凤》经叔岩与畹华重排,身段、念白、神情,大与一般不同,成为两人合作极精彩之戏。余之靠背戏已演出不少场,与叔岩学此戏,叔岩曰:"此戏并不易演,不能同一般演者,一招一式皆须有准谱,必须下工夫排练。"乃于每日下午四时去叔岩家,自出场走步起,船桨渔网摇法撒法,上下船一招一式,内心神情,仔细排练,每日不断。如文戏,不过说

三四次，靠背戏不过说七八次，即上场演出。此戏则排练一个月始完。

同书：

余出演于会贤堂，由陆素娟饰桂英，叔岩在台下观。演完后，叔岩曰："成功矣！"

丁秉鐩《国剧名伶轶事·第一美人陆素娟》：

演出之后，余叔岩、张伯驹、陆素娟三人都很满意。陆素娟感谢余叔岩的指教，也不好买什么东西送给他，就请张伯驹代约，请余叔岩和他的两位女公子，到六国饭店去吃一顿西餐，以为联谊道谢。余叔岩也欣然携二女前往，席间谈笑甚欢，陆素娟和两位余小姐，也相处得很融洽。

北平有个《立言报》，以影剧游艺新闻见长，社长金达志。有个记者吴宗祜，人称"吴忙子"，是讥笑他整天瞎跑乱钻无事忙的意思。吴的本人却也头脑灵活，反应很快，他经常往来于名伶、剧团和游艺界之间，那时候还没有影剧记者这名称，但他却是个很活跃的影剧记者。

陆素娟请余叔岩和他小姐吃饭这件事，不知怎么被吴宗祜知道了，第二天便在《立言报》上，写了一篇花絮，大字足本，当然是引人注意的花边新闻。不过，动机上并没有什么恶意。余叔岩看报大怒，认为不该把他女儿名门闺秀与青楼女子的交往上报，又经一两位不懂事的门客怂恿，便往报馆去兴师问罪。因为余家和报馆都在宣武门外，离着又近，走着就去了。余叔岩到报馆要求更正，那金达志也不是省油的灯，我们是根据事实记载,陆素娟是北里名花没错,和你小姐同席也不错,为什么要更正呢?大家吵了半天,无结果而散。次日,《立言报》又登了一大段,把余叔岩盛气凌人描写了半天。余叔岩为此生了几天闷气,经双方友人调解,不再扩大,《立言报》也没有再提这段,算是不了了之了。从此,余叔岩严厉嘱咐两个小姐要谨言慎行,交友宜选择,而陆素娟也吓得不敢再往余家去了。

编者谨按:此次演出虽然成功,却亦因此而掀起一场风波。另据孙养农《谈余叔岩》里记,在余叔岩跑到报社兴师问罪之后,报社亦不依不饶。孙文说:后来这家报馆还要联合同业,对于余氏一致声讨,不惜因此兴讼。幸而有双方的朋友竭力调停,才算和平解决,一场风波,化为乌有。

11月

梅兰芳赴上海,次年定居于沪。

12月20日

《戏剧丛刊》出版第三期,收入伯驹《戏剧与革命》讲演文。此后该刊即暂告停刊。

一九三三年(中华民国二十二年癸酉)三十六岁

1月23日(壬申年十二月二十八日)

伯驹嗣父张镇芳虚岁七十大寿;而生父张锦芳是年也逢六十整

寿，兄弟两人生日相去不远。张伯驹在天津为父张镇芳、叔张锦芳举办祝寿活动。

寓真《张伯驹身世钩沉》引《清故光禄大夫署直隶总督张公馨庵墓志铭》云：

> 镇芳自辞职以来，优游于沽上十余年。壬申年其七十大寿，其弟锦芳，字絅庵，亦年届六十，正是埙吹篪奏，兄弟亲睦，其欢怡怡。

3月12日

张学良通电下野，何应钦代理军事委员会北平分会委员长。

4月9日

梁士诒在上海病逝。

6月22日

张伯驹父张镇芳在天津寓所病逝，享年七十岁。翌年春葬于天津南郊。钟广生撰有《清故光禄大夫署直隶总督张公馨庵墓志铭》，张伯英书丹。

张伯驹《盐业银行与我家》：

> 1933年我父亲张镇芳去世，遗有盐业银行股票五十万元，但那时股票已不如以前值钱，我以三十万元归天津家用，自己拿去二十万元作为北平家用。我以这些钱购进了喜爱的宋元字画，以后陆续向盐业透支到四十万元收购字画。

寓真《张伯驹身世钩沉》引《张伯驹自述》：

我从三十岁研究文艺，对于这样的家庭感觉痛苦，尤其厌恶租界，所以我常在北京。到民国二十二年（1933），我父亲去世，我父亲的同居孙善卿庶母，交给我很多的遗产，但是，还是不够这大家庭开支之虞。我看了这时国民党的政局现象，我又做银行的事，知道经济前途不可乐观，对我的家庭还是这样排场阔绰下去是没有办法。我就将大部分盐业银行股票交给王韵缃，使她试验管理家政，因为儿子是她生的。并且，我对她说，经济前途是很危险，股票的利息是靠不住的，必须紧缩开支，家庭要平民化，譬如在楼上由梯子一级一级地下到平地，总比从楼上坠到平地好。但是她不能了解我的话，而且她早已染上鸦片烟瘾，每天到下午四点钟才起床，没有管理家政的能力。我把股票交给她，是为供给家庭开支，股票的印鉴还在我这里，不是给她个人的，而她会误认到儿子是她生的，交给她的股票我不能再拿走。至于这个家庭开支不够，她没能力把它节俭下来，还要我想办法。

10月4日

吴鼎昌出任国民政府全国经济委员会委员。该委员会为全国经济行政最高机构，委员还有汪精卫、孙科、宋子文、黄绍竑、朱家骅、王世杰、张人杰、孔祥熙、邵元冲、张嘉璈、周作民、晏阳初、荣宗敬、陈立夫、钱新之、陈光甫、刘鸿生、史量才、王晓籁、徐新六、叶恭绰、蒋介石、彭学沛等。

12月4日

余叔岩之妻陈淑铭病逝。

本年

王绍贤调升盐业银行上海行经理，盐行总管理处迁至上海。

张伯驹以盐业银行监察人兼总稽核名义，视察北平、天津、上海、汉口各行。张伯驹《盐业银行与我家》文记：

> 我以监察人和总稽核身份，曾于1933年到北平、天津、上海、汉口各行视察业务和考核账目。在我发现放款中的呆账以及各行当权者的大批透支，曾建议吴鼎昌加以厘清，他虽表示接受，但终不肯实行。从此我对查账也只是当成例行公事，应应景算了。我每次到上海、汉口等地查账时，只是受到招待，出席宴会，盖了图章，就算完成任务。

编者谨按：据伯驹同文所记，伯驹此时已具有盐业银行董事身份。

盐业银行天津行经理朱邦献（虞生）死于北平东城真武庙齐协民家，吴鼎昌派北平行副理陈亦侯接任天津行经理。

朱邦献之子将朱所藏字画五幅让与张伯驹。包括：方从义《云林钟秀图卷》、文徵明《三友图卷》、王翚《观梅图卷》、蒋廷锡《五清图卷》和董邦达《山水卷》。

张伯驹《丛碧书画录》：

元方从义《云林钟秀图卷》

纸本,墨笔。全用水墨笔法,云气氤氲,峰峦屏列,兼师北苑南宫,为方壶晚年之笔。后沈石田跋,自称后学,谓将化而入神,必心与天游始可诣此。《江村消夏录》著录。

明文徵明《三友图卷》

纸本,墨笔。墨兰、墨菊、墨竹共三段,每段自题诗,载《石渠宝鉴》。

清王翚《观梅图卷》

纸本,淡淡浅绛色,短卷。自题款识,为石谷老年之作,有元人意韵,与其寻常笔墨不同。清宫旧藏。

清蒋廷锡《五清图卷》

绢本,墨笔,短卷。画牡丹、兰梅、松枝、竹枝。清宫旧藏。

清董邦达《山水卷》

纸本,墨笔。清宫旧藏。

约在本年或次年春

张伯驹作《金缕曲》词六首,后用别名发表于上海《晶报》。

张伯驹《春游社琐谈·赠钱金福金缕曲词》:

某岁余由北京去汉口,车行须二日,途中无聊,乃戏作《金缕曲》词六阕,分咏杨小楼、梅兰芳、余叔岩、钱金福、程继先、徐兰沅。其五阕皆不复记忆,赠钱一阕颇滑稽,今录于后:

耆旧凋零叹。想承平、梨园白发,物移星换。龚陈已老长林死,惟有此翁尚健。算留得、灵光鲁殿。脸谱庄严工架稳,看演来、叱咤风云变。须此传,《广陵散》。

有谁不挡兼昆乱。无奈他、失之子羽,艺高价贱。当日只将师傅恨,为何不教学旦。真活把我家眼现,梅尚荀程皆有党,问谁人、拼命捧花旦?空出了,一身汗。

时上海小报甚风行,因用别名投稿于上海《晶报》。登出后,群揣猜为何人所作,有谓为北京某老翰林者,有谓为上海某老举人者,直至今日犹不知为余作也。

一九三四年（中华民国二十三年甲戌）三十七岁

3月1日

伪满洲国改称"满洲帝国","执政"溥仪登基为皇帝,年号康德。郑孝胥任总理大臣兼文教部大臣。

3月13日

行政院改组故宫博物院。

3月

张伯驹与侧室邓韵绮及其在盐行的助手杨西明（又作铭）夜游无锡梅园,次日游太湖。伯驹作有《鹧鸪天·为惜疏香此小留》词。

鹧鸪天

甲戌正月下旬（1934年3月）偕韵绮同西明夜至无锡,

借灯笼入梅园宿。次日冒雨登鼋头渚，望太湖，归谱此词。

为惜疏香此小留，碎阴满地语声柔。花光照眼还如雪，湖水拍天欲上楼。

风细细，雨飕飕，计程明日又苏州。客中过了春多少，只替春愁不自愁。

8月

吴鼎昌主持，由"北四行"投资建成的上海国际大饭店落成，号称"远东第一高楼"。

9月23日（甲戌中秋）

伯驹偕邓韵绮、陈鹤荪、杨西明等泛舟昆明湖赏月，作词《秋霁》。

秋霁

中秋同韵绮、鹤荪、西明泛舟昆明湖赏月，迟景荣吹笛，王瑞芝操弦和之。

千里婵娟，与玉阙琼楼，共一颜色。寒似层冰，皎如圆镜，照来水天双澈。一叶剪碧，荇飘翠带鱼盈尺。隔树阴蛩语，长桥横卧少人迹。

歌板暗诉，怨抑沈沈，夜阑秋声，都入瑶笛。倚栏桡、临流顾影，人间未应有今夕，疑是广寒天上客。素娥何处，应似桂殿同游，满身清露，去时还湿。

本年

张大千第一次在北平举办画展。

一九三五年（中华民国二十四年乙亥）三十八岁

7月6日

余叔岩续弦，在同兴堂与姚淑敏举行结婚典礼。张伯驹为余叔岩伴郎。

《大公报》1935年7月7日载《余叔岩昨日续弦》：

名伶余叔岩，昨日下午四时，假前门外取灯胡同同兴堂，与前清御医姚文卿之女姚淑敏女士，举行结婚典礼。到余氏各界友好约五百余人，朝野名流如河成，褚民谊、曾仲铭、何起巩、潘复等，均有贺仪致送。陶孟和、戢翼翘等亲到观礼，梨园行到者有杨小楼、谭富英等。（中略）四时余，新娘乘马车至，余氏由伴郎盐业银行职员张伯驹偕之迎于门外。（后略）

10月

《戏剧丛刊》出版第四期，此后该刊不复刊行。

12月中下旬

吴鼎昌继孔祥熙、陈公博之后，出任国民政府实业部部长。

同月

张伯驹出席由吴鼎昌召集的盐业银行董事会,会议决定由任凤苞代替已故的张镇芳,出任盐行代理董事长,而吴鼎昌仍在幕后操控盐行。

张伯驹《盐业银行与我家》:

> 1935年底,国民政府延揽党外人士参加政府,一些政学系人士纷纷登场,吴鼎昌任实业部长,《大公报》又以名流内阁大为捧场。吴任部长后,除辞去《大公报》社长外,对盐业银行也略有安排。我父在两年前已经去世,董事长一席虚悬,因而召开了一次董事会议,由吴提议以董事任凤苞代理董事长,其他已担任的各行副经理仍旧不变,并添升了几个副襄理。但事实上总管理处早已移至上海,而他的心腹王绍贤,又是上海行经理,他居官南京,等于以总经理实行董事长职权,任凤苞只是在北方遥领名义而已。
>
> 我出席了这次召开的董事会议,在会后闲谈中,听到了吴鼎昌自鸣得意地说他在皖系失败后,多年来的事业成功,主要得力于在经济上利用盐业银行,政治上利用《大公报》,在金融界,他把"北四行"提高到与南方财团的势力相等地位。

本年

张伯驹出任盐业银行南京行经理,赴南京任职。

张伯驹《盐业银行与我家》:

> 物价上涨,生活日紧,我仍须支持家用,因而我在1935

年出任南京盐业银行经理，两年后，我回到北平休养。

张恩岭《张伯驹传》引王韵缃诉状：

一九三五年，张伯驹缩减开支，将账房取消，将公中所有股票钱财叫我管理，为家中开销由我负责。除其自己留股票肆拾万外，当时交我的钱为现款捌万元、股票肆拾万零五千元。

张恩岭《张伯驹传》引《生平简表》：

女儿传綵出生。

张大千第二次在北平举办画展。

一九三六年（中华民国二十五年丙子）三十九岁

1月6日

张伯驹在吴鼎昌的安排下出任盐业银行南京分行经理，月薪250元，另加津贴100元。

春

张伯驹与方地山同赴天津袁克文家看望，拟为袁编印词集。

张伯驹《洹上词·寒云词序》：

丙子春，北归与方地山访寒云故庐，索其词稿，谋付之梓。其夫人及方大之女公子手写畀余，即今所刊稿也。

6月21日—23日

清直隶总督陈夔龙在上海孟德兰路（今江阴路）宅举办八十大寿堂会，至为隆重，轰动上海。堂会演剧三日，梅兰芳、红豆馆主溥侗、尚小云、荀慧生、筱翠花、王凤卿、钱宝森、程君谋、李万春、顾赞臣、包丹庭、新艳秋、章遏云、孙履安、徐凌云、马富禄等名角儿、名票数十人登台献艺。所演剧目如下：

时间	剧目	主演
第1天	大赐福	班底
第1天	跳加官	包丹庭
第1天	满床笏	李万春、陶默庵
第1天	送亲演礼	孙盛武
第1天	连环套	李藻屏
第1天	女起解	章遏云
第1天	回荆州	新艳秋
第1天	盗宗卷	张荣奎
第1天	下河南	马富禄、金碧莲
第1天	取荥阳	王凤卿、程君谋
第1天	能仁寺	华慧麟、高维廉
第1天	庆顶珠	顾赞臣、张丽蓉
第1天	闺房乐	包丹庭、华慧麟、孙盛武
第1天	战宛城	红豆馆主、荀慧生、李万春、刘奎官
第2天	十道本	高维廉
第2天	夜奔	李万春
第2天	御碑亭	顾赞臣、张丽蓉
第2天	荷珠配	红豆馆主、筱翠花、马富禄、金仲仁
第2天	封王	包丹庭
第2天	长寿星	张菊舫

续表

时间	剧目	主演
第2天	清风寨	瑞德宝、蒋少奎
第2天	骂殿	程君谋、周凤英
第2天	战北原	聂榕卿
第2天	刘高手	孙履安
第2天	骂曹	许良臣
第2天	樊江关	沈元豫、芙蓉草
第2天	安天会	徐凌云
第2天	琼林宴	张伯驹、钱宝森
第2天	卞玉京	新艳秋、李万春、高维廉、林秋雯
第3天	岳家庄	高维廉
第3天	打面缸	王盛意、孙盛武
第3天	法门寺	陶默庵、程君谋
第3天	武松打店	李万春
第3天	挂画	筱翠花、马富禄
第3天	琵琶行	新艳秋
第3天	庆顶珠	张伯驹、尚小云
第3天	辛安驿	荀慧生
第3天	奇双会	红豆馆主、梅兰芳、徐子权
第3天	汾河湾	聂榕卿
第3天	穆柯寨	沈元豫、叶盛兰

22日为陈寿正日，张伯驹与钱宝森在倒二演出《琼林宴》，即《打棍出箱》；23日张伯驹与尚小云演出《庆顶珠》，即《打渔杀家》。

张伯驹《红毹纪梦诗注》：

清直隶总督陈夔龙为先君之师，余其小门生也。居上海，值其八十岁寿日称觞演戏,是日演出者,记有畹华及红豆馆主。余第一日演《问樵闹府·打棍出箱》。第二日与尚小云演《打渔杀家》,小云大为卖力,内行谓之曰"啃"。是日对啃,演来极为精彩,台下甚为满意。后有人云,"尚小云未啃倒张某人",一时传为话柄。

编者谨按:伯驹记忆有误,据当时戏单,其演出系在第二日及第三日。

约在本年

吴鼎昌到北平,张伯驹曾与之会面。

张伯驹《盐业银行与我家》:

大约在"七七"事变前,吴鼎昌来到北平,岳乾斋请他吃饭,我也在座。这次谈话中,他说他自己为政府办了几件大事。一是他亲身回四川,以同乡关系,拉拢了四川大小军阀,要他们服从中央;二是劝说了段祺瑞离开天津南下;三是把曲阜衍圣公孔德成接到南京。所遗憾的是未能把溥仪控制到手,而被日本人弄走了。至于吴佩孚在华北的地位,现在相当重要,尚有待于办这件事。他回南京后,把吴佩孚的事交由王绍贤继续设法办理。这次宴会,他非常兴奋,喝了大量的绍兴酒,显得十分得意。

编者谨按:段祺瑞从天津移居上海系在1933年2月。

本年

张伯驹在上海听闻溥心畬将家藏唐韩幹《照夜白图》售出,恐将流至海外，急函冀察政务委员会委员长宋哲元，请宋出面干涉。

张伯驹《沧桑几度平复帖》：

卢沟桥事变前一年，也就是1936年，我在上海，闻溥心畲所藏唐韩幹《照夜白图》被上海古董商买去，准备卖往国外。当时宋哲元主政北平，我急急给他去信，谈到这张画的重要价值，希望他过问此事，不要使之流出国外。谁知当宋哲元接到我信时，此画已被人带走，转卖到英国。

陈重远《收藏讲史话·晋秀斋文玩铺》：

这一年，笔者同傅大卤师兄闲聊提起韩幹《照夜白图》，他说：《照夜白图》是韩博文从贾济川手里买的假货，传说很久了，是我还没来琉璃厂学徒时的事了。1995年笔者写《古玩谈旧闻》时，为慎重起见，再次向师叔范岐周请教《照夜白图》的买卖经过。范说：大约在1935年前后，《照夜白图》在北京中山公园来今雨轩后面的一所四合院里展示过，门票是一块银元，我去看了。这幅画是英国人戴维德求叶叔重，叶又转求萧虎臣请求溥心畲转让出去的，一万银元成交。

暮秋

张伯驹同友好游石湖，作词《湘月·买舟俊约》。

编者谨按：此首词作疑与潘素恋情有关。

12月12日

"西安事变"爆发。

12月14日

方地山在津因胃病而逝,享年六十五岁。

方地山逝前,张伯驹从袁克权处收藏清陈鹄《紫云出浴图卷》,为伯驹一生之挚爱。

张伯驹《丛碧书画录》:

> 纸本,着色。像可三寸许,著水碧衫,支颐坐石上,右置洞箫一。发鬖鬖然,脸际轻红,凝睇若有所思。卷中及卷后题咏自张纲孙、陈维岳、吴兆宽、冒襄、王士禄、王士禛、崔华、尤侗、毛奇龄、宋荦等七十四人,诗一百五十三首,词一首。清末以后题者不计。是图盖写陈其年眷冒辟疆家伶徐九青故事之一,在当时已脍炙人口。雍正间图为吴青原所得,乾隆间有一摹本,为罗两峰画,陈曼生手录题咏。清末,是图归端方,摹本迄未发现。

张伯驹更有《春游社琐谈·紫云出浴图》长文详述其始末由来:

> 陈其年与冒辟疆歌童徐紫云九青缠绵一段公案,见清人笔记,冒鹤亭太史辑有《云郎小史》甚详。其关于紫云图咏,除崔不凋所作《小青飞燕图》纨扇外,则只有《出浴图》一卷而已。(中略)图原藏湖海楼,雍正辛亥归吴青原,(中略)后又归端方。袁世凯第五子袁克权规庵为端方婿,端女于归,图遂归规庵。余于规庵处见之,极羡爱,请其相让,未许;乃谋于方地山先生。时地山正窘困,余议以二千金畀规庵,以一千金为规庵与余共赠予地山解厄者。定议后,图卷遂归余。(中略)《出

浴图》归余后,曾携至上海,丐陈夔龙庸庵太老师题七绝句二首,并书引首"离魂倩影图"五字。(中略)余亦题诗二首与书,皆稚弱,颇使西子蒙不洁,有两句云:"何缘粉本归三影,只有莲花似六郎"。余前岁得明牙印,刻莲花,篆"六郎私记"四字;俟图重装裱,原题诗去之,留此两句,改成《鹧鸪天》词,下钤此小印。余所藏书画尽烟云散,惟此图尚与身许,未忍以让。

张伯驹《春游社琐谈·科场换卷》:

袁(珏生)、林(贻书)皆入翰苑,鹤老则否。前余记《紫云出浴图》称其为太史,盖误也。

编者谨按:有说伯驹收得《紫云出浴图》系在1933年前后,待考。

本年

张伯驹经常往返于南京、上海之间,与潘素恋爱。

张伯驹《身世自述》:

我到三十九岁,在上海与我的爱人潘素相遇,我们两方情愿结为配偶。

张伯驹《红毹纪梦诗注》:

陈在汉口艺名小牡丹花,冯玉祥之参谋长刘骥菊村亦汉口人,两人相爱。余三十八岁在南京司盐业银行事,菊村来南京,曾相晤,问余:彼与一姝相爱,请教应如何始可。时余亦正与室人潘素相爱,对曰:"你向我请教,我又向谁请教?"后吾两人皆如《老残游记》结语:"愿天下有情人皆成了眷属,是前生注定事莫错过因缘。"

编者谨按：张伯驹在前者所说是虚岁，后者则系实岁，均指系1936年事。刘骥，字谷生，号菊村，湖北钟祥人。

约在本年秋至1937年初

张伯驹偕潘素从上海返回北平，结成伉俪。

伯驹世交好友孙曜东口述、宋路霞整理《浮世万象》记叙张潘恋情说：

> 可是问题并非那么简单，潘妃（即指潘素——编者注）已经名花有主，成为国民党的一个叫臧卓的中将的囊中之物，而且两人已经到了谈婚论嫁的程度，谁知半路杀出了个张伯驹。潘妃此时改口，决定跟定张伯驹，而臧卓岂肯罢休？于是臧把潘"软禁"了起来，在西藏路汉口路的一品香酒店租了间房把她关在里面，不许露面。潘妃无奈，每天只以泪洗面。而张伯驹此时心慌意乱，因他在上海人生地不熟，对手又是个国民党中将，硬来怕惹出大乱子，他只好又来找我。那天晚上已经十点了，他一脸无奈，对我说："老弟，请你帮我个忙。"他把事情一说，我大吃一惊，问他："人现在在哪里？"他说："还在一品香。"我说："你准备怎么办？"他说："把她接出来！"
>
> 我那时候年轻气盛，为朋友敢于两肋插刀。趁天黑我开出一辆车带着伯驹，（略）驱车来一品香，买通了臧卓的卫兵，知道臧不在房内，急急冲进去，潘妃已哭得两眼桃子似的。两人顾不上说话，赶快走人。我驱车把他俩送到静安别墅，对他

们说："我走了，明天再说。"其实明天的事伯驹自己就有主张了：赶快回北方，就算没事了。我这头一直警惕着臧卓的报复，可是事情也巧，我后来落水替汪伪做事，此臧卓也投了伪，成为苏北孙良诚部的参谋长（编者注：此处孙可能误记），仍是中将，我们见过面，大家心照不宣，一场惊险就这么过去了。

编者谨按：据《中华民国南京政府授予将军全名录》载，臧卓授陆军中将衔系在1936年1月23日。约与臧卓同时授衔中将的，还有张钫、李品仙、王家烈、杨毓珣、赵登禹、张克瑶、周至柔、马步芳、李汉魂等人，可知臧卓其人在军中资历不浅。但臧应是非国民党嫡系，手中没有部队，势力也很有限，否则张伯驹、孙曜东的下场便难以预料了。如果孙曜东的回忆较为准确的话，则张伯驹潘素双双逃离上海的时间，应是在臧卓授衔之后。

张伯驹表弟李克非《霁雪初融忆丛碧——兼记山水女画家潘素》：

（潘素）弱冠适予表兄项城张伯驹氏。她在二十一岁时，即开始学画。初从朱德簠习花卉，后与老画家陶心如、祁井西、张孟嘉合作作画，相互切磋，共同提高。

编者谨按：依据李克非言推算，张潘成婚亦是在1936年，至晚在1937年初两人已经开始在北平共同生活。

一九三七年（中华民国二十六年丁丑）四十岁

3月4日

张伯驹四十岁生日，他以赈济河南旱灾为由，以河南同乡会名义在北平隆福寺街福全馆举办了一次空前绝后的堂会戏演出，大轴是《空城计》，张伯驹自饰诸葛亮，杨小楼、余叔岩为其配演马谡、王平。消息传出，全市各大报纸多以"此曲只应天上有，人间哪得几回闻"为标题，大肆宣传。当晚，饭庄内外人山人海、车水马龙。开演前，伯驹与河南籍出身的将领、原绥远都统李鸣钟登台致辞，详细介绍河南灾情，请求社会名流和亲朋好友捐款助赈，宣布盐业银行从即日起代收各界捐款。当时北平的军政要员及名流宋哲元、秦德纯、冯治安、佟麟阁、张自忠、赵登禹、李赞侯、章士钊等也都观看了演出，以示支持。参加演出的所有演员皆属义演性质，不收报酬，演出所得约四千余元善款，事后如数捐赠河南。

张伯驹《红毹纪梦诗注》：

> 余四十岁生日，叔岩倡议演剧为欢，值河南去岁发生旱灾，乃以演戏募捐赈灾，出演于福全馆。开场为郭春山《回营打围》；次为程继先《临江会》；因畹华在沪，改由魏莲芳演《起解》；次为王凤卿《鱼肠剑》；次为杨小楼、钱宝森《英雄会》；次为于连泉、王福山《丑荣归》；大轴为《空城计》。余饰武侯，王凤卿饰赵云，程继先饰马岱，余叔岩饰王平，杨小楼饰马谡，陈香雪饰司马懿，钱宝森饰张郃，极一时之盛，后遍载各戏剧画报，此为乱弹到北京后称为京剧之分水岭。

李炳莘《余叔岩年表》：

> 三月四日（阴历丁丑正月廿二日），是张伯驹四十岁生日。邀友以赈济河南旱灾名义，在东四隆福寺街福全馆办堂会。事先登报在盐业银行售票，每人五元。开场是郭青山、方宝全《回

营打围》，以下：程霭如、陈香雪《洪羊洞》，程继先、钱宝森、贯盛习《临江会》，魏莲芳、朱斌仙《女起解》，王凤卿、鲍吉祥《鱼肠剑》，杨小楼、钱宝森、迟月亭、王玉吉、韩富元《英雄义》，于连泉、王福山《小上坟》。在大轴《空城计》中，张伯驹饰诸葛亮，余叔岩饰王平，杨小楼饰马谡，王凤卿饰赵云，程继先饰马岱，陈香雪饰司马懿，钱宝森饰张郃，徐寿祺饰旗牌，冯蕙林饰司马昭，霍仲三饰司马师，郭春山、王福山饰二老军及报子（临时由管翼贤代王演老军），其配角多系大才小用。事后，杨小楼说，余叔岩的王平演得好极了，不愧为谭鑫培的亲炙。又有人说，叔岩把配角演成主角。

四月，余叔岩宿疾复作，入德国医院。由名医史蒂芬割治，未获痊愈。

张斯琦《余叔岩年谱》：

福全馆张伯驹四十寿辰堂会。是为余叔岩一生最后一场演出，张伯驹与吴幼权都摄制了私人录影。

丁秉鐩《菊坛旧闻录》有《张伯驹的〈空城计〉》，记录此事最为活灵活现：

这出《失空斩》的王平和马谡既然敲定，有这两位名角唱配角，可谓亘古未有。张伯驹自然是高兴万分，于是对其他角色，也都争取第一流了。这才赵云找了王凤卿，马岱找了程继先。马岱原是末角扮演，但也可以用小生的，这也是破格。其余角色：名票陈香雪的司马懿（原注：因为没有谈妥金少山），钱宝森的张郃。慈瑞泉、王福山的二老军带报子，反正都是第

一流。(李克非言,二老军饰演者是郭春山与管翼贤——编者注)

演出的地点,是隆福寺街福全馆,这里又要注释一下。北平有饭馆和饭庄子之别,饭馆很多,内有散座儿,卖零吃的客人。有单间,卖整桌的。也有大厅,可容几十桌;以便请客,或喜寿事用,就是不能演堂会,因为没有戏台。饭庄子不多,但是地方大,家具、器皿齐全,且备有戏台,根本不卖散座,一桌两桌也不卖;专为喜庆婚丧大事而用,摆上百十桌酒席不算一回事。凡是有堂会的喜庆大事,都在饭庄子里办。著名的饭庄子有天寿堂、会贤堂、福寿堂,而福全馆是其中之一,规模很大。所以张伯驹在这里办庆寿堂会。

张伯驹平常演戏,一般人不认识他的不感兴趣,内行和朋友们也都认为是凑趣的事。这次《失空斩》的消息传出去以后,不但轰动九城,而且轰动全国,除了北方的张氏友好纷纷送礼拜寿,主要为听戏以外,不认识的人也都想法去拜寿为听戏。甚至有远在津沪的张氏戏迷友好,远道专程来听这出戏的。福全馆中,人山人海,盛况不必描述,就可想象而知。

而这天《失空斩》的戏,也逐渐变质。原来内行们陪他唱,是准备开搅起哄来凑凑趣儿的,后来因为配搭硬整,大家为了本身的令誉和艺术责任,就变成名角剧艺观摩比赛了。而最后却演变成杨小楼、余叔岩争胜"比粗儿"的局面。大家的注意力都集中在这些望重一时的名角硬配上面,张伯驹的寿星兼主角孔明,每次出场除了至亲好友礼貌地鼓掌以外,大部来宾都把他当作傀儡。他促成了这空前绝后的好配角的戏,出了票戏天下第一的风头，自己在演完之后，却不免有空虚之感了。

《失空斩》第一场四将起霸，不但台上的四位角儿铆上，台下的来宾，也都把眼睛瞪得比包子还大，注目以观。头一位王凤卿的赵云，第二位程继先的马岱，当然都好，也都落满堂彩，但大家的注意力却全集中在王平和马谡身上。第三位余叔岩的王平起霸，一亮相就是满堂彩，首先扮相儒雅而有神采，简直像《镇潭州》的岳飞和《战太平》的华云，俨然主角。然后循规蹈矩地拉开身段，不论云手、转身，一举手一投足，都边式好看，干净利落。台下不但掌声不断，而且热烈喝彩。到第四位杨小楼马谡出场，虽然只是半霸，却急如雷雨，骤似闪电，威风凛凛，气象万千。尤其一声："协力同心保华裔"，更是叱咤风云，声震屋瓦。观众在掌声里，夹着"炸窝"的"好儿"。（原注：内行管喝彩声震耳叫"炸窝"。）四个人一报家门，又是一回彩声。这一场四将起霸，是这出戏第一个高潮。

就在所有来宾，啧啧称赞起霸之好的声中，张伯驹的孔明登场。来宾们除了张氏友好外，就是许多不认识他的人，因为人家是今天的寿星，再说，没有他，哪有这场好戏听。于是在拜寿和感动的心情下，所有来宾在这一场都特别捧场，出场有彩，"两国交锋"那一段原板，虽然都听不见，可是在"此一番领兵"那一句，大家都知道，余派在"兵"字这里有一巧腔，就是听不见，张伯驹一定得意地耍了这个巧腔了，那么就心到神知地喝一次彩吧！张伯驹在台上也许自己觉得这一句果然不错，哪知道是大家曲意逢迎呢！总之，张伯驹就在这一场落的彩声多，以后他的几场戏，除了友好捧场鼓掌以外，大家都郑重其事地听名角的戏了，对张只当看电影一样，不予理睬了。

下面第四场，马谡王平在山头一场，又是一个高潮，也可说是全剧精华。杨小楼把马谡的骄矜之气，刻画入骨，余叔岩表示出知兵的见解，却又不失副将的身分。两个人盖口之严，边念边做，连说带比画，神情和身段，妙到绝巅，叹为观止。那一场的静，真是掉一根针在地上都会听得见。因为盖口（原注：即问答对白）紧，观众听完一段，都不敢马上叫好儿，怕耽误了下一段，偶有一两个急性叫好儿的，前面必有人回头瞪他。直到马谡说"分兵一半，下山去吧！"王平："得令"，大家才松一口气，大批地鼓掌叫好儿。可惜那时候没有录影，如果这一场戏传留下来，真是戏剧史上珍贵资料，可以流传千古了。

第五场，王平再上，画地图，余叔岩边看地形边画，很细腻，不像一般的低头作画就完了。接着与张郃起打，和钱宝森二人平常是老搭档，严肃而简捷，败下。

六七八场过场开打，不必细谈。第九场马谡王平上，马谡白"悔不听将军之言……"小楼念时，带出羞愧，念完将头略低。王平："事到如今……"叔岩面上微现不满，并不过分矜情使气。两个人的三番儿念"走"，"走哇"……一个无奈，一个催促，意到神到，不温不火，默契而合作得恰到好处，台下又是不断掌声。王平下场，余叔岩使个身段，起云手，踢腿，抢枪，转身，同时把枪倒手（原注：右手交与左手），都在一瞬之间，美观利落，令人目不暇给，又是满堂好。马谡先惊，再愧，做身段，使像儿，然后转身狼狈而下，杨小楼又耍回一个满堂好儿来。戏就是这样演才好看，两个功力悉敌，旗鼓相当的人，在台上争强斗胜，抢着要好，那才有劲头儿，出现绝好的精彩。而台下也过瘾，越看越起劲，鼓掌喝彩，身不由己，台上下引起共鸣，打成一片，真是人生至高享受。只是这种情景，一辈子没有几回而已。

最后斩谡一场，余叔岩的王平，虽然只有两段共八句快板，却是斩钉截铁，字字珠玑。大家听完一段一叫好儿，就是觉得不过瘾，好像应该再唱十段才对似的。孔明唱完"将王平责打四十棍"，余叔岩仍按老例，扭身使个屁股坐子，一丝不苟，边式已极。等到马谡上来，杨小楼的唱工，当然难见功力，点到而已。在孔明马谡的两番儿叫头："马谡"，"丞相"，"幼常"，"武乡侯"，龙套"喔"了两次喊堂威之时，两人要做身段使像儿。杨小楼都用了矮架儿，这是捧张伯驹的地方。照例马谡有高架儿、矮架儿两种身段。可以用一高一矮，也可全用高或全用矮。杨小楼人高马大，张伯驹个子不挺高，若小楼使高架儿就显得张伯驹矮了，这是老伶工心细体贴人的地方。（中略）张伯驹以演过这一出空前绝后大场面的《失空斩》，而驰名全国。

1978年11月1日《大成》第60期载沈苇窗《张伯驹"痴人说梦"》：

福全馆是北平唱堂会的饭馆，决无演戏募捐赈灾而在饭馆举行之理，明眼人都能知之，毋庸讳饰。魏莲芳演《起解》，前边何必着"畹华在沪"四字,难道梅兰芳还能为你张大爷的堂会而唱前三出吗?至于大轴之《空城计》确属一时盛会,可谓空前绝后之举。

编者谨按:沈苇窗为徐凌云之甥,妒伯驹入骨。即以此条而言之,倘梅兰芳在京,安排剧目自不能等同魏莲芳,又岂会在前三出呢?

谷曙光根据当日戏单,作有《余叔岩晚年演出徵实——兼谈空前绝后的"丛碧宴客堂会"》:

(前略)"丛碧宴客剧目"尤为珍贵,即号称"此曲只应天上有"的张伯驹福全馆堂会。这张戏单的装帧极其考究,绿底烫金字印刷,典雅中透着喜庆,恰与张伯驹的号"丛碧"完美契合。标题"丛碧宴客剧目",时间地点是"丁丑年春节假座福全馆"。丁丑在1937年,"福全馆"在北京东四的隆福寺街,为有名的餐馆,约可容纳五六百人。该店的设备和餐具非常精致,而设置在店内的戏台尤其华丽。(中略)戏目按原件照录如下:

《赐福》全班合演

《回营打围》郭春山、钱宝森、方宝全、霍仲三

《女起解》魏莲芳

《托兆盗骨》程霭如君、陈香雪君、罗万祥

《临江会》程继先君、钱宝森、方宝全

《文昭关》王凤卿君、鲍吉祥

《英雄会》杨小楼君、王福山、钱宝森、迟月亭

《丑荣归》筱翠花、王福山

《空城计》王凤卿君（赵云）、余叔岩君（王平）、张伯驹君（武侯）、杨小楼君（马谡）、程继先君（马岱）、周瑞祥（旗牌）、冯蕙林（司马昭）、霍仲三（司马师）、钱宝森（张郃）、陈香雪君（司马懿）、郭春山（老军）、胡三（琴童）、韩金福（琴童）

在戏单的左侧，还印了一个启事，照录如下：

去岁河南亢旱，区域广袤，灾情惨重。秋禾既已尽摧，春麦未全下种，饥民嗷嗷，待哺维殷。兹张伯驹君委托敝行代收赈款。诸君愿解囊助赈，请径交敝行汇往施放。

台衔另俟汇齐公布。顺颂春祺！

北平盐业银行
谨启
北平中国实业银行

这张戏单完整地记录了此场空前绝后的堂会的由头、时间、地点、戏目、演员等。先说由头。本来张伯驹四十寿辰，演戏为乐，自是意中事。可是他的家乡河南连年灾荒，民不聊生，作为河南籍的名流，他也不好意思在其生日大唱堂会高乐。张氏毕竟是聪明人，借寿辰一来演戏消遣，二来筹赈济之款，可谓一举两得。

编者谨按：谷曙光虽有当日戏单为凭，但实际演出往往会有所变化。戏单上列王凤卿演出《文昭关》，实则临时改为《鱼肠剑》，张伯驹此处记忆是准确的。又据伯驹表弟李克非云，《空城计》一场的二老军,当天系由郭春山与管翼贤饰演。

本年春

张伯驹以六万元从郭葆昌家收得唐李白《上阳台帖》、明唐寅《孟蜀宫妓图轴》、清王时敏《山水轴》、清蒋廷锡《瑞蔬图轴》。同时收得的原还有《三希堂法帖》中的《中秋帖》《伯远帖》,但后因款不能继,二帖退还给郭家。

张伯驹《春游纪梦·三希堂晋帖》:

《中秋》《伯远》两帖,余于民二十六春,并李太白《上阳台帖》,见于郭世五家,当为废帝溥仪在天津张园时所卖出者。郭有伊秉绶《三希堂草堂额》,颇以自豪。但其旨在图利,非为收藏。当时余恐两帖或流落海外,不复有延津剑合之望。倩惠古斋柳春农居间,郭以二帖并李太白《上阳台帖》,另附唐寅《孟蜀宫妓图轴》、王时敏《山水轴》、蒋廷锡《瑞蔬图轴》,议价共二十万元让于余。先给六万元,余款一年为期付竣。至夏,卢沟桥变起,金融封锁,款至次年期不能付,乃以二帖退还之,以《上阳台帖》、《孟蜀宫妓图轴》、烟客之《山水轴》、南沙之《瑞蔬图轴》留抵已付之款,仍由惠古斋柳春农居间结束。

编者谨按:郭世五即郭葆昌,近代著名收藏家,曾为袁世凯监制洪宪瓷。据与郭有交往之庄严在《前生造定故宫缘》中回忆,《中秋》《伯远》两帖乃是在溥仪出宫之前即由某太妃处流出宫外,售予郭家。

编者再按：伯驹此处所言之"王时敏《山水轴》"，未见诸《丛碧书画录》。疑系指《丛碧书画录》中之清王翚《山水轴》。

张伯驹对郭氏鉴赏水平极为佩服，在其《三希堂晋帖》文里评郭：

> 郭世五名葆昌，河北定兴人，出身古玩商。后为袁世凯差官，极机警干练，颇得袁宠任，渐荐升至总统府庶务司长。袁为帝制，郭因条陈应制洪宪瓷器，以为开国纪念，遂命为景德镇瓷业监督，承办其事。花彩样式，多取之内廷及热河行宫之物。袁逝世后，所取样本皆未交还，遂成郭氏觯斋藏瓷中之精品。郭氏鉴别瓷器，殊有眼识；收购论值，亦具魄力。再加上积年经验，海内藏瓷名家自当以其为冠。其为人与遭遇，使胸有翰墨，亦高士奇一流人物也。

启功《李白上阳台帖墨迹》：

> 纸本，前绫隔水上宋徽宗瘦金书标题"唐李太白上阳台"。本帖字五行，云："山高水长，物像万千，非有老笔，清壮何穷。十八日，上阳台书，太白。"帖后拖尾又有瘦金书跋一段。帖前骑缝处有旧圆印，帖左下角有旧连珠印，俱已剥落模糊，是否宣和玺印不可知。南宋时曾经赵孟坚、贾似道收藏，有"子固"白文印和"秋壑图书"朱文印。入元为张晏所藏，有张晏、杜本、欧阳玄题。又有王余庆、危素、骆鲁题。明代曾经项元汴收藏，清初归梁清标，又归安岐，各有藏印，安岐还著录于《墨缘汇观》的《法书续录》中。后入乾隆内府，著录于《石渠宝笈初编》卷十三。后又流出，今归故宫博物院。它的流传经过，

是历历可考的。

张伯驹《丛碧书画录》：

太白墨迹世所罕见，《宣和书谱》载有《乘兴踏月》一帖。此卷后有瘦金书，未必为宋徽宗书。余曾见太白摩崖字，与是帖笔势同。以时代论墨色笔法，非宋人所能拟。《墨缘汇观》断为真迹，或亦有据。按《绛帖》有太白书，一望而知为伪迹，不如是卷之笔意高古。另宋缂丝兰花包首亦极精美。

张伯驹《春游社琐谈·金章宗词》：

金章宗工书画，书仿宋徽宗瘦金体能乱真，如李太白《上阳台帖》后徽宗跋，实章宗书也。

张伯驹《丛碧书画录》：

明唐寅《孟蜀宫妓图轴》

绢本，着色。蜀主孟昶令宫妓多衣道服，簪莲花冠，施脂夹粉，名曰"醉妆"，此写其图。绢素洁白，气色鲜妍，人面傅粉用唐三白法。右上首自题诗并题语，书画俱为精绝。《墨缘汇观》著录。此图曾见改七芗有一摹本。

清蒋廷锡《瑞蔬图轴》

绢本，着色。仿宋人笔，颜色鲜艳如生。为雍正三年十月，圆明园畦圃有莱菔一根九枝，宣示绘图纪瑞。此为南沙画中之精品。

6月11日

陈夔龙在沪宅举办八十一岁寿辰堂会，张伯驹赴沪参加并演出

《盗宗卷》。

江上行《陈家堂会名票荟萃》：

> 民国二十六年是陈家最后一次举办堂会，也还是唱了两天，主要剧目是徐凌云《嫁妹》，马连良、叶盛兰《八大锤》和张伯驹、孙养农、钱宝森合演《青石山》，结果由于钱宝森吸鸦片烟被逻者执去，没有周仓，这出《青石山》没演成。原来《青石山》中饰演吕洞宾的张伯驹，临时改演《盗宗卷》。

7月7日

卢沟桥事变爆发，日本军占领北平。

本年后半

因中日战起，张伯驹暂留北平，未返南京盐行。伯驹平时甚少出门，每月参加郭则沄、关赓麟等主持的蛰园律社、瓶花簃词社、稊社等诗社、词社聚会，与社中同人作诗谜、诗钟等游戏及吟诗填词为乐。同一时期，伯驹开始师从古琴名家汪孟舒学习琴艺。

张伯驹《春游纪梦·诗谜》：

> 卢沟桥事变后少出门，但月聚于蛰园律社诗会，并时作诗谜戏，参与者有夏枝巢、郭啸麓、陶心如、陶伯溟、瞿兑之、刘伯明、杨君武、黄公渚兄弟等。惟诗谜必须开整首，不许只开单句。间亦开明清名家诗，颇极一时之盛。（中略）余所作诗谜，五代以上诗约数百首。所获者依句法字法，诗即不具名，

可知或为晚唐、中唐、初唐、六朝之诗，版本则以明刊诗集及殿版《全唐诗》为准。余等为诗谜戏，赢者不得将钱拿走，交一人为次日聚饮之费，亦即输者为主人，赢者为客。余每开诗谜，尚多座上客也。

夏纬明（慧远）《近五十年北京词人社集之梗概》：

及卢沟桥事变后，郭啸麓由天津移居北京，又结蛰园律社及瓶花簃词社。每课皆由主人命题备馔。夏枝巢仁虎、傅治芗岳棻、陈纯衷宗藩、张丛碧伯驹、黄公渚孝纾、黄君坦孝平、关颖人、黄嘿园，皆为社中中坚。此时颖人亦有梯园诗社，兼作诗钟，但不作词。此乃寒山诗社之后身也。每期由主人命题，而社友分任餐费。与蛰园人才互有交错，有列一社者，有二社兼入者。京师骚坛，不过寥寥此数耳。迨啸麓逝世，蛰园瓶花，遂同萎谢。

7月29日

天津沦陷。

9月25日

京剧艺术家钱金福病逝。

11月

吴鼎昌辞实业部长职。

11月12日

上海沦陷。此后苏州、太原相继沦陷,国民政府迁都重庆。

11月20日

吴鼎昌被蒋介石任命为贵州省政府主席。

12月5日

日本军占领下的北平,宣布成立伪中华民国临时政府,王克敏出任行政委员会委员长。

12月13日

南京沦陷。

12月28日

溥心畬的生母项太夫人病逝。

一九三八年(中华民国二十七年戊寅)**四十一岁**

1月10日

张镇芳的五姨太李福仙病逝。

寓真《张伯驹身世钩沉》引张伯驹与王韵缃离婚诉讼,开庭记录:

问:王韵缃,你五妈给你的两万元,怎么到他手上呢?

答：五妈在民国二十七年腊月初九死去，发送以后，因为五妈的钱都在天津盐业银行，取款时却找不到五妈的印章，便叫张伯驹去取。他是盐业银行的大股东。但他取出之后（共七万多），我的两万元并不给我。有五妈的遗嘱可证（出示张李福仙遗嘱一件）。

1月30日

经傅增湘从中斡旋，张伯驹从溥心畬处收得西晋陆机《平复帖》。帖先存于傅宅，傅题跋之后，于戊寅正月送至伯驹宅。

张伯驹《春游纪梦·陆士衡平复帖》：

> 西晋陆机《平复帖》，余初见于"湖北赈灾书画展览会"中。晋代真迹保存至今，为惊叹者久之。卢沟桥事变前一年，余在上海闻溥心畬所藏韩幹《照夜白图》卷为沪估叶某买去。时宋哲元主政北京，余急函声述此卷文献价值之重要，请其查询，勿任出境。比接复函，已为叶某携走，转售英国。余恐《平复帖》再为沪估盗买，倩阅古斋韩君（应为"悦古斋"——编者注）往商于心畬，勿再使流出国外，愿让余可收，需钱亦可押。韩回复云："心畬现不需钱，如让价二十万元。"余时无此力，只不过早备一案，不致使沪估先登耳。次年，叶退庵（叶恭绰）举办"上海文献展览会"，挽张大千致意心畬，以六万元求让。心畬仍索价二十万，未成。至夏，而卢沟桥事变起矣，余以休夏来京，路断未回沪。年终去天津，腊月二十七日回京度岁，车上遇傅沅叔（增湘）先生，谈及心畬遘母丧，需款正急，而

银行提款复有限制。余谓以《平复帖》作押可借予万元。次日，沅老语余，现只要价四万，不如径买为简断。乃于年前先付两万，余分两个月付竣。帖由沅老持归，跋后送余。时白坚甫闻之，亦欲得此帖转售日人，则二十万价殊为易事，而帖已到余手。北京沦陷，余蛰居四载，携眷入秦，帖藏衣被中，虽经乱离跋涉，未尝去身。日寇降后，余回京，沅老已病不能语，旋逝世。

傅增湘《平复帖跋》：

余与心畲王孙昆季缔交垂二十年，花晨月夕，觞咏盘桓，邸中所藏名书名画，如韩幹《蕃马图》、怀素《苦笋帖》、鲁公书《告身》、温日观《蒲桃》，号为名品，咸得寓目，独此帖秘惜未以相示。丁巳岁暮，乡人白坚甫来言：心畲新遭母丧，资用浩禳，此帖将待价而沽。余深惧绝代奇迹，仓促之间所托非人，或远投海外流落不归，尤堪嗟惜。乃走告张君伯驹，慨掷巨金易此宝翰，视冯涿州当年之值，殆腾昂百倍矣。嗟乎！黄金易得，绝品难求，余不仅为伯驹赓得宝之歌，且喜此秘帖幸归雅流，为尤足贺也。翌日赍来，留案头者竟日，晴窗展顽，古香馥蔼，神采焕发。（中略）余素不工书，而嗜古成癖。闻有前贤名翰，恒思目玩手摹，以窥寻其趣旨。不意垂老之年，忽觏此神明之品，欢喜赞叹，心泽神怡。半载以来，危城，沈忧烦郁之怀，为之涣释。伯驹家世儒素，雅擅清裁，大隐王城，古欢独契，宋元剧迹，精鉴靡遗。卜居西城，与余衡宇相望，频岁过从，赏奇析异，为乐无极。今者鸿宝来投，蔚然为法书之弁冕，墨缘清福，殆非偶然。从此牙签锦帙，什袭珍藏，且祝在在处处，有神物护持，永离水火虫鱼之厄，使昔贤精魄长存于尺幅之中，与日月山河而并寿，宁非幸欤！岁在戊寅正月下浣，江安傅增湘识。

编者谨按： "阅古斋韩君"即琉璃厂经营书画的悦古斋掌柜韩博文，与溥心畲关系较好，曾向溥学画。又，溥心畲母项氏太夫人1937年12月28日病逝，心畲事母至孝，乃竭尽所能，为母发丧，亟需巨款，是故急于将《平复帖》售出。心畲前曾以所藏颜真卿之《自书告身帖》交付琉璃厂古董商白坚甫售予日本人，此番似亦拟如此办理。白坚甫将此消息透露给同乡傅增湘，而傅增湘与溥心畲，以及周肇祥、郭则沄、俞陛云、张国淦、陈云诰等交好，每周一次轮流做东，聚餐雅会，所以傅与溥心畲亦是交厚。傅增湘担心溥心畲所托非人，商之于伯驹，复又说动心畲，将帖转让伯驹。是故白虽得到消息在前，反为伯驹占先。其中详情，可参见傅增湘为《平复帖》所作跋文。

张伯驹《素月楼联语》：

晋陆机《平复帖》，溥心畲藏。余初见于鄂赈灾展览会，望洋兴叹者久矣。叶玉虎（编者注：叶恭绰）主持松江文献展览，向溥借展此帖。溥索保险费二十万元，未借。后张大千出六万元求让，亦未成。卢沟桥事变年，除夕前一日，余自天津回北京度岁，车上遇傅沅叔年伯，云心畲遭母丧，需费正急。因商定由其作合，后以三万元收得。除夕日取来于沅叔家同观。

编者谨按：关于《平复帖》之收藏，伯驹另有一说法，云系以三万元收得。

另据香港《大成》杂志第102期有张大千友林熙文《张伯驹及陆机〈平复帖〉》引用叶恭绰、张大千致友人函云：

《叶恭绰致友人函》：

至于心畲所藏陆机《平复帖》及韩幹画马等，余曾屡劝其须保存于国内。嗣余已南下，渠曾浼人来云，如余购藏，可减至四万金（原注：先索十万）。余以无此力，婉却之。

《张大千致友人函》：

心畲陆机《平复帖》，某君将捐之卖与日人，吾蜀傅沅叔先生闻之，亟往商张君伯驹，毋使此国宝流诸国外。张君遂以二万金留之，另以二千金酬某君。

编者谨按：至此关于张伯驹收藏《平复帖》之价格，已有四万、三万、二万之三种说法矣，今已不复能辨其究竟。林熙又云：叶恭绰未曾主持过松江文献展览，此处乃系伯驹误记。

张伯驹《丛碧书画录》：

是帖作于晋武帝初年，早于右军兰亭约百余岁。证以西陲汉简，是由隶变草之初，故文不尽识。卷首有宋徽宗金字标签，自《宣和书谱》，备见著录。入清乾隆丁酉，孝圣宪皇后遗赐于成亲王，后归恭亲王邸为世传，无疑晋迹。金丝织锦，虾须倭帘犹在；宋缂丝仙山楼阁、包首已无存。

启功《题丛碧堂张伯驹先生鉴藏法书名画纪念册》诗，句有：

  陆机短疏三贤问，

  杜牧长笺一曲歌。

编者谨按：关于张伯驹与启功对《平复帖》的释文差异，详见拙著《张伯驹笔记》。

王世襄《西晋陆机〈平复帖〉流传考略》：

  在故宫博物院历代书法展览中，曾陈列在最前面的西晋陆机写的《平复帖》，是一件在历史上和艺术上有极端重要价值的国宝，我国的书法墨迹，除了发掘出土的战国竹简、缯书和汉代的木简以外，历代在世上流传的，而且是出于有名书家之手的，要以陆机的《平复帖》为最早。今天，上距陆机（261—303）逝世的时候已有一千六百五十多年。董其昌曾说过，"右军（王羲之）以前，元常（钟繇）以后，唯存此数行为希代宝"（《平复帖》跋）。实际上在清代弘历（乾隆）所刻的《三希堂法帖》中位居首席的钟繇《荐季直表》并不是真迹。明代鉴赏家詹景凤就有"后人赝写"的论断。何况此卷自从在裴景福处被人盗去后，已经毁坏，无从得见。在传世的法书中，实在再也找不出比《平复帖》更早的了。

2月14日

京剧艺术家杨小楼在北平病逝，伯驹赠赙仪三千元，并请清翰林、曾任北洋政府教育总长傅增湘为杨"题主"，为当时梨园界未有之殊荣。

张伯驹《红毹纪梦诗注》：

卢沟桥事变次年，杨小楼病逝，其婿刘砚芳请予为请人题主，余乃为请傅沅叔增湘鸿题。傅，翰林，清官直隶提学使，民国官教育总长，正相宜。襄题为请会元陆彤士、进士陈宗藩。砚芳又请警察署长邓宇安、警局秘书吉士安（又作吉世安）为陪题。至题主时，邓吉两人径就襄题位，陆陈两襄题不能入位。此时余只好拉邓吉两人下座，使两襄题就位。邓吉两人对砚芳大加斥责，一怒而去。题主后，砚芳备礼向邓吉赔罪。后邓吉向人谈及此事，人曰：陪题者，陪鸿题襄题也。邓吉始知其自己失礼。对此事，有人谓余曰："杨小楼伶人也，也要题主？"时北京沦陷，日人组伪政府，王叔鲁克敏任委员长，值其六十岁生日，广发征寿文启，设筵庆寿。余对曰："王三老爷汉奸能做寿，杨大老爷伶人岂不能题主乎？"其人不能答，一时传为梨园快事。

本年

《张伯驹自述》：

1938年在北平，除去盐业银行外，在家与汪孟舒学弹古琴，每月到郭则沄家聚餐一次，与一些老人作律诗，潘素与汪孟舒、祁井西开始学画山水。

伯驹家之世交寿州孙履安六十大寿，在沪举办堂会，伯驹赴沪参加并演出《战樊城》。

张伯驹《红毹纪梦诗注》：

> 寿州孙履安，其祖父清状元宰相孙家鼐为先君座师，余与其为三世交。卢沟桥事变次年，余以事去上海，值其六十岁寿日，约余为演戏。时有友曾劝余，北京上海皆已沦陷，在此国难期间，勿事演戏；而一方又以交情难辞，原定烦余次日晚演出《奇冤报》，但演后小报必予刊登。经考虑，结果乃于次日午前演《战樊城》，专为主人祝寿，但后仍有一小报登载，谓提前演出不使来宾观看为怪事。余致函该报，道我苦衷了事。

张伯驹为袁克文印出词集《洹上词》并作序及填词《金缕曲·一刹成尘土》。

张伯驹将自己词作编成《丛碧词》，夏仁虎、郭则沄作序。

邓云乡《文化古城旧事·丛碧词》：

> 我有一本原刻本张伯驹先生的《丛碧词》。这本书白绵纸印的，仿宋大字刻本，按照版本目录学家的说法，这是"黑口""双鱼尾"，页十行，行十八字，瓷青纸书衣，双股粗丝线装订。扉页是"双鉴楼主"傅增湘题"丛碧词"三字，是苏字而稍参颜鲁公，写得极为工整典雅。后面是枝巢子夏仁虎老先生的序，再后是郭则沄老先生的序，都写于"戊寅年"，即1938年，已是沦陷后在北平所刻。书很漂亮，古色古香的一本书，当年是印了送人的，原来印得就很少，现在流传更为稀少，我能无

意中在旧书店中遇到,可谓幸事。(中略)

这本词是在北平沦陷时期印的,所以枝巢子一开始就在序中说:"会罹世变,逢此百忧,沧桑屡易,小劫沉吟,骨肉流离,音书间阻,幽居感喟,时复有作。"调子虽然低沉,但感人很深。

丛碧词的风格,是"花间"的正宗,十分婉约。(中略)序是戊寅年所写,但词却收有己卯年的词,已是1939年。其书之刻,更在其后了。

编者谨按:此或是伯驹因为编印袁克文词集《洹上词》,意欲同时将自己的词集一并印出,所以编就此册《丛碧词》,但不知何故当时未能付梓。其词集最后一首为《六州歌头·偕慧素登峨眉山绝顶》,即已是1939年春之事矣,可知词集真正刻出应在此时间之后。而这一初版本与后来《张伯驹词集》里所收之《丛碧词》颇不相同。

一九三九年（中华民国二十八年己卯）四十二岁

本年

春季张伯驹偕潘素赴上海,乘船至香港,再乘飞机到河内,转到昆明、重庆,再从重庆赴贵阳,会晤吴鼎昌。随后至峨眉山、青城山游玩,复从成都赴上海,最后自上海返北平、天津。

张伯驹《盐业银行与我家》:

1939年春,我经香港乘飞机到河内,转到重庆,去贵阳访吴鼎昌。他这时任贵州省主席兼滇黔绥靖主任。我见到他时,他穿着陆军上将的军服。多年来我在盐业银行里见着他都是长袍马褂，脚穿双梁鞋，今天他这样打扮，使我忍俊不已。他问了一些华北沦陷后的情况，随后谈到盐业银行今后的做法。他说现在原则上应该守，不要多做生意，保住已有基础；并要我回去后把这意思告诉任凤苞、王绍贤、岳乾斋等人。我住了两天，向他告辞。后来我到峨眉、青城游山玩水，旅行了一些时候，到成都才转回上海。回到上海后，方悉王绍贤把盐业银行的老家当已通通赔光，吴鼎昌要我转达的话已没有用处。我赶到北平与岳乾斋商量，决定把王绍贤接回北平。又到天津，把王绍贤在上海发生的事告知任凤苞，他以代理董事长身分写了一封信交给我，请我以董事名义照料总管理处的业务，于是我到上海定居下来。

同文记王绍贤事：

在1939年第二次欧战初起时，他（王绍贤）认为机会来了，可以大赚一笔钱，大量购进美国债券股票和法郎，并购进大量橡胶、小麦，不到一个星期，就在这年9月，英国首相张伯伦的绥靖政策失败，向德国宣战，所有购进的东西行市惨落下跌，他急忙抛出，但是行市一泻千里，无法收拾，他就把盐业银行多年来积累的美金现货三百几十万元，一股脑儿的赔光。除此之外，尚欠四行储蓄会垫付的美金三十万元，几乎摇动了盐业银行的根本生存。原来盐业银行的股票，年给一分股息（原注：即票面一百元，年给十元股息），股票市价超出票面，每股加三十元（原注：即百元票面需一百三十元才能买到一股）。经过王绍贤这次投机失败，盐业股票也就不值钱了。王绍贤因此病倒，经我和岳乾斋商量，把他接回北平，上海行以萧彦和任经理，维持残局。

张伯驹旅行中所作词有《酹江月·客中清明》《菩萨蛮·画帘日暖春如醉》《清平乐·贵州道中》《鹧鸪天·灌县》《谒金门·春夜悄》《六州歌头·偕慧素登峨眉山绝顶》等多首。

4月22日（己卯上巳）

张伯驹在北平参加词社活动，作词《戚氏·己卯上巳北海镜清斋修禊》。

编者谨按：镜清斋即北海静心斋。则伯驹此时已经返回北平。

6月—8月间

张伯驹原配李月娥在天津病逝。

张柳溪口述、张恩岭整理《父亲张伯驹的婚姻》：

我娘（指李氏——编者注）纯粹是封建社会的牺牲品，她生在清代高官的家庭里，从小缠足，虽然后来放了，但仍然是小脚。她没有受过多少教育，从小受父母的宠爱，总有人侍候，然后受父母之命嫁给我父亲。她在嫁给我父亲之前，两人并没有什么交往，更谈不上什么感情；在嫁给我父亲之后，虽然对婚姻抱着幸福的希望（原注：她一直保留着和我父亲结婚时的婚礼服就是证明),但事与愿违,我父亲是在不愿意、不甘心的情况下和她结合的,她没有让父亲欣赏、爱的条件,也不能侍候、照顾我父亲的生活,所以她和我父亲一直没有建立起真正的感情,而且结婚多年也没有生儿育女。

当时,在天津家里楼房二楼东边的两大间和一个亭子间是我娘的房间,只有保姆与她同住。我父亲回天津时住在我妈妈的屋子里,很少、甚至几乎不去看她,我从小到大,几乎没有见到过父亲去她屋里坐一段时间或和她说一些话。她不快乐,身体也不好,整天不出屋门,连按礼节每日应该下楼给我爷爷奶奶请安的事也免去了。我爷爷奶奶很体谅她,全家也尊重她,都称她为少奶奶,但很少有人到她屋里看她,只有我妈妈常去看看她,了解她的需要、照顾她的生活。我也要按照礼节去给她请安。她很喜欢我,常常专门给我留些吃的。

她就这样了却了一生,死于1939年,当时天津闹水灾,我和父亲都在北京。她的丧事由我妈妈负责照料,我被叫回天津为她打幡当孝子,父亲没有回天津。

张伯驹《身世自述》:

到民国二十八年(1939),天津发生水灾,我家也淹在水中。这时,孙善卿庶母同王韵缃都来北京暂住。我想趁这时候,把天津家庭合并在北京一起,计划在北京宅的空地建一所房,专供孙善卿庶母居住。如果她不来住,我就不负担天津家庭的开支。我首先征求王韵缃的意见,她回答她不到北京住,她还要同孙善卿庶母住。在她心里,因为多数的遗产在孙善卿庶母手里，将来孙善卿庶母死后都归她所有。但是，她了解不到将来的局势与经济情形。

这一年，我的原配李氏去世，所有遗物，首饰、衣服、家具，都由王韵缃接收。这一年年底，我父亲的第五同居李氏去世，所遗衣物首饰也由王韵缃、邓韵绮、刘张家芬（原注：我叔父之女）均分。

编者谨按：张柳溪关于伯驹原配夫人李月娥早年情况的回忆，与昔年袁克权为伯驹所作《催妆诗》描述颇不相同。此应系柳溪当日年纪尚小，所知有限之故。

李氏去世正值天津水灾，据《北京灾害史》记，本年自6月中旬京津连降大雨，7月末两次暴发洪水，冲毁京津铁路路基；7月至8月间天津被淹一个半月，死伤万余人。则李氏去世当是在此期间。

8月29日（己卯中元）

张伯驹北海泛舟赏月，作词《西子妆·己卯中元液池泛月》：
西子妆

己卯中元液池泛月。依梦窗韵。

星点珠光，月摇镜影，隔岸疏灯沉雾。曲阑垂柳碧阴阴，望双虹、卧波桥堍。风梧乍舞，渐到耳、秋声难住。问罗衣、逗一襟凉意，能禁多许。

时欢误，戍鼓楼钟，甚又催人去。只余酒气和烟痕，尚依回、画船深树。清词丽句，看都是、离别歌赋。待何时、后会重招旧雨。

编者谨按：张伯驹词有《浣溪沙·秋意》《浣溪沙·秋梦》《浣溪沙·秋心》《浣溪沙·秋声》《浣溪沙·秋影》《浣溪沙·秋痕》《天香·蛰园赏桂》《绕佛阁·秋阴》《倦寻芳·蜃云郊园海棠秋日重花》等词，应系本年秋迁居上海前所作。

9月27日

张伯驹《念奴娇·中秋寄内》：

无人庭院，坠夜霜、湿透闲阶堆叶。月食团围今夜好，可奈个人离别。倚遍云阑，立残花径，触绪添凄咽。满身清露，更谁低问凉热。

记得去年今日，盈盈双袖，满地明如雪。只影那堪重对比，美景良辰虚设。玉漏无声，银灯息焰，总是愁时节。谁家歌管，任他紫玉吹彻。

编者谨按：此词应系于李氏身后怀缅之作。己卯中秋，时在1939年9月27日。

约在秋末冬初

经由盐业银行代理董事长任凤苞委派，张伯驹以董事名义赴沪定居，负责照料盐行总管理处业务。张伯驹偕潘素同行。

张伯驹词有《木兰花慢·重至沪上》即应系此时所作。

木兰花慢

重至沪上，寄故都诸词友。

看重来似旧。只多我，鬓霜稠。笑地借桃园，生同葛蔓，早忘神州。温柔，选歌逐舞，似隔江商女不知愁。花月欢情未减，河山涕泪全收。

风流，一醉换貂裘，梦早觉青楼。甚不衫不履，形骸放浪，顾我还羞。归休，就荒菊径，逞霜容、犹待主人秋。都道不如去也，相招先谢吟俦。

本年

陈重远《收藏讲史话》：

> （琉璃厂英古斋文玩处）留给同行人印象最深的是民国二十八年（1939）卖给张伯驹的一副昌化石章。
>
> 这副印章高约15厘米，6厘米见方。特殊之处是一面红、一面黄、一面黑，另一面是黑红黄，古玩行人称它是"刘、关、张桃园三结义"印章。既是天然产物，又巧夺天工，雕琢精细，质地莹润，红呈鸡血，黄如蜂蜡，黑似漆墨，实为人间罕见之奇物。

张伯驹收养袁氏女儿袁家峥。

袁晓林、邓先聪《袁世凯六姨太晚景及其后裔情况调访记》：

> 袁克捷还生有一女，名叫袁家峥，1939年2月28日出生，自幼由张伯驹夫妇抚养，1955年从北京移民到内蒙古巴彦淖尔市磴口县马镇北滩村，共产党员，任妇女主任30多年。丈夫陈志如。陈1963年去世，撇下三个孩子，二男一女。袁家峥后再婚，嫁一张姓男子，生一男二女。袁家峥于2008年6月6日去世。

一九四〇年（中华民国二十九年庚辰）四十三岁

2月初

潘素在北平与溥侗、张孟嘉、朱德簋、祁井西等合作绘《五瑞图》。8日为庚辰年春节，伯驹为《五瑞图》题诗一首。

爆竹声中岁已徂，

雪窗清兴共围炉。

画家各有生花笔，

□[①]数南沙五瑞图。

3月30日

汪精卫在南京组织傀儡政权——伪中华民国国民政府，自任行政院长兼代主席。以陈公博为立法院长，温宗尧为司法院长，梁鸿志为监察院长，王揖唐为考试院长，任援道为苏浙皖三省绥靖军总司令，齐燮元为华北绥靖军总司令，周佛海为财政部长兼中央政治委员会秘书长。

编者谨按：张伯驹《盐业银行与我家》：

1937年卢沟桥事变后，吴鼎昌将随国民政府转移到重庆，他认为全面抗战开始，不知何日才能回来，便把他的总经理职务交由代理董事长任凤苞兼代，原因是任的胞侄任援道是一个与日本军部勾结很深的军人，他这样布置是有相当用意的。后

---

① 原件此处模糊不清，无法辨认，用"□"表示，后同。——编者注

来任援道在南京沦陷后果然作了日本军部扶持的维新政府的绥靖部长,以及汪伪政权的海军部长、集团军总司令。任凤苞有这个侄儿的关系,使沦陷区的盐业银行多少得到些庇护,但是总管理处仍在上海,并未移到北方,还是由上海行经理王绍贤看管,有重要事,王直接向吴报告。这样,在八年抗战中的长时间里,就发生王绍贤把盐业银行多年积存投机赔光的事情。在天津的任凤苞和陈亦侯,形成了反对王绍贤一派,也就是反对吴鼎昌在抗战中对盐业银行的处置不当。

本年

张伯驹从朱文钧(翼庵)家购得宋蔡襄《自书诗册》。

编者谨按:朱文钧字幼平,号翼庵,浙江萧山人,曾任故宫博物院负责鉴定书画碑帖之专门委员。清体仁阁大学士朱凤标之后,朱家溍先生之父。1937年在北平病逝。

张伯驹《丛碧书画录》:

宋蔡襄自书诗册

行书,诗十二首,字体径寸,姿态翩翩。有欧阳修批语,蔡伸、杨时、张正民、蒋璨、向志、张天雨、张枢、陈朴、吴勤、胡粹诸跋。南宋经贾似道藏。按:宋四书家蔡书深得《兰亭》神髓,看似平易而最难学。此册为蔡书之最精者。

徐邦达《重订清故宫旧藏书画录》评定此帖:

真迹,上上。

张伯驹《春游社琐谈·宋蔡忠惠君谟自书诗册》：

淡黄纸本,洁净如新。乌丝格,字径寸,行楷具备,姿态翩翩。开首书"诗之三",下小字书"皇祐二年十一月外除赴京"。试《南剑州芋阳铺见腊月桃花》七绝一首,《书戴处士屋壁》七古一首,《题龙纪僧居室》五律一首（原注：此首欧阳文忠批：此一篇极有古风格）,《题南剑州延平阁》五古一首,《自渔梁驿至衢州大雪有怀》五长律一首,《福州宁越门外石桥看西山晚照》五绝一首,《杭州临平精严寺西轩见芍药两枝,追想吉祥院赏花,慨然有感,书呈苏才翁》七绝三首,《崇德夜泊,寄福建提刑章屯田思钱塘春月并游》五长律一首,《嘉禾郡偶书》七绝一首,《无锡县吊浮屠日开》五古一首,《即惠山泉煮茶》五古一首,共计字八百八十四。册后及隔水有贾似道三印。（中略）在废帝溥仪未出宫时,由太监偷出。萧山朱翼庵氏于地安门市得之,其时价五千元。壬申（1932）失去,穷索复得之于海王村肆中,又以巨金赎之归（原注：见此册影印朱氏跋中）。朱氏逝后,其嗣仍宝之不肯让人。庚辰岁翼庵氏之原配逝世,其嗣以营葬费始出让,由惠古斋柳春农持来。时梁鸿志主南京伪政,势煊赫,欲收之,云已出价四万元。时物价虽涨,然亦值原币二万余元。而朱家索四万五千元,余即允之,遂归余。

余习书,四十岁前学右军十七帖,四十岁后学钟太傅楷书,殊呆滞乏韵。观此册始知忠惠为师右军而化之，余乃师古而不化者也。遂日摩挲玩味，盖取其貌必先取其神，不求其似而便有似处；取其貌不取其神，求其似而终不能似。余近日书法稍有进益，乃得力于忠惠此册。假使二百年后有鉴定家视余五十岁以前之书，必谓为伪迹矣。

编者谨按：此处伯驹记忆有误，朱翼庵家系遭其母丧，才将蔡襄帖售出，并非朱翼庵夫人也。

朱家溍《从旧藏蔡襄〈自书诗卷〉谈起》：

辛亥革命后，宫中书画器物等除溥仪以赏溥杰为名携出的部分和作为向银行借款的抵押品以及赏赐遗老、赠送民国要人的以外，由太监和内务府人员窃出的也不在少数。蔡襄此帖想当然也是被太监们窃出的。当年地安门大街桥南路西有一家"品古斋"，是北城惟一的古玩铺（原注：其余还有一两家只是所谓"挂货屋子"）。太监们出神武门，距离最近的销赃处当然就是"品古斋"了。此外，北城的王公将相第宅很多，落魄的纨绔子弟以及管家们也都把"品古斋"当作销售场所。因此在"品古斋"常能发现出乎意料的精品，以至于琉璃厂和东四牌楼一带的古玩铺也时常到这里来找俏货。

蔡襄此帖就是当年"品古斋"郑掌柜送到我家的，先父看过后以五千银元成交。《选学斋书画寓目续记》的作者崇巽庵先生与我家是世交，他第一次看到此帖实际就是在我家。当时先父叮嘱他不要外传，所以他在书中称此帖"近复流落燕市，未卜伊谁唱得宝之歌"。

先父在此帖跋语中有"壬申春偶因籥钥不谨竟致失去，穷索累日乃得于海王村肆中"之说，是指1932年此帖被我家一仆人吴荣窃去后，又复得之事。吴荣窃得此帖，便拿到一个与我家没有交往的古玩铺"赏奇斋"求售。掌柜的一看便知道是从我家窃得的东西，遂表示只肯以六百元买下，否则就报告公安局，吴荣只好答应。"赏奇斋"掌柜把上述情况告诉了"德宝斋"掌柜刘廉泉和"文禄堂"掌柜王搢青，并请他们通知我家。刘王二位与先父商议，认为最佳办法是不要追究吴荣，而尽快出钱从"赏奇斋"把此帖赎回来。先父一一照办。此事如无"赏奇斋"与刘王两位帮忙，后果就不堪设想了。所以除偿还"赏奇斋"六百元垫款外，我家又赠掌柜的一千元作为酬劳。此帖拿回后，先父就决定影印出版。当时他是故宫博物院负责鉴定书画碑帖的专门委员，于是就委托故宫印刷所影印，命我把此帖送到东连房（原注：印刷所的工作室），由经理兼技师杨心德用12寸的玻璃底版按原大拍照，张德恒（原注：现在台北故宫)冲洗。这是此帖第一次影印发行。那时距今已整六十年了。

先父逝世后，抗战期间我离家到重庆工作。家中因办理祖母丧事亟需用钱，傅沅叔世丈将此帖作价三万五千元，由"惠古斋"柳春农经手让与张伯驹。此帖在我家收藏了二十余载，在张家十数载，随展子虔《游春图》、陆机《平复帖》等名迹一起捐赠给国家。自此以后，蔡襄此帖便藏入故宫博物院。

编者谨按：张伯驹与朱家溍两先生所说之价格不一致。

盐业银行曾召开董事会，情况不详。

收藏家郭葆昌在北平病逝。

张伯驹年谱卷四
（1941年—1948年）

一九四一年（中华民国三十年辛巳）四十四岁

4月15日

盐业银行代理董事长兼代理总经理任凤苞致函张伯驹，委托伯驹在沪暂时照料盐行总管理处。任函云：

伯驹仁兄大鉴：

迭得前兄来函重申前约，委托弟主持行务。衰老之躯精力恐有未周，而总处报告时有出入，真相亦难尽悉。用特奉烦执事就近暂为照料，遇有重要之事并希随时见示，以凭酌办。专此奉托，顺颂时绥。

弟　凤苞　顿首
四月十五日

编者谨按：本年所引盐业银行内部来往电文，见于上海档案馆盐业银行案卷，档号Q277—1—329。

6月5日

张伯驹在上海法租界亚尔培路（今陕西南路）培福里住所的弄口被连人带汽车一起绑架。

张伯驹《盐业银行与我家》：

1941年，我家居上海法租界亚尔培路，被匪徒绑架。组织这次绑架的是驻扎上海的伪军第十三师师长丁锡三（原注：属汪伪政权的伪军刘培绪第三军）。被绑后，土匪把我估价过高，迁延了八个月。在此期间，任凤苞曾主张把我所存字画卖与大汉奸任援道、梁鸿志，可以得到现款；因过去我曾告诉我妻潘素，我所存的字画是不能动的，所以她不肯这样做。后来这件事闹得汪精卫都知道了，他们也调查出我没有钱，急欲结束这事，要潘素拿出四十万元中储券。我家拿不出来，潘素只好求救于盐业银行。上海行打电报求援于平津两行，北平行表示没有钱，天津行有钱不肯拿，藉口说日本人限制申请汇款，无法可想。在这种情况下，土匪就要撕票，幸由友人上海市复兴银行总经理孙曜东借给中储券二十万元，盐业银行上海行经理萧彦和拿出十万元，再由河南同乡商人牛敬亭资助十万元，才把我赎出来。天津方面不肯援手，甚至撕票也在所不顾。

楼宇栋《张伯驹小传》：

1941年，张伯驹不幸被汪精卫手下师长丁雪山在上海绑架，索价三百万（原注：伪币），不然撕票。绑匪通知张夫人潘素，说张伯驹连日绝食，已昏迷不醒，但求一见。得见时，伯驹已憔悴不堪，潘素不免唏嘘。可张伯驹已将生命置之度外，悄悄关照潘素：宁死魔窟，决不许变卖所藏古代书画赎身。他对国之瑰宝之爱已超过了自己的生命。如是僵持了近八个月，绑匪见敲诈无望，自动将赎身价降到四十万。经过多方奔波借贷，张伯驹总算被赎出来了。

编者谨按：楼宇栋《尘劫难移爱国志》与小传所述略有不同。

孙曜东口述、宋路霞整理《浮世万象》：

（朱虞生）调走后（盐行上海行）行里只剩下一个副经理萧彦和与襄理李祖莱。这个萧彦和是个有名的大好人，类似一个看守经理，主管安全保卫和总务，平时对行里的业务不管不问，外号叫"萧死人"。而襄理李祖莱则是个头脑活络的人，他同时还兼任营业部主任，主管会计、出纳等要害部门。任何一个银行的营业部主任都是精明能干、能独当一面的人担任的，况且李祖莱又是宁波小港李家的人。社会联系广泛，能够吸收存款，所以朱虞生一调走，他的地位就很突出了。按照他本人的想法，这时应当把萧彦和升为经理，而他李祖莱就应当升上副经理了，他觉得除此安排之外，吴鼎昌已拿不出别的招数了。

谁知吴鼎昌根本看不上他李祖莱，因为他与汪伪的"七十六号"有勾结，跟吴四宝、李士群等人打得火热，白天在行里上班，晚上就泡在"七十六号"里。李士群和吴四宝，一个是特务，一个原来是汽车司机，对做生意赚钱一窍不通，而"七十六号"经费不够，就需要做生意积累资金，扩张实力。这时，李祖莱就充当了他们的财务主谋，帮他们办"三产"，而且是通过他们的太太出面。太太们没有不见钱眼开的，于是办起了许多酒店和公司。位于静安寺路（原注：现南京西路）青海路路口的美华酒家就是"七十六号"开的饭店，李祖莱当经理。他与"七十六号"一勾结，在银行界就失去了很多人心，人家只能对他畏而远之。为了维护盐业银行的名誉和地位，吴鼎昌怎么可能在这个时候提拔他担任副理呢？

所以，吴鼎昌找到了张伯驹，请他"出山"，到上海去以总稽核身分兼任盐业银行上海分行的经理。开始他不愿去，因他久住北京，在北京不仅人熟地熟，还有他一帮子"名士"朋友，他原本各种活动也忙得很。吴鼎昌对他说："你若不去，那叫谁去呢？"他想了想，确实也没有什么人能调了。天津行那头也很重要，不能拆东墙补西墙。于是，他只好自己走马上任来到上海，谁知竟遭了绑票。

张伯驹到上海先找到我，说是这次不是来玩的了，是来上海当银行经理。我吃了一惊，因为那时已是汪伪时期，在上海做事要么要与汪伪取得某些妥协，要么就要受到种种威胁，这个时候做事是很危险的。当时我已落水帮周佛海办银行，出任复兴银行行长，还兼任了周的秘书。我觉得你张伯驹何必呢？你一介清流名士，于家于国都无愧，若在上海时间长了，弄出些说不清楚的是非来如何是好！我说："你为什么要亲自来？你何必呢？"他说："我不亲自来怎么办呢，我家那么多东西都在银行里，交给那个赖家伙（原注：指李祖莱）可怎么好！

老弟你帮帮我吧。"

我后来倒真的帮了他一个大忙,即把他从吴四宝的手里救出来。

张伯驹在上海没有私人住宅,有一段时间住在江湾的盐业新村(原注:盐业银行的房产),后来觉得进出太不方便,就住进陕西北路培福里一个姓牛的同乡家里。他这个同乡在上海做牛皮生意,很有钱,房子很宽敞,张伯驹遭绑架即是在那儿。

那天早晨张伯驹去银行上班,刚走到弄堂口,迎面上来一伙匪徒,抓了人即扬长而去。邻居见此情景,忙去告诉潘妃(即潘素)。潘妃一听吓傻了,不知如何是好,只好跑到我家来。当时我已去上班,吴嫣(孙的夫人)在家。吴嫣一个电话打到我办公室,说是伯驹出事了,张太太也在这儿,叫我赶紧想办法。我放下电话赶回家里,潘妃已哭得说不出话来,一见面就向我跪下了。我急忙扶她起来。嘴上安慰她不要着急,其实自己还弄不清是怎么一回事。吃过中饭我分析来分析去,想想伯驹在上海并无什么仇人,只有盐业银行的李某,伯驹一来就挡了他的升官之路,或许是他恼羞成怒,来加害伯驹的。

于是我一个电话打到盐业银行,接电话的正是李祖莱。他极为聪明,主动提起伯驹被绑的事,装作很着急的样子。我正色告诉他,伯驹是我的把兄弟,这件事我要管一管,请行里也配合一下,意思是告诉他,我正在帮伯驹的忙,而我的后台是周佛海,这一点他是清楚的。

放下电话我又通过其他渠道打探,结果不出所料,事情正是"七十六号"干的,而幕后指使者是李某。他们用一特制的车子,把车中间部位掏空,腾出一个能躺一个人的位置,把伯驹正好塞在里面,躲过了租界警察的检查。

第二天,潘妃接到绑匪的电话,说是要二百根大条(原注:十两一根金条),否则就撕票。这下潘妃更急了,不停地哭,吴嫣就安排她暂住在我们家里,以防不测。其实我心里明白,他们是不敢撕票的,只是钱和时间的问题,因为我已经向周佛海汇报了此事。

周佛海那时在南京,每周六回上海。张伯驹出事后的第一个周六我见到周佛海,讲完银行的事,就把伯驹的事讲了。周听了也是一怔,忙问:"谁干的?"我也毫不客气地把"七十六号"捅了出来,并谈了我的分析,我认为此事一定与李祖莱有关。

当时日本人虽然还未进入租界,但局势已非常紧张,北方的大银行纷纷南下,到上海的租界里谋一立足之地。周曾给我一个任务,叫我联络银行界,稳定人心,以便稳定南方的金融秩序。而此绑票事件一出,我认为势必造成人心惶恐,况且盐业银行财大势大,张伯驹又是知名人士,此事若不妥善解决,银行界必视上海为畏途,人家不敢到上海来了。于是,我力促周佛海亲自发话。周听了我的分析后皱着眉头说:"简直胡闹!叫李士群赶紧把此事了掉!"他后来给李士群挂了电话,追问李士群是怎么回事。李士群可能当时真的不知道详情,就说一定查一下,如有此事一定抓紧解决。

既然周佛海发了话,我等于有了尚方宝剑。一方面叫潘妃与那些敲竹杠的绑匪保持电话联系，不妨可以讨价还价，拖延时间，以利我有时间与李士群、吴四宝、李祖莱周旋。

在此过程当中，李祖莱眼看窗户纸已被捅破了，他躲在幕后躲不住了，就直接给我来了一个电话，说是叫我不要管这些闲事了，语气一半是劝说，一半是威胁。我那时年轻气盛，本来就爱打抱不平，这次搞到我要好的把兄弟头上了，我岂能坐得住！我跟他讲："你老兄帮我找老吴（原注：指吴四宝）说说，请他一定帮我这个忙，至于'铺路'的事，咱'光棍不挡财路'，一切由我负责，请他放心好了。而且我们孙家也是盐业银行的股东，自己家里的事自己不管谁管？请你老兄帮帮忙吧，现在大家手头都不宽裕，买我个面子吧！"

他们要敲诈二百根大条，我只答应十分之一，李祖莱自然是一肚子气。但李士群已向周佛海保证查清并了结此事，他也没办法。况且二百根大条对于"七十六号"来说，根本就是区区小数，李士群、吴四宝根本不会放在眼里，这次绑票的实质并不在于钱多少，而是李祖莱为出一口恶气，因为假若张伯驹不来上海，他就可以升副理代理行务了。但他没想到这次与他绑方液仙不同，他遇上了克星。

我之所以认为要给他二十根大条作交换，主要是怕他手下的那帮亡命之徒撕票。他们忙活了一阵子一点好处也没捞到的话，也容易出事，所以还得预防他们一手，给他们点好处，免得弄得太紧张了，反而坏事。后来我也知道了，那天带人去培福里的，是吴四宝的得力帮手张国震，此人是吴四宝的徒弟，吴四宝是行动大队长,他是中队长。此人最后的下场也很戏剧性,是被"七十六号"他们自己人打死的。

我又给李士群打过两次电话,第一次请他从中帮忙,尽快把人放出来,而且对他明言:"'光棍不挡财路',这个我懂,不会让兄弟们太吃亏的。"他说他要了解一下,然后再给我回话。第二次我又打电话过去催他,他说情况已弄清楚了,他一定帮忙。这样我就放心了,接下来就是具体送金条的事了。我叫潘素与我统一口径,她那头跟绑匪对话,也一口咬定只有二十根大条。

李祖莱真是个狡猾的家伙,他眼看不能不放人了,就又要了一招,把"票"转移送人了!继续关下去也不可能,上司不允;放了吧,太失面子,又不甘心,于是把伯驹送到浦东,当人情送给了林之江和丁锡山。这个林之江当时是伪军第四师师长,部队在浦东。他的部队在市区有办事处,也在万航渡路,与"七十六号"斜对门。此人后来投奔共产党,被国民党特务杀害了。

张伯驹被带到浦东后,关在一个农民的家里。林之江派人来接头时,我拿出二十根大条给吴嬷,由吴嬷交给潘素,并由吴嬷陪同潘素,把条子送到接头点。送去二三天后伯驹就回来了。原来他发现看管他的人突然不见了,他就跑了出来。我们见面时觉得他比原先胖了些,可知在这一个月当中并没遭皮肉之苦,只是脸上多了一个疤,那是生了一个疔子化脓而致。

伯驹为了感谢我,拿出他的一件宝贝藏品:北宋蔡襄《自书诗册》送给我。我怎么能收呢,那时他人刚回来,惊魂未定,最要紧的是要回北京去,离开上海这个是非之地,况且我知道,这部蔡氏诗册是他花四万五千块钱买下的,当初是清宫秘藏,在溥仪未被赶出紫禁城时,就被太监偷出来卖了。萧山朱翼庵从地安门市肆购得。朱氏夫妇去世后,其后代为筹营葬费才卖出来。梁鸿志已出价四万元,伯驹出价四万五千元,终于收归己有。这样一份千年瑰宝,伯驹爱之尤深,我决不能夺人之所爱,遂坚拒之。后来这件宝贝与传世最早的法帖《平复帖》等国宝一起,在解放后由伯驹夫妇捐献给故宫博物院了。

他们夫妇在我家住了几天后回到北京,从此再没有来过上海。

编者谨按:孙曜东回忆虽详细、生动,疑点亦甚多,有待进一步考证。

2008年4月,张柳溪对张恩岭口述张伯驹被绑架经过。

张恩岭《张伯驹传》:

我父亲被绑架时我已经14岁了。绑匪要的赎金太高,我家一时弄不到那么多的钱。《平复帖》是很珍贵的,但父亲坚决不让卖。为了凑足赎款,我三妈潘素是卖掉了她的首饰,可她的首饰也不像外界传说的那样——贵妇人的首饰既多又贵重。其实她还是很俭朴的。有一本小说说她的首饰卖了30万大洋,那是假的。因为我曾经写过志书,分析过那时上海的物价和黄金价格。我三妈的首饰如果能卖到30万元,估计需要1.8万多件。显然这是不可能的。至于赎金的来源,主要还是因为我父亲是盐业银行的大股东，经商量我奶奶同意用股票赎父亲，同时，我奶奶又回项城老家，卖了一部分土地，还有河南同乡人牛敬亭资助10万元，最后凑够的。但这一切都不重要，重要的是我父亲在绑匪的威胁下保持了自己的气节，这才是一般人难以做到的。

编者谨按：与前文张伯驹《盐业银行与我家》所述赎金来源不一致。

同日，盐业银行上海总管理处会计科长陈鹤荪、文牍科长白寿芝联名致电天津任凤苞董事长及天津行经理陈亦侯，报告张伯驹被绑架事。电文是：

今晨伯驹兄人车被绑。祈转诸公函详。

同日，任凤苞、陈亦侯复电陈鹤荪、白寿芝，要求李祖莱设法尽快营救伯驹。该电报于次日上午八时到达。电文是：

电悉。托祖莱兄设法，以速为妙。

6月10日

任凤苞致电上海总管理处，要求汇报伯驹被绑详情。该电报于次日上午九时半到达。电文是：

伯事经过随时用航快见告。

6月16日

任凤苞致函陈鹤荪、白寿芝，表明伯驹被绑事系个人之事，与盐业银行无关。任函云：

鹤荪、寿芝仁兄惠鉴：

四奉手示，具悉一一。

伯事突如其来，远道无能为力，焦念而已。两兄与之交谊素敦，自应就近设法，惟应认明此为个人之事，与行无涉。两兄对外发言，尤须注意，不可牵涉到行，否则非徒无益。

现在已有消息否？弟意总可解决，其解决之法，不特兄等不必顾虑，弟亦不必过问，应由其津寓主持，已通知张府矣。

其居沪乃本人之意，兄等当知之。春间来津，曾问其住何处，答住行内，当托其就近照料总处之事，亦犹去岁董事会时之意，则无其他使命。假使其本无住沪之说，弟亦不能托之也。

其在沪租屋乃绝大误点，倘仍居行，当不至有此事，既往不说，惟盼早日出险耳。

因小有不适，顷甫稍好，总总布复。顺颂

均祺

肃兄已回沪否？同此致意。清单已到。

弟 苞 顿首
六月十六日
彦和兄处望致意。

6月23日

白寿芝、陈鹤荪、李肃然三人联名复函任凤苞。其函题为《上董事长函稿》，文云：

振老钧鉴：

前日得奉手谕，敬悉种切。伯兄事尚无正确消息，职等遵谕对外注意发言，并未出面参与其事，刻由张府直接托孙府进行营救，惟至今未闻下落何处。

尊致萧副理电亦悉，此事与行无干，彦和兄亦本此意，避不参与其事，听其自然解决，但私人交谊不能不暗中关切耳。

再者，沪行自用巡警孟宪武，于星期日晨与沪行帮庶务陆佩文因公口角冲突，孟竟开枪四响，将帮陆佩文击伤毙命。当时报案，凶手已携枪逃逸。现在被害者正办验尸和棺殓一层，由沪行承办，请工部局一面缉凶，将孟之妻室扣留捕房。

查陆孟二人皆北京人氏，由中国银行佟庶务先后保荐而来，陆亦曾充巡警出身。谨以附陈。

6月26日

白寿芝、陈鹤荪、李肃然三人联名致函任凤苞。其函题为《致董事长函稿》，文云：

前二十三日发奉一函，报告沪行助理庶务陆佩文因公殒命，计日已承钧览。兹据沪行函请抚恤该员前来原函，附呈察阅。查沪行所请一次恤金三百廿四元，由总处发给，核与恤养规则相符，自应照发。惟特别恤金规则所订（第四条第四项，行员任职十年以上，有特殊劳绩而在职身故者，得由主管员陈请总管理处核给特别恤金）。该故员陆佩文任职年份不及十年，核与规则不合，但其因公殒命，情节较重，且该员身后萧条，父老子幼，生活无依，尤为可悯。拟请特予抚恤法币若干，或批由沪行自行酌给特恤，以示宽厚。

是否有当，敬候批示祗遵。

再者，伯驹兄事仍无确实消息，刻由张府与孙曜东兄设法进行，而行员皆未便出面。知注附陈。特此。

6月30日

任凤苞复函白寿芝、陈鹤荪、李肃然。其函7月4日到达。函云：

两奉手示，具悉。伯事在私交上十分悬念，两旬以来毫无眉目，令人急煞，若必牵涉到行，只有敬谢不敏。

三兄尚忆从前倪远甫之事否？彼明明沪行经理也，行中未尝过问，以彼例此，可恍然矣。

沪行帮庶务陆君被门警枪伤致死，其可谓多事之秋，沪行请给特别抚恤，自可照办，但其资格甚浅，此等事尚无先例，数目甚难酌定，顷已函商彦兄，候其复到再行核办。

8月11日

任凤苞密函陈鹤荪、白寿芝。其函8月15日到达。函中涉及伯驹被绑案云：

伯驹之事尚无办法，甚为焦灼。数目太大，无论何人不便为之主持。大家皆竭力设法，为之减低对方愿望。而驹函偏谓有此力量，然其所指财产并不确实，如所称股票廿四万元，谓在鹤兄及杨西明处有十一万元，内有半数抵押在外，其余十三万元不知在何处。津宅房产，其家不承认，谓非其本人所有，绝对不能作抵。盖实在数目与其来函相差甚远，爱莫能助，深为愧疚。特密告两兄知之，仍勿为外人道也。

8月15日

任凤苞密函陈鹤荪、白寿芝。其函8月18日到达，函云：

昨奉还云，知前函已达，各事均经照办，至慰。

兹密启者，驹事发生后，无日不在营救之中，往来函件已成巨册，特以关系重大，不欲张扬。两兄或误为置诸不理，其沪寓当也同此感想。就经过情形而论，本可速了，乃因驹困处闷葫芦之中，急欲脱险，昧于事理，不择手段，始则承认以行为对手，方索款二百万，继则将自身财产随意开列，认缴一百万，责成行方筹垫，以致对方欲望甚奢，居间人深感棘手，迁延至今，尚难解决。

查驹所列财产，首为津宅房地，谓值卅五万，但据张四太太声明，为其个人私产，与驹无涉，不得指为抵品。其次为我行股票廿四万，据云沪存十一万（原注：已在大陆抵押三万元，尚能取赎），津存十三万（原注：谓鹤兄知之），是否属实，尚待调查。其次为古玩字画（原注：谓由杨西明代为保存），据云值廿万，但至今并未交出。

综计上开产业，或为他人之物，或不知其所在，或尚在保管者之手，仅凭一纸空言，而欲动用行款至百万之巨，无论何人主持，恐均难望通过。

此间股东对驹举动颇致不满，扬言如因此事动用行款一文，断难承认。弟又岂能负此重大责任。

张四太太最近且有函致弟，声明津寓无力代筹，嘱就驹所开沪存各件设法处分，即使如数交出，所值至多亦不能过三十万元，所差尚巨。

日前先决问题，第一，在使对方知驹本身无此财力（原注：驹致函其沪寓，曾有付出百万，家中尚不至无饭吃等语，似此一味充阔，对方岂肯放手？徒多拖延时日，自讨苦吃而已），而行方亦不能帮忙，庶可减低欲望，或能早日解决；第二，在使其沪寓知我辈亦在设法营救，但行款不能动用，而驹所指产业多不确实，其津寓又无力相助，以致诸多棘手。

至驹之令妹、慕岐，毫无准备屡与对方接洽，亦属欠妥，可否由两兄向西明表示此意，嘱其转告驹之如君处以镇静，或者对方知欲望难遂后，此较易着手。所应注意者，一、不可向其说明出自鄙人之意；二、两兄不可以此函示第三人，至要至要。

弟以为现在不过迁延时日，不致发生危险，因留此活票，多少总可沾润。至于弟办理此事，公事上对得起行，私交上对得起驹，事了之后案牍俱在，可以公开阅看。驹能见谅与否，在所不计。弟深信两兄办事谨慎，且与驹交好，用敢密告，务希严守秘密，妥为办理，至所盼祷，并望速复。顺颂秋祺。

8月22日

任凤苞致函陈鹤荪、白寿芝。函云：

昨展十九日手示，具悉一一。奉答如下：

一、承示近三年股票过户清单已阅悉，以后请每三月见示一次，如有大宗过户者，则随时报告。

一、闻张宅人言，驹名下却（确）有廿四万元股票，但出让之十二万元是否在此数之内，则不得而知，现在股东名册内驹尚有若干，祈查示。

一、驹事迟延不决，不可谓非其自误，虽在威胁恫吓之中，其来函处处拉住本行，试问行款安能赎票？无论何人皆不敢负此责任。若本人果有相当财产，尽可令其家人交出，不拘何处，皆可抵借，不必专仗本行筹款也。

其令叔毫无办法，频践对方之约，与之接洽当然不能有结果，徒然令帮忙之人发生困难。现不虑其有危险，虑其身子支不住，爱莫能助，此弟所疚心者。

十五函请暗示西明，意在使驹之如君知行方不能赎票，大家却仍设法营救，而驹之资财只有此数，与对方所索之数相去太远，所以无法办理。驹之如君果能明了，则孙某自然知之，辗转相传，对方或可减低欲望，办事者庶可易于着手，望再度进行，不可说出自弟意，并见复。此亦为营救之要，关键两兄与之交好，幸勿大意。切要切要。

编者谨按：8月22日函末注明，"此函守秘密"。

1952年张伯驹与妹妹刘张家芬为家产分配,伯驹在答辩里写道:

> 到民二十九年(1940),她把房子卖出,款汇交牛敬亭为其做买卖。我在民三十年(1941),在上海被汪精卫伪军绑架,潘素为营救我奔走借债,刘张家芬怕借用她的钱,她派人从牛敬亭那里拿走。

8月29日(辛巳七夕)

张伯驹作词《菩萨蛮·辛巳七夕寄慧素》。

菩萨蛮

辛巳七夕寄慧素

声声何处吹箫管,可怜一曲长生殿。唱到断肠时,君王也离别。

露零罗扇湿,疑是双星泣。不忍望银河,人间泪更多。

10月5日(辛巳中秋)

张伯驹作词《菩萨蛮·中秋寄慧素》。

菩萨蛮

中秋寄慧素

怕听说是团圆节,良宵可奈人离别。对月总低头,举头生客愁。

清辉今夜共,砧杵秋闺梦。一片白如银,偏多照泪痕。

深秋

张伯驹难中作词《梦还家·无人院宇》。

梦还家

自度曲。难中卧病,见桂花一枝,始知秋深,感赋寄慧素。

无人院宇,静阴阴,玉露湿珠树。井梧初黄,庭莎犹绿,乱虫自诉。良宵剪烛瑶窗,记与伊人对语。而今只影漂流,念故园,在何处?想他两地两心同。比断雁离鸳,哀鸣浅渚。

近时但觉衣单,问秋深几许?病中乍见一枝花,不知是泪是雨。昨夜梦里欢娱,恨醒来,却无据。谁知万绪千思,那不眠更苦。又离家渐久还遥,梦也不如不做。

本年

袁克权病逝。

一九四二年(中华民国三十一年壬午)四十五岁

约在年初(辛巳十一月下旬)

张伯驹作词《虞美人·野梅做蕊残冬近》。

虞美人

十一月下旬雪,接慧素信,词以寄之。

野梅做蕊残冬近,归去无音信。北风摇梦客思家,又见雪花飘落似杨花。

乡书昨日传鱼素,多少伤心语。枕头斜倚到天明,一夜烛灰成泪泪成冰。

1月28日

张伯驹已被绑匪放回,在沪就医,随后返回平津。本日盐业银行上海总管理处致电天津盐行董事长任凤苞云:

> 驹兄就医,稍迟数日赴津,铭艳日乘车起程。

春

张伯驹《丛碧词》中有十一首《菩萨蛮》,当系本年春季所作。

《张伯驹自述》:

> 1942年在北京,因在拘禁中染疟疾,回京又犯病卧床三个月。

6月20日

京剧艺术家言菊朋在北平病逝。

7月7日

京剧艺术家程继先病逝。

10月中旬以后

张伯驹自沪返平津后,自觉在沦陷区无法继续生活,偕潘素及女儿张传綵经由洛阳转入后方,先避居四川、甘肃一带,后定居西安，开办秦陇实业公司，任经理。伯驹离平前，向余叔岩辞行。

张伯驹《盐业银行与我家》：

在沦陷区看来已无法生活，因而于1942年，由王绍贤借给我三千元，再度挈眷转入后方，先避居蜀陇间，后定居西安。日寇投降后，才回到北平。

《张伯驹自述》：

10月同潘素携带所有书画去西安，在西安筹办秦陇实业公司，任经理。

张伯驹《红毹纪梦诗注》：

（余）叔岩夙患溺血病，自与余合演《空城计》后，病加剧。卢沟桥事变后，经德国医院割治，病为膀胱癌。一年后癌扩散，又由协和医院割治，于小腹通一皮管作溺。是年余四十五岁，将于重阳后离北京去西安，行前一日晚，往视（余）叔岩，已知叔岩病不能愈，此为生离死别之最后一面。叔岩卧于东室，余只作寻常语，不言余离京事，恐说出彼此难免一哭，但余泪不觉自下，乃赴外室拭之。相对两时，余离去，十余年之交情，遂至此结束。

张伯驹《我从余叔岩先生研究戏剧的回忆》：

1941年我去上海时，突然被汪精卫的伪特务机关绑架，囚禁了八个月，脱险后回到北京，又与余先生见了面。他谈到我被难后的情形时，很为我抱不平。他说我囚禁期间，有坐视不理的，有"落井下石"的，事实确是如此。当时我虽然脱险，实际上自己花了不少钱。我出狱后，由于物价高涨，生活方面眼看着难以维持了，我只好决定离开北京到后方去。这年旧历重阳的前几天，余先生的病经协和医院割治后，在膀胱内通了一管子，便尿不能走尿道，必须每月换洗一次。但自日本与美国开战后，协和医院就被没收了，余先生的病也无法继续治疗，只能在家待时而已。我走的头一天晚上去看他时（原注：这是我和余先生的最后一面），他正在北屋东间的床上躺着，我怕说出来保不定要大哭一场，没敢对他说我要走的事，只说些闲话和安慰他的话。当时我明白，他不知道，所以有时我的眼泪几乎要夺眶而出，只好借着上厕所去拭一拭。这次我坐到十二点才忍泪而去。

刘真等主编《余叔岩与余派艺术》附《余叔岩年谱》：

余叔岩膀胱癌扩散，改由协和医院治疗，但美日交战后，燕京大学及协和医院均遭日军封闭，英美人士撤离北平，中国专家多远走大后方。余叔岩求医无门，又不肯找日本医生治疗，故病情日趋严重。

张伯驹《沧桑几度平复帖》：

以后，又同我妻潘素从北平去西安，把《平复帖》缝藏在衣被中。经过多少跋涉、离乱，我都如性命一样地宝藏此帖。

张传綵《袁世凯大公子袁克定的残烛晚年》：

1941年，父亲在上海被绑架，母亲怕我出事，让我跟着孙连仲一家去了西安。母亲将父亲救出后，因日本入侵，我们一家人在西安生活了一段时间。我记得那时候跟随父亲一起躲避在西安的还有一些京剧名角，比如钱宝森、王福山等，他们都是原来在清宫里唱戏的后代。

张伯驹《红毹纪梦诗注》：

抗日时，余由北京去西安，路过河南周家口止宿。一日，有戏园在演南阳曲子戏，余往观之，所演为刘墉事。

张伯驹《红毹纪梦诗注》：

（迟月亭）子景荣未从其父学戏，为昆曲笛师，小楼、畹华演昆曲，叔岩及余演《别母乱箭》，皆其吹笛。北京沦陷时随余去西安，后在陕西工矿调整处任职员，愿弃其场面业。今昆曲已濒失传，景荣欲改弦更张，若有前知者矣。

张伯驹《红毹纪梦诗注》：

余在洛阳曾与陈（素真）同场演出《战太平》。

同书：

后余去洛阳，有郑君者，惜忘其名，能诗能书能操琴，（陈）彦衡外更无二人。余在洛阳演《战太平》，即其操琴。有时在其家，由其操琴余唱《碰碑》，极相合。

李克非《张伯驹二三事》指郑先生为郑剑西：

如今回忆起烽火洛阳往事，历历如在目前。郑剑西先生为吴郡人，沪市票友琴师，诗书剧全能。当时在第一战区长官司令部任上校秘书职。先严（李鸣钟）亦唱谭派老生，每月饮宴，必清音以为余兴。届时，即电知蒋铭三（鼎文）为郑剑西先生告假来舍间伴奏。先严素喜唱《卖马》《定军山》《搜孤》《琼林宴》诸戏。

张恩岭《张伯驹传》：

1942年10月，张伯驹偕夫人潘素到了西安，在西安筹办秦陇实业公司，任经理。张伯驹在西安玄风桥附近一座僻静的院落住了下来。

本年

张伯驹生父张锦芳病逝。

一九四三年（中华民国三十二年癸未）**四十六岁**

3月28日

张伯驹在西安参与开办了一家名为福豫面粉的公司，以李鸣钟为董事长，伯驹任常务董事，贾玉璋为总经理，公司职员38人，工人118人，日产面粉2000袋。

3月

张伯驹托张古愚从西安带信给陈鹤荪，信内附有预挽余叔岩联。

张伯驹《我从余叔岩先生研究戏剧的回忆》：

我从北京到西安的第二年三月间，在一个晚会上，忽然看到上海《半月戏剧》的张古愚。我问他："你从哪里来？"他说："从上海来，后天就要回去。"我说："我托你给我的朋友带一封信去，请务必带到。"他说："可以，一定交到。"第二天我去看他时，就把信交给他。我写给朋友的这封信，内容是："预料叔岩兄之病凶多吉少，不能久长，兹拟好挽联一副，如其去世，务望代书送至灵前为感。"

张伯驹《红毹纪梦诗注》：

次年二月在西安陇海铁路局观戏，遇上海《戏剧月刊》主编张君，云明日即回上海。余乃托其带致陈鹤荪兄一信，内为挽叔岩联。联云："谱羽衣霓裳，昔日偷听传李峤；怀高山流水，只今顾曲剩周郎。"旋接鹤荪回信，叔岩已于三月某日故去，挽联送至灵前矣。

编者谨按：关于此事伯驹前后回忆不尽一致，联语亦有所差误。张古愚原在上海主编《戏剧旬刊》，后改名《十日戏剧》，其后又主编有《戏剧日刊》；至抗战胜利后才主编《半月戏剧》。张古愚此次赴西安，当是因其应聘担任西安抗战时期地方戏剧改进协会指导委员。

5月19日

京剧艺术家余叔岩在北平病逝,张伯驹作挽联悼之。

张伯驹《我从余叔岩先生研究戏剧的回忆》:

> 两个多月后,我的那位朋友回信来说,叔岩兄已于那年5月19日逝世,兄挽联已书好送去。从此我们十几年交情便成霄壤之隔。我这副挽联写的是:
>
> 谱羽衣霓裳,昔日偷听传李谟;
>
> 怀高山流水,只今顾误剩周郎。

编者谨按:王忠和、荣进《生是长穹一抹风:民国公子张伯驹》所录挽联云:

> 谱羽衣霓裳,昔日悲歌传李峤;
>
> 怀高山流水,只今顾曲剩周郎。

约在本年末至次年初之间

张伯驹与潘素应西北公路局邀请游兰州、青海,并在兰州演剧多场。

张伯驹《红毹纪梦诗注》:

> 余居西安,西北公路局长何竞武约余夫妇游兰州,钱宝森、王福山、迟景荣、乐元可随去。兰州外地人居此者皆好戏剧,西北公路局、西北盐务局、兰州市政府皆有票房组织,并各有剧场。余居西北公路局,于西北大厦演出八场戏,有《闹樵问府》《打棍出箱》《打渔杀家》《战太平》《汾河湾》《定军山》《阳平关》《审头刺汤》《战宛城》;于西北盐务局演出《托兆碰

碑》《游龙戏凤》；于西北公路局演出《天雷报》。时近腊冬，兰州市政府预定各票房演出窝窝头会，余定演《别母乱箭》，大轴反串《八蜡庙》，余反串朱光祖。乃于此时，余夫妇及乐元可去青海一游，再回兰州演戏。余居青海三日，游塔儿寺。回兰州，行至乐都车坏，青海公路局再派车来，在乐都停二日。至兰州，天已昏黑，窝窝头戏即是日演出，稍食即赴剧场，如时演出。后在西安晤何竞武，余戏曰："尊局一车已坏，几误我演出。余愿买之，免再害他人。"何曰："君若买我局之车，须要全买，所有我局之车皆坏车也。"相与一笑。

王则昭《我的恩师张伯驹》：

"西安事变"后，西安又成是非之地，我们举家逃到兰州。我到甘肃邮政汇兑局做雇员。兰州的票房也很多，我在票房的活动中与盐务局局长费君武、公路局局长何竞武等熟识了。张伯驹的夫人潘素与何竞武的夫人是好姐妹，我在公路局唱戏，他们去看，我就认识了张伯驹老师。与老师的相识，是我艺术道路上一个重要的里程碑，使我彻底把戏路归到余派，是我正式宗余的开始。（中略）（张伯驹）携夫人潘素及钱宝森、王福山、迟景荣等先生去西安操持盐业银行，经常往兰州办事。那一次他同张大千、谢稚柳二位先生在兰州看了我的戏，非常高兴，说是发现了一个优秀老生，于演出后到后台小坐，夸奖我嗓音甜亮，且没有女音，好好学习是有前途的。在场的人都怂恿我拜张先生为师。张伯老的大名早就如雷贯耳，但我想他是久负盛誉的余派名票，连余叔岩先生都肯为他在《失空斩》

中配演王平，而我却是个幼稚的青年演员，张老未必肯收我。张老看出了我的心思，表示可以由浅入深地教我，并讲了艺无止境，教学相长的道理，一下子消除了我的顾虑，遂从老师学习余派艺术。张老师为我的将来着想，说："我只是个票友，在你没有正式拜一个内行老师之前，你不能对我行拜师礼，否则恐怕将来内行不愿意收你。"因此我是在1951年拜了谭小培先生之后，才由张老师出资正式行了拜师礼。（中略）那时只要老师在兰州，就每天听我调嗓，严格要求并亲自示范。他要我在声韵上下功夫，唱出余派的劲头、韵味来。他还特别重视念白，他对我说："念白是无有乐队伴奏的吟唱。"前辈艺人有"千斤话白四两唱"之说，戏剧中人物的身分、性格、年龄各有不同，必须在唱念中体现出来。

张伯驹《丛碧词》有《浣溪沙·兰州》。词云：

落日平沙没汉营，黄河依旧绕金城，春风杨柳玉关情。

西北高楼歌舞夜，梨花满地月空明，管弦一片带边声。

本年

张伯驹在西安曾游八仙庵，事见伯驹《春游社琐谈·八仙庵、大觉寺玉兰》，伯驹作词《谪仙怨·长安八仙庵》。

张伯驹多次至华清池，事见伯驹《春游社琐谈·贵妃石与骊山词石》。伯驹作词《风流子·骊山华清池》。

编者谨按：伯驹文里提到另作词有《金缕曲》，句有"五丈原头马嵬坡，都是天怜才俊"，然未收入其《丛碧词》。

张伯驹本年秋或一度返回北平。黄公渚《史痴翁自绘听琵琶图小像》文记：

> 癸未秋日，蛰园吟集，（余）出此帧索赋。傅沅叔丈为题"史痴翁何白云小像"八字。余跋云："白云名玉仙。今金陵有望仙桥，即其故址也。"黄宾虹先生首倡七绝二章，一时题咏者为郭蛰云则沄、陈菀東宗蕃、夏枝巢仁虎、杨蓼庵秀先、张丛碧伯驹。予亦赋《琵琶仙》一词附骥尾。

《张伯驹自述》：

> 1943年去重庆，住盐业银行，并去贵州，见吴鼎昌，告知上海盐业银行累赔情形，仍回西安。

张恩岭《张伯驹传》：

> 1943年的时候，张伯驹的儿子张柳溪从河南老家来到西安，与正在西安黄埔军校上学的叔叔张家骏住在一起。时逢军校闹学潮，军校镇压学生，抓了一批学员，张家骏和张柳溪也被抓了起来，并被认为是共产党，关押了半月。张伯驹当时正在南阳，与驻防南阳的孙连仲说情，不几日，叔侄两人被放了出来。

一九四四年（中华民国三十三年甲申）四十七岁

春

张伯驹从西安赴成都、重庆，并在成都会晤张大千、在重庆参加张伯苓寿日演出。

张伯驹《红毹纪梦诗注》：

> 抗日战争时，余曾至成都与画家张大千相晤，大千对予设宴款待，约川剧名丑角周企何作陪，并观其戏。

同书：

> 余自西安去重庆，值抗战期间，行旅困难，客多车少。至成都自宝鸡上汽车，有候两三星期者。余以有人照料，候三日即成行。至四川广元为一站，须止宿换车。此处觅车尤难，上车与行李夹杂一起，不好坐卧，与司机并坐则特客也。四川多有爱戏剧者，此地亦有票房，旅馆经理即票友，知余名，殷勤招待，余亦往拜票房。两日即有车，且与司机并坐。
>
> 至成都晤画家张大千，彼盛馔宴余，由川剧名丑角周企何相陪，并观其演戏。
>
> 游武侯祠，正殿供武侯像，东庑内为自庞士元以下文臣像，西庑为赵云以下武臣像，后殿为先主、关、张像。余有词记之：（词略）对武侯像，回忆余演《空城计》，感慨系之。
>
> 成都至重庆，日有客车，不似陕蜀道之难。余居重庆十余日，回西安前夜，值张伯苓六十寿日，约我必为演戏，乃仓促间为演《盗宗卷》一场，配演陈平者亦不知为何人。后于役长春，

遇吉林省京剧团长丁鸣岐，彼云：昔在重庆，曾饰陈平，陪余演《盗宗卷》。昔同台不相识，而于三十年后相见于异乡，沧桑几换矣。

编者谨按：张大千1942年3月率子张心智等第二次赴敦煌，1943年6月离开敦煌返兰州，8月至成都，寓昭觉寺。1944年1月在成都举办"张大千临摹敦煌壁画展"，其后该展又于3月和5月在重庆隆重举办，轰动当时。张伯驹此次自西安赴成都、重庆，或与大千展览相关，故将伯驹此行列入本年。但伯驹回忆中仍有差误，盖张伯苓生于清光绪二年三月十一日，即1876年4月5日。伯驹所参加之重庆祝寿活动，不可能是其六十寿也。

本次旅行中，张伯驹作词《扬州慢·武侯祠》《浣溪沙·渝州春阴》。经过长安县五台乡之留侯庙（又称广惠庙）时，伯驹为之题联一副。

张伯驹《素月楼联语》：

　　余由陕西去成都，过留侯庙，题联云："惜博浪一椎，副车不中秦皇帝；笑淮阴万户，末路终同楚霸王。"

12月

吴鼎昌卸任贵州省主席兼滇黔绥靖公署副主任。

本年

王忠和、荣进《生是长穹一抹风：民国公子张伯驹》：

1944年，因为秦陇实业公司的大部分资金投到福豫面粉公司，以致流动资金短缺而结束。

《张伯驹自述》：

1944年因秦陇实业公司大部分资金投资福豫面粉公司，流动资金不足结束，夏与潘素同友游览太白山，写有太白山游记。

张恩岭《张伯驹传·生平简表》：

是年，刊行《二进宫剧谱》。

张恩岭《张伯驹传》：

更值得赞誉的是，抗战后，故都沦陷，北平国剧学会的同仁集议，将会址迁至陕西。这时，张伯驹正巧也在西安，他为国剧学会的迁址倾注了满腔的热情，非常卖力。他率先编出了《二进宫剧谱》，由西安市北平国剧学会出版，西安正报馆印刷，于1944年4月出版。这本《二进宫剧谱》，由伯驹自己题签。校对者王蕙芳，是一位名演员，少年时与梅兰芳并称为兰蕙齐芳，晚年在陕西以教戏为业。庞鋆心制谱。杨大木是伯驹在盐业银行的同事，擅书法，书中的两篇文均出自杨君之手。第一篇序文为北京大学名教授沈兼士所撰；第二篇序文则为伯驹自撰。他在序文中说："为纪念本会在陕成立，特刊行《二进宫剧谱》，以为贡献。《二进宫》一剧，为皮簧生、旦、净开蒙戏，专重唱工，本谱生宗余叔岩，旦宗陈德霖，净宗裘桂仙，照其原词唱法，旁法工尺，并附注锣鼓扮相等说明，俾学者按图索骥，不是准绳。近来旧剧衰微，均论内外行，率无准词准腔……不求音韵，任意行调，日久积非成是，毁坠堪虞。本会拟搜罗梨园名宿秘本，陆续付印，以供研讨，而事保存……"真可谓用心良苦。

吴小如与张伯驹第一次见面。

周婧《访吴小如先生：张伯驹与京剧（上）》：

　　我中学大概是1944年，（中略）我到中学的时候，我班上有两个学生，一个是张先生的儿子，一个是张先生的外甥。

　　张先生在他外甥家里组织了一个清唱会，清唱的会。那么他外甥就把我约去了，那是我们第一次见面。

一九四五年（中华民国三十四年乙酉）四十八岁

5月21日

　　宋子文在国民党第六届一中全会上当选为中央执行委员会常务委员，6月25日就任国民政府行政院院长。吴鼎昌在本次会议上当选为中央监察委员，后调任国民政府文官长。

8月10日

　　日本政府接受《波茨坦公告》，决定无条件投降。消息当夜传到战时首都重庆，中国举国欢腾。

8月11日

　　伪满洲国皇帝溥仪从长春逃至大栗子沟。17日宣布退位。19日在沈阳被苏联军队扣留，解往苏联。

8月14日

日本天皇裕仁颁布停战诏书。15日，中国外交部收到日本政府投降电文。

8月26日—9月1日

张伯驹同友人及潘素、张传綵等游太白山，伯驹作有《太白山纪游》文。伯驹文称：

> 太白山脉起昆仑，为秦岭极峰。（中略）余癸未避寇入秦，乙酉夏长安酷热，乃同友关冯王常四君及室人潘素、女儿传綵往游。（中略）余斯游也，室人以病后之身，女儿以十二之龄，亦偕登绝顶。关冯王常四君身行四百余里，履险径，踏乱石，不挠不息，神志愈旺。山居七日，凡阴晴风雨、彩虹绮霞、朝阳夕照、岚光云海，无不毕见，亦难能而可贵矣。

8月后

重庆国民政府财政部企图通过出售黄金来抑制通货膨胀，结果进一步加剧了国内金融市场的紊乱程度，敌伪占领地区同样受到影响和冲击。在这一背景下，盐业银行王绍贤等趁机大量收购黄金，获利极大。

张伯驹《盐业银行与我家》：

> 盐业银行在抗战期间，经王绍贤把老底家当出脱光了以后，

调回北平，以北平行副理名义休息了一些时候，后来又恢复活动。因为他同当时伪组织华北政务委员会财务署督办兼华北联合准备银行总裁汉奸汪时璟，都是原中国银行的旧同事，私交颇厚。汪时璟企图通过王绍贤拉拢在后方的吴鼎昌的关系，因此支持王绍贤在盐业银行的地位。这样，盐业一切事务，又复以王绍贤为中心，使岳乾斋失去作用；并与在天津的任凤苞、陈亦侯，形成两派。

岳乾斋原在前门外廊坊二条开设有成善金珠店，经理张德甫。这个金店，除做一般金店珠宝业务外，专门替伪联合准备银行搜罗民间黄金。迨至1945年8月15日日本宣布投降时，日本人在华北经营的一切企业陷于瘫痪状态，物价大落。因为日本正金银行长期无限制使用伪联合准备银行发行的联银券，这时须要结算，伪联合准备银行便借机大量收购黄金。汪时璟与王绍贤勾结，利用伪联合银行大量透支，购进黄金。那时金价折合法币三元三角一两，后来我才知道，他们抢进的黄金达三万两之多。王绍贤、岳乾斋以及北平行中部分职员，当然也分润了若干。这年冬季，岳乾斋病死，由王绍贤任经理。至于剩下的黄金，究竟怎样与伪联合准备银行清算的，我就不清楚了。

9月9日

中国战区日军投降仪式在南京举行。

9月27日

国民政府财政部公布《伪中央储备银行钞票收换办法》，确定法币与伪中储券兑换比例为1比200。

10月10日

第十一战区平津地区（含北平、天津、保定、石家庄等地）日军受降仪式在北平举行，中方受降主官孙连仲。

楼宇栋、郑重编《张伯驹生平简表》：

> 10月底，孙连仲在北平故宫太和殿举行日军投降仪式，张伯驹应邀参加观礼。

《张伯驹自述》：

> 十月底，孙连仲到北京后在故宫太和殿举行日军投降仪式，我也参加了观礼。（中略）有一天，孙连仲问我：唐山市、石家庄市，你愿当哪个市长？我说我都不当，还作我银行的事。

编者谨按：《生平简表》所记受降日期不确。但张伯驹此时应系已偕家眷自西安回到北平，居住在东城帽儿胡同。

中央文史研究馆编《中央文史研究馆馆员传略·张伯驹传》：

> 抗战胜利后，曾任国民党第十一战区司令长官部参议、河北省顾问。

11月22日

国民政府财政部公布《伪中国联合准备银行钞票收换办法》，

确定法币与伪联银券兑换比例为1比5。

12月27日

行政院长宋子文飞抵北平,随后在中南海居仁堂成立行政院长驻平办事处,处理敌伪产业接收事项。

12月

《张伯驹自述》:

12月去上海开盐业银行股东会,盐业银行仍掌握在吴鼎昌手中。我辞去南京行经理,南京行裁撤,我与刘紫铭任常务董事。

张恩岭《张伯驹传》引《张伯驹任常务董事通知稿》:

沪行鉴:本年八月卅一日开第六十五次董事会,议决推举常务董事二人,即推定张伯驹、刘紫铭二位为常务董事。特此通知。

即颂

公绥　总管理处启

约本年

盐业银行北京行经理岳乾斋病逝。

本年后半至次年初期间

张伯驹曾托惠古斋柳春农出面,与郭葆昌之子磋商,欲购其家所藏之《伯远帖》与《中秋帖》,但未能达成协议。恰王世襄从重庆到北平,负责平津地区文物清理工作,联络由故宫博物院收购郭氏所藏瓷器。郭葆昌之子因此而得攀附宋子文，竟将《伯远帖》《中秋帖》献给宋子文。伯驹闻讯极为不满，后在上海《新民晚报》撰文揭露其中内幕。

张伯驹《春游社琐谈·三希堂晋帖》：

郭（葆昌）氏殁后，伪华北政务委员会王克敏欲以二百万伪联币收购其藏器归公有而未果行。日本投降后余返京，首托惠古斋柳春农向郭氏后人郭昭俊询问二王法帖，则仍在郭家。问其让价，一帖为三千万联币，合当时黄金一千两，尚属顾念交情，未能减价，往返磋商，尚未有成议。适教育部战时文物损失调查委员会副代表王世襄至京，欲使德国籍某人所藏铜器及郭氏所藏瓷器归于故宫博物院，就商于余。余亦主张郭氏藏瓷价收归公，告以所知经过。郭氏藏瓷原存中南银行。嗣中南银行遭回禄，又移存交通银行。王荫泰任华北政委会委员长，曾下令此部藏瓷有所移动须先呈报。因此，郭氏藏瓷之精品，除郭氏生前盗卖于美国者外，则由郭子价让于王荫泰。现存瓷器多非内廷及热河行宫之原物，是以议价不宜过高。正进行间，而宋子文以行政院长来京视察。郭子夤缘得入宋子文门（原注：闻由朱桂莘所绍介），将藏瓷捐于故宫博物院，由行政院给予奖金美金十万元。瓷器在院专室陈列，悬挂郭世五遗像，并派郭昭俊为中央银行北京分行襄理，此出郭子望外之外。盖其中有原因在：二王法帖则由郭子献于宋子文矣。隔一年后，友人潘伯鹰主编上海《新民晚报·造型》副刊，来函约稿。余写《故宫散佚书画见闻录》应之，遂揭露二希法帖经过。上海文艺人士甚重视此事，传说纷纭。宋子文畏物议，复将二帖退于郭子。上海《新民晚报·艺坛通讯》载云："希世珍品王珣《伯远帖》、王献之《中秋帖》，前由袁世凯差官郭世五之儿献与宋子文。据悉宋不敢收，已还郭子。刻原件存中南银行，郭子仍待价而沽。国宝之下落如此！"北京围城以前，郭子已逃往上海，携二帖逃香港，转台湾。《新民晚报·艺坛通讯》又载云："王珣、王献之二帖，今由郭昭俊自中南银行取出，携至台北，将求善价。此种国宝竟容私人如此挟逃，又竟无人管，怪极。"时余任故宫博物院专门委员，又连续发表关于故宫收购书画之事，马衡院长对人言，颇以余为院内人员而不为院讳为责，余笑置之。

王世襄《回忆抗战胜利后平津地区文物清理工作》：

郭葆昌，字世五，号觯斋，西城羊市大街古玩铺学徒出身，为人精明干练，后为袁世凯管总务，因而致富。他对瓷器鉴定有一定的实际经验，又曾在景德镇管理窑务，为袁世凯烧制洪宪瓷，后又大量购买古瓷，编有藏瓷图谱《觯斋瓷乘》二十册，民国时成为陶瓷专家，以精鉴别、富收藏闻名中外，故宫古物南迁前聘为专门委员。郭约于1935年前后逝世，藏瓷为其子女郭昭俊等数人所有，长期存放在北京中南银行仓库中。

我在1945年9月将离开重庆前，马衡先生对我说，郭瓷是一批重要文物，其中宋瓷有的很精，清官窑古铜彩牺耳尊连故宫都没有。你到北京要注意这一批瓷器,向郭家的人恳切地谈一谈,做好不要让它散掉,将来完整地归公家收藏才好。但通过什么途径使其化私为公,马先生没有说,因为这不是敌产,除收购外别无他法,而收购需要一大笔款项,非请专款不成。马先生心里明白,当时请专款不仅不会批准,即使是提案也会遭到物议。

由于马先生对郭瓷的重视,并对我特别嘱咐,到京后不久,我就找到郭昭俊。他说家中瓷器已分成几股,但并未散失,也未出售。如公家收购,是求之不得的事。我将郭的意思,写信报告马先生,并向沈兼士汇报。他们都说知道了,惟因牵涉到价购的事,都提不出具体的办法,也未叫我去进一步和郭家联系。(中略)12月间,我正在为办理杨铜、郭瓷的事无法开展而感到苦闷,想到应当去向桂老(编者注:朱启钤,字桂莘)请教请教今后如何进行才好。我是12月28日上午去看他的。桂老说你今天来得正好,下午宋子文将来看我。你中午不要回家,在我这里吃饭,赶快把恰办杨铜、郭瓷的经过及当前存在的问题简要地写成两个"节略",等宋到来时,我当面交给他。

我按照桂老的吩咐办理。下午宋子文果然来了。我在一旁听桂老和宋谈话。桂老先谈到他过去所藏的一批古代丝绣,现在长春,务请查明情况,注意保护。接着谈到郭葆昌及其藏瓷,最后讲到杨宁史的铜器。这时桂老把两个节略交给了宋,并指着我说:"他是专门派来清理战后文物的,我说得不清楚的地方,他可以补充。"宋把节略看了一下,向朱桂老表示,这两件事马上就去办。这时桂老说:"郭家的情况,中南银行经理张重威最熟悉,我准备找张重威和郭昭俊面谈一次,再请张到中南海去见你好不好?"宋表示同意,随即走了。

当晚桂老找张重威和郭昭俊到裱褙胡同,嘱咐郭立即准备一个呈文,由张送给宋子文。随后郭将《觯斋瓷乘》二十册送到桂老处。过了两天,桂老又叫我把《瓷乘》运回我家,组织故宫工作人员,将《瓷乘》抄成清册,并要我草拟一个接收郭瓷的办法。周士庄也参加了这个工作。

29日,桂老找张重威、张庭济和我到他家面谈一次,并与宋电约,次日上午我们三人去中南海见他。

30日上午,我们三人到中南海居仁堂见到宋子文。张重威向宋汇报与郭昭俊洽谈瓷器的经过,并面交郭的呈文。随后我们就走了。(中略)郭瓷的交接,由郭昭俊和张重威到故宫博物院面告张庭济,声称全部藏瓷已由政府收购,请指定日期去锡拉胡同郭宅清点接收。点收的日期是(1946年)2月20日至23日,共进行了四天。点交一方为郭昭俊,点收一方为故宫工作人员、我和周士庄。行政院办公处也派人参加。接收的办法是逐箱逐件与《觯斋瓷乘》的照片及注明的尺寸核对,点完装回原箱,加贴故宫封条。24日从郭家将瓷器运到故宫,存入延禧宫库房。(中略)宋子文收购郭瓷据闻付给十万美元,名义上为"捐献",并给郭昭俊在中央银行安插了一个工作。

马衡先生于1946年7月3日从南京来到北京,到后立即去库房观看杨铜、郭瓷这两批新入藏的文物。

郑会欣：《民国政要的私密档案》：

> 1946年4月5日中央银行业务局外汇日记账上就列有宋子文交下的手条："政府拨给郭世五家属美金十万元，以酬奖郭世五君家属捐献所藏磁器，已由院会通过。兹请即由中央银行开美金一万元纽约中国银行支付之支票十张，即交郭昭俊君领取。"然而当监察员奉命进行调查时，便发现了许多疑点，郭氏家属是否在美国献捐过磁器，这批磁器究竟作何用途，最后又归何处保存，经询行政院，均无案可稽，成了一笔糊涂账。因此监察员调查报告的最后结论是，当此国家百废待举之时，宋子文竟"费此巨量外汇，并非军政急需，又未照正常手续办理，实属难解"。

编者谨按：当时收购郭瓷经手者王世襄的回忆，并未言及郭昭俊献帖之事。不知张伯驹所说依据何在，待考。

一九四六年（中华民国三十五年丙戌）四十九岁

春

张大千在北平收得五代顾闳中《韩熙载夜宴图》及五代董源《江堤晚景》和《潇湘图》，宋巨然《江山晚景》等一批珍贵书画。大千居平期间，与张伯驹时有过从。

高阳《张大千：梅丘生死摩耶梦》：

> 张大千有各式各样的朋友，为他提供各式各样的帮助或服务，他则还报以各式各样的贡献或酬谢。但张大千交游虽广，

择友却颇有分寸。如唐嗣先所作的纪念文中，有一段记叙，就可以看出他的为人。唐嗣先在战前曾任北平京华艺专董事长，是张大千的好朋友；抗战期中，在香港、四川，常有往还。胜利以后，在北平重逢，唐嗣先尽地主之谊，曾有两次盛会。唐记："一在中山公园来今雨轩，一在颐和园景福阁。柬邀故都名士数十人与之话旧，是日袁芸台居士，亦因其长公子蓉孙教授代为敦请，破例参加。余并请张伯驹邀请余叔岩、马连良、梅兰芳、程砚秋、尚小云、荀慧生、韩世昌、金少山、郝寿臣诸名艺人清唱助兴。是日到会除以上友好之外，尚有名学人清华大学梅月涵、冯芝生、邓叔存；燕京大学张东荪、张申府、陆志韦；北京大学朱孟实、郑宜生、郑华帜；中国大学何克之、陈聘之、左宗纶、姚曾廙、傅佩青、杨丙辰、王之相；银行界岳乾斋、杨济成、张企权、全绍周诸先生。饭后，袁乃宽先生豪迈犹昔，认为抗日胜利得之不易，应借张大千先生来平机会，由岳、杨、张、全四位银行经理做主人，在其城南袁家花园（原注：该园昔为项城招待各省督军省长之名园），大事庆祝一番，以洗北平沦陷八年之耻辱与痛苦，惟因大千先生坚辞作罢。"张大千为什么坚辞呢？就因为他的名字不妨与袁云台——袁世凯长子克定，字云台联在一起，但决不能作袁乃宽、岳乾斋的贵宾。袁乃宽是"洪宪余孽"之一，声名狼藉；岳乾斋其人，则在张大千更应远避。

《张伯驹自述》：

约3月（中略）李辰冬到北平组织南京美术总会北京分会，

我任副理事长,在中山公园开画展一次,后由我继任北平美术分会理事长,本年(下半年)任华北文法学院文哲系教授(华北文法学院董事长为李宗仁),我与傅铜加入民主同盟,参加北京大学学生会助学运动、反迫害反饥饿运动。

编者谨按:唐嗣先之聚会或有其事,但所记未必全真。盖所列参加聚会者,如岳乾斋、余叔岩等数人已经物故,有的则不可能出现在此一场合。

4月4日

张伯驹于弓弦胡同作修禊之会。

《许宝蘅日记》:

三时赴张伯驹约修禊,至者卅余人,萧龙友(七十七)、邢冕之、寿石工、薛淑周(八十)、林切庵(七十五)、李响泉(七十九)、尚节之(七十七)、夏蔚如(七十四)、傅沅叔(七十五)、晋生、傅治芗(七十)、惠孝同、启元白、载寄云(润六十九)、溥雪斋、松窗、袁文薮(七十四)、黄公渚、关颖人、朱少滨、陆和九、朱仲璐、杨君武、余狷庵(嘉锡)、袁绍明(七十八)。伯驹所居似园(西四牌楼大拐棒胡同),昔年朱定园师曾赁居,光绪末曾谒宴于此,其时仲璐尚未生。园中有红梅一株初花,桃杏亦开,谈叙甚乐,七时归。公渚得颜修来《羽猎图》,金寿门题签,郑谷口题首,题咏甚多。

5月5日

国民政府还都大典在南京隆重举行。

5月以后

张伯驹赴南京出席盐业银行董事会议。此次会议上，王绍贤出任盐行总经理，陈亦侯为协理。张伯驹担任盐行常务董事。

张伯驹《盐业银行与我家》：

1946年，国民政府还都南京，吴鼎昌在南京为盐业银行召开了一次董事会议，出席的有任凤苞、张伯驹、王绍贤、陈亦侯。吴提议，拟以王绍贤为总经理，陈亦侯为协理；关于董事长问题，吴意以任凤苞年老，可以退休，让与张伯驹。但任犹复恋栈，不愿意让，故董事长仍由他继续担任。另外增设两个常务董事，由张伯驹、刘紫铭担任，当即通过。刘是天津德兴盐务公司董事长刘壬三之弟，这时握有盐业银行大量股票，是个大股东，新近加入董事会。吴鼎昌这时任国民政府文官长，他对盐业银行这样安排，实际仍是他在控制一切。

本年后半

楼宇栋、郑重编《张伯驹生平简表》：

下半年，任华北文法学院文哲系教授（原注：华北文法学院董事长为李宗仁）。

编者谨按： 中央文史研究馆编《中央文史研究馆馆员传略·张伯驹传》作"华北文法学院国文系教授"。

本年

李北涛《我所见到的堂会好戏》：

抗战胜利次年，西藏活佛贡噶喇嘛，由川莅沪，住在小沙渡路阜丰面粉厂经理孙君家中，我系在重庆的皈依弟子，白天无暇，每于晚间前去问安。有一晚传授密宗大法，至夜一点方毕，外面大雨倾盆，一时叫不到许多汽车，主人请我车中，带一位师兄同行，送到东亚旅社。我乃邀其人登车开行，途中二人默然良久，我乃请问贵姓？其人回答"我是张伯驹"，说罢又默然不语，并不问我何姓。我想，原来就是那唱不出一声之狂妄名票，到这时还要如此的"颠而又狂尊而又大"，何必再对他客气，我亦效陆炳之"撤座"，命车夫停车，开车门，让这人下去，虽仍大雨滂沱，也顾不得他了。

（原载香港《大人》杂志第 18 期）

《张伯驹自述》：

本年任故宫博物院专门委员。

张伯驹买入承泽园。

约在本年

张伯驹曾教授李少春《战樊城》一剧。

张伯驹《红毹纪梦诗注》：

余回京移居帽儿胡同，(李)少春来学戏，余教其《战樊城》，时北京大学秘书长郑天挺在座，观余教完始去，每对人言之。

一九四七年（中华民国二十六年丁亥）五十岁

1月8日

蛰园律社、瓶花簃词社组织者郭则沄在北平病逝。

张伯驹《素月楼联语》：

  郭啸麓则沄早掇巍科，外放温台处道，少年得意。入民国任总统徐世昌之秘书长，晚岁颇自悔，著《红楼真梦》自感身世。为蛰园律社、瓶花簃词社，月作文酒之会。余自西安回京，彼尸病，旋逝。余挽以联云：

  真梦续红楼，雪芹眼泪梅村恨；

  旧游开白社，金粟词篇玉屑诗。

2月16日

郭则沄丧仪，俞阶青点主，许宝蘅陪题。

3月1日

宋子文辞去行政院长职务。

4月18日

张群出任行政院院长，王云五为副院长。

4月23日（丁亥上巳）

伯驹与词社诸友在中山公园聚会，作词《谒金门·春意态》。

编者谨按：伯驹此首词作，怀缅郭则沄之作也。

约本年暮春或次年暮春

伯驹至北平海淀极乐寺观赏海棠，作有竹枝词一首。

张伯驹《春游社琐谈·古都竹枝词》：

> 余避寇入秦，日军投降始重返故都，以为从此太平可致。乃上下贪污之风大起，金融崩溃，当局欲依外力发动战争，国事益不可问。余再去极乐寺看海棠，因题壁一诗云："又见娇红濯锦尘，海棠犹似去时春。只今倾国倾城事，不是名花与美人。"此亦竹枝词也。

6月

楼宇栋、郑重编《张伯驹生平简表》：

> 由张东荪、张云川介绍，加入中国民主同盟会。

《张伯驹自述》：

> 1947年夏与傅铜参加北大河南籍学生抗议蒋匪军飞机烂炸开封运动（中略）孙连仲改任保定绥靖公署主任，成立设计委员会（中略）委员有我及何渔秋（下略）。

张恩岭《张伯驹传》引1969年1月张伯驹《经历自述》：

> 我与傅铜加入民主同盟参加北京大学学生会助学运动和反迫害、反饥饿运动。一九四八年夏，与傅铜参加北大河南籍学生抗议蒋匪军飞机烂炸开封运动。

张伯驹《五十年来我的情况》：

在北大学生会反迫害、反饥饿这一年，我与傅铜加入中国民主同盟。入盟后，我参加北大学生会，协助反迫害、反饥饿运动和解放北平运动。任北平市临时民盟委员会委员。我入盟的介绍人是张东荪、张云川。

潘素《忆伯驹》：

1946年在重庆参加了民盟以后，就亲自参加了反饥饿运动。

本年夏

张伯驹夫妇赴王世襄宅晚饭。

王世襄《伯驹先生》：

1947年一个盛夏夜晚，我请伯驹和几位朋友在芳嘉园家中吃晚饭，潘素夫人照例是请也到，不请也到，把伯驹照顾得无微不至。因为伯驹到朋友家和在自己家一样，我行我素，有时过于任性，夫人便会在旁提醒一下，伯驹也就心领神会了。其实朋友们都十分欣赏他的毫无拘束、天真可爱，绝不会对他的不拘小节有丝毫介意。

那天晚饭后，在院中乘凉，伯驹躺在藤榻上，大家坐藤椅。聊得高兴，不觉已逾十点。因怕招蚊子，廊子上只开一个灯，光线较暗。我看见伯驹不时坐起来，不时又躺下，深怕是因为藤榻不舒服所致。等各位起身要回家时，伯驹说他的袜子找不到了。我说借他一双，他又不要，只好光脚穿鞋而归。原来伯驹脚上有湿气，夜晚发痒，在家时总是用手指抠脚，北京俗称"串胡同儿"。正为此他才有时躺下，有时坐起。恰好那晚有片刻潘素夫人在屋中看荃猷（作者夫人——编者注）的刻纸。倘她一直都在院中，就会发现伯驹又在我行我素了。她将会凑到伯驹耳旁，说一声"不太雅观"，伯驹的袜子也就不会丢了。

次日清晨，袜子找到了，在我养的黑狗"小宝"窝中，已经被撕得一丝丝、一缕缕了。

10月23日

傅增湘乡举周甲纪念聚会，张伯驹与唐玉书、朱小汀、萧龙友、邵章、袁文薮、夏仁虎、许宝蘅、傅岳棻、胡嗣瑗、张卿五、陈宗藩、李莲庐、袁涤庵、潘禹言、周斗卿、邢端、陈甘簃等同至傅宅祝贺。其中张伯驹年纪最轻。傅宅聚会后，伯驹又邀许宝蘅及傅增湘之子傅晋生至家中，观赏其所收藏的宋王诜《烟江叠嶂》及宋高宗书马和之画《诗经节南山之什图卷》。

《许宝蘅日记》：

十二时赴藏园约，沅叔今年乡举周甲，今日为放榜期，故召客为庆，集者唐玉书（八十一）、朱小汀（七十九，亦戊子举人）、萧龙友（七十八）、邵伯絅（七十七）、袁文薮（七十五）、夏蔚如（七十五）、余（七十三）、傅治芗（七十一）、胡惜仲、张卿五、陈荺衷、李莲庐（均七十）、袁涤庵（六十八）、潘禹言、周斗卿、邢冕之（均六十以上）、陈甘簃、张伯驹（最稚）。期而未至者乐静翁（八十二）、陈仁先、陈紫纶（均七十）。小汀考得自顺治来重宴鹿鸣者凡一百八十余人，其间亦有阙漏者，谈至四时始散。与晋生同至伯驹寓观王晋卿《烟江叠嶂》，卷首有宋徽宗题"王诜烟江叠嶂图"签，末有姚枢、宋濂两跋，又观马和之《节南山什图》卷，五时三刻归。

张伯驹《丛碧书画录·隋展子虔游春图卷》：

绢本，青绿设色。笔意高古，犹有唐法。是卷载《宣和画谱》的为晋卿《烟江叠嶂》真本。当时因禁苏文东坡题诗，经截去。安岐《墨缘汇观》著录之《烟江叠嶂》卷当系晋卿他画而配入苏题诗者。故王凤洲跋谓歌辞与画境小抵牾也。后有元姚枢、明宋濂、黎民表题，清经宋荦藏。

11月27日

京剧艺术家李少春在上海拜张伯驹为师。

潘伯鹰《李君少春执贽记》：

吾友张君伯驹，以贵公子为名下士，掉鞅词坛，回翔艺苑者，且四十年。生平真赏有在，取径绝高，即之温然，吉人辞寡。近岁尤罕交游，豹雾自隐，长居故都，间一南下，亦惟知交数人与相过从而已。日者，伯驹忽复与谢稚柳居士相过寒斋，偕饮市楼。因观其行箧宋人书画。伯驹从容语及，李君少春久欲相从乐府，执贽门下，屡以为言，业允其请。明日行谒师之礼，子与稚柳宜预其会。及期，稚柳与仆欣然往焉。其他在静安寺路吴君仕森宅中。李君及吴君梁孟，与吴君之戚吴嫣女士先在。别有江君一秋梁孟，列坐其次。语笑丝竹，杂然并陈，甚可乐也。其时绛炬高烧，兽香微袅。吴君总持其事，条理秩如。既肃伯驹正坐，李君叩谒如仪。伯驹含笑挥手答之。李君复以吴女士先列门墙，谊为学长，亦行相见之礼。未即入席。伯驹言曰："吾生平不喜实过其名，于仕禄之途，处之尤为淡漠。雅志所存，惟欲延中国艺文一线不坠耳。以此朋友切磋，志同为尚，初不欲拘墟于师弟子之名也。然少春意极殷勤，必以此为请。意者，若其名不立，则其或有隐乎之心，是以诺之。夫戏剧之事，自乐府至于词曲，至于皮簧，其变不可胜举矣。今之就皮簧以求皮簧者，品斯下矣。应知其所以不得不变之故，而存其必不可变之理。庶乎可以喻俗，而不与俗流合污。程谭之事，则既往矣。即如叔岩所歌，皆尝经魏铁珊订韵。此戏词之源于文学者也。至于舞台举措，谓之身段。身段者画之谓也。"伯驹乃指稚柳曰，"谢先生专精唐五代以来之画，久居敦煌尤工人物。少春试叩之。当知舞台身段，皆纸素间之线条。岂不然乎。此身段之通于绘画也。抑有进者，人生万化，皆有其哲理存焉。以哲人之心眼，取慧解于人生；而以此哲学慧解，表之戏曲。斯为造极，而非俗工之所能矣。吾于伶官先辈之传，颇得其秘，兼喻其尔。少春试就吾寻省，倾囊倒箧无所隐乎尔。"言至此，吴女士指李君笑曰，"老师所云无隐者，意谓汝当戮力精进也。亦知之乎？"仆坐于伯驹之次，笑语伯驹，"吴女士诚不愧学长哉！"此时，江君举杯为祝，且言曰，"某少年时，亦好戏曲，至今未已。尝见论戏册子，有张先生与王凤卿、陈德霖、杨小楼、余叔岩诸大家之戏照。张先生领导其间，风神独朗。当时即欲亲炙矣。是以今日虽有他事，亦必预此。而少春以盛名之下，折节从师。

即此一端，知其虚心求益，已足以范今之名伶矣。夫名师高第，继往开来，辉映如此，不可不祝。"于是合座引满焉。是夕李君兴尤高，数数挑邻座战酒。及尽欢言别，已近午夜。稚柳与仆同归，风雨载途。车中朴诵汉人"燕燕尾涎涎张公子时相见"之语，引为笑乐。翌日，遂为录之。丁亥十一月初五日余庆坊居记。

张伯驹曾一度赴上海。

张伯驹《红毹纪梦诗注》：

日本投降后，余由京去上海，时（李）少春亦在沪，托友来说愿拜余为师，乃于友家设香烛酒宴行礼，上海小报纷传此事。

本年

张伯驹曾将《平复帖》借给王世襄，供其研究。

王世襄《〈平复帖〉曾在我家——怀念张伯驹先生》：

黄金有价，国宝无价。《平复帖》更是宝中之宝。（中略）故在传世的法书真迹中，自以《平复帖》为第一。伯驹先生酷爱书画文物。对此希世之珍，真可谓视同"头目脑髓"，故珍藏什袭，形影不离。

我和伯驹先生相识颇晚，1945年秋由渝来京，担任清理战时文物损失工作，由于对文物的爱好和工作上的需要才去拜见他。旋因时常和载润、溥雪斋、余嘉锡几位前辈在伯驹先生家中相聚，很快就熟稔起来。1947年在故宫博物院任职时，我很想在书画著录方面做一些工作。除备有照片补前人所缺外，试图将质地、尺寸、装裱、引首、题签、本文、款识、印章、题跋、收藏印、前人著录、有关文献等分栏详列，并记其保存情况，考其流传经过，以期得到一份比较完整的记录。上述设想曾就教于伯驹先生并得到他的赞许。

为了检验上述设想是否可行，希望找到一件流传有绪的烜赫名迹试行著录，《平复帖》实在是太理想了。不过要著录必须经过多次的仔细观察阅读和抄写记录，如此珍贵的国宝，怕伯驹先生会同意拿出来给我看吗？我是早有着被婉言谢绝的思想准备去向他提出请求的。不期大大出乎意料，伯驹先生说："你一次次到我家来看《平复帖》太麻烦了，不如拿回家去仔细地看。"就这样，我把宝中之宝《平复帖》小心翼翼地捧回了家。（中略）《平复帖》在我家放了一个多月才毕恭毕敬地捧还给伯驹先生。（中略）将《平复帖》请回家来，我连想都没有想过，而是伯驹先生主动提出来的。那时候我们相识才只有两年，不能说已有深交。对这一桩不可思议的翰墨因缘，多年来我一直感到十分难得，故也特别珍惜。仅此就足以说明伯驹先生是多么信任朋友，笃于友谊。对朋友，尤其是年轻的朋友想做一点有关文物的工作，是多么竭诚地支持！

一夜之间，张伯驹分别从溥雪斋和琉璃厂商处收得柳如是、钱谦益夫妇砚。

张伯驹《春游社琐谈·蘼芜砚》：

高凤翰夜梦司马相如来拜，次日得司马相如印，以为奇珍，宝若头目，此亦事之偶然巧合者。丁亥岁余夜过溥雪斋君，彼适得柳如是砚。砚宽乾隆尺五寸、高三寸八分、厚一寸，质极细腻。镌云纹，有眼四，作星月状。砚背镌篆书铭文云："奉云望诸，取水方诸。斯乃青虹贯岩之美璞，以孕兹五色珥戴之蟾蜍。"下隶书"蘼芜"小字款，阳文"如是"长方印，右上镌"冻井山房珍藏"一印。砚下侧镌隶书"美人之贻"四字，左草书小字"汝奇作"三字。砚右侧镌隶书"河东君遗砚"五字，左小字"水岩名品，罗振玉审定"。外花梨木原装盒。

余见之爱不释手，请于雪斋加润以让。雪斋毅然见允。当夜携归。

次晨有厂肆商来，携砚求售。砚宽乾隆尺三寸强，高二寸七分，白玉质，雕作凤形，刀工古拙，望而知为明制。外紫檀木原盒，上刻篆书铭文云："昆冈之精，璠玙之英。琢而成砚，温润可亲。出自汉制，为天下珍。永宜秘藏，裕我后昆。"小字篆书款"牧斋老人"，下刻阴文"谦益"方印。余即留之，并示以蘼芜砚，肆商悔索价廉。一夜之间夫妇砚合璧，其巧岂次于南阜之得司马相如印！然南阜有梦，余则无梦。盖南阜事收汉印，日思得汉名人印，故有梦。余向不蓄砚，无得砚意，故无梦耳。此皆事之偶然巧合，无足奇也。

约本年或次年

琉璃厂论文斋靳伯声从东北收得宋范仲淹《道服赞卷》，故宫博物院未收，张伯驹急鬻物举债，以黄金一百一十两收之。

张伯驹《丛碧书画录》：

宋范仲淹道服赞卷

此帖楷书，与《伯夷颂》并重，行笔瘦劲，风骨峭拔如其人，诚得《乐毅论》法。三希堂刻帖视原迹神貌远甚。卷中宋印鲜艳夺目，后文与可跋亦极罕见。观此跋书体，可知世传与可画竹之多伪。

徐邦达《重订清故宫旧藏书画录》评《道服赞卷》：

真迹，上上。

张伯驹《春游社琐谈·隋展子虔游春图》：

故宫散失于东北之书画，民三十五年（1946年）初有发现。吾人即建议故宫博物院两项办法：一、所有赏溥杰单内者，不论真赝统由故宫博物院价购收回；二、选精品经过审查价购收回。经余考定此一千一百九十八件中，除赝迹及不甚重要者外，有关历史艺术价值之品约有四五百件。按当时价格，不需要过巨经费可大部收回。但南京政府对此漠不关心，而故宫博物院院长马叔平亦只委蛇进退而已，遂使此名迹大多落于厂商之手。琉璃厂玉池山房马霁川去东北最早，其次则论文斋靳伯声继之。两人皆精干有魄力，而马尤狡猾。其后复有八公司之组织。马霁川第一次携回卷册二十余件，送故宫博物院。院柬约余及张大千、邓述存、于思泊、徐悲鸿、启元伯审定。计有：（中略）以上审定者多伪迹及平常之品。（中略）盖马霁川之意，以伪迹及平常之品售于故宫博物院，得回本金而有余；真精之迹则售与上海，以取重利，甚至勾结沪商辗转出国，手段殊为狡狯。又靳伯声收范仲淹《道服赞卷》，为著名之迹，后有文与可跋。

大千为蜀人，欲得之。事为马叔平所闻，亟追索，靳故避之。一日，大千、叔平聚于余家，面定由余出面洽购，收归故宫博物院。后以黄金一百一十两价讲妥，卷付叔平。余主张宁收一件精品，不收若干普通之品。后故宫博物院开理事会，决议共收购五件，为《宋高宗书马和之画闵予小子之什卷》、宋人《斫琴图卷》、盛懋昭《老子授经图卷》、李东阳《自书各体诗卷》、文徵明书《卢鸿草堂十志册》。叔平以为积压马霁川之书画月余，日占本背息，若有负于彼者，诚所谓君子可欺以其方矣。至范卷，理事胡适、陈垣等以价昂退回。盖胡于此道实无知耳。余乃于急景残年鬻物举债以收之。

陈重远《收藏讲史话》引邱震生回忆：

邱说：我亲眼见过日本投降的那一年，伪满皇帝溥仪从长春逃往通化，伪皇宫中的小白楼里藏有历代书画千余件，传说溥仪带走了一百二十多件。伪军官兵抢夺这些书画非常激烈，为争夺一幅字画相互打起来，把字画撕扯成碎片，有个军官将士兵抢夺到手的书画集中起来烧毁，非常令人痛心。这时，琉璃厂古董商人跑东北买货的有十几位，他们买回来的珍贵书画有：展子虔的《游春图》、杜牧的《张好好诗》、范仲淹的《道服赞》，后都卖给了张伯驹。北京解放后，张伯驹将这些珍贵书画捐献给故宫博物院。我从李欣木、崇庆瑞手中买的《苏东坡墨宝真迹》也是他们从长春买来的，公私合营时我把它交了公。

同书：

玉池山房

河北枣强县人马恒雨（字霁川）于民国七年（1918），在南新华街长春会馆（原注：也叫"玉行会馆"）内开设玉池山房。马霁川是竹实斋裱画崔竹亭的徒弟，学苏裱有好手艺，开玉池山房裱画铺。

玉池山房装裱字画很讲究质量，装裱精细，衬托画面的色调协调，装饰考究，达不到质量要求绝不交活，因而受到书画收藏鉴赏家和著名书画家的青睐。林森、于右任、张群、张学良、张伯驹、张大千、溥心畬、黄宾虹、徐悲鸿、齐白石等都到玉池山房来裱过画，同马霁川相识交往。

民国二十年（1931）后，玉池山房既裱画也卖画，入了古玩商会，鉴定经营字画在行里也有名声。1948年，玉池山房在南京设立的分号迁往香港，字号改了，由马霁川的徒弟张金鼎经营。北京的玉池山房解放后生意不好，未能加入公私合营。马霁川没工作，生活困难。玉池山房和马霁川渐渐被人忘掉。

1987年《华人世界》第三期刊登的《张伯驹传》中记载了张伯驹从马巨（霁）川手里买展子虔《游春图》的往事。文章发表后的两三年，报刊上不断登载有关马霁川卖《游春图》的文章，有的刊物以小说形式登出这码子事儿来，甚至《人民日报》海外版也摘登连载。马霁川的名字又被人想起来了。

1945年买卖《游春图》的当事人之一李卓卿回忆说：《游春图》是我同张伯驹直接交易的，事情本来没那么复杂。可是再简单的事儿，文人一动笔就热闹了。他还说：这号买卖是以穆蟠忱为主,马霁川、赵志诚他们三人从长春买来的,我参加伙贷,并亲手将《游春图》交给张伯驹的。可是一些文章却把马霁川写得够瞧的了!他的小女儿有点受不了,曾来找过我。

马霁川裱画手艺高超,张学良的珍贵画卷画面反铅变色,经揭裱整修恢复原样;于右任、张群收藏的宋元画,有的因受潮变了色,有的破碎不像样,经玉池山房整修装裱,填补破碎处非常完整,画面色彩如初。马霁川的徒弟王禹平今在北京故宫博物院鉴定书画,被选为国家文物鉴定委员会委员,另一位徒弟张金鼎是香港鉴定书画的著名人物。

一九四八年（中华民国三十七年戊子）五十一岁

春

张大千来京,伯驹在烤肉宛设宴接风,并请大千至西四弓弦胡同居所观看藏品,大千在伯驹宅首见宋徽宗《雪江归棹卷》。

李克非《霁雪初融忆丛碧——兼记山水女画家潘素》:

1948年春,大千画师由其弟子糜耕云君陪同北上,下榻北京饭店。予与先表兄为其洗尘,联合画界诸公于非闇、王雪涛、李苦禅、吴镜汀、胡佩衡、黄笛仙等在宣内烤肉宛设宴。餐后,大家同到伯驹寓所西四牌楼红罗厂弓弦胡同观赏晋、唐、宋、元名画。大千画师初次见到宋徽宗所绘的《雪江归棹卷》就在此时。

徐邦达《重订清故宫旧藏书画录》评宋徽宗《雪江归棹卷》：

上上。

编者谨按：张伯驹曾收藏此画，但不知何故后转让出去。伯驹作有《春游社琐谈·宋徽宗〈雪江归棹卷〉》，云："《雪江归棹卷》昔藏余手，惜未题之。"《丛碧书画录》中亦有著录。

4月11日（戊子上巳）

午后四时，张伯驹约友人中山公园作修禊之会，正值丁香盛开，许宝蘅等二十余人赴会，五时半散。

《许宝蘅日记》：

十时尹来，约过复斋叙，三时散。伯驹约稷园修禊，四时往，集者二十余人，丁香盛开，五时半归。

5月

张群改任总统府资政，翁文灏出任行政院长。吴鼎昌出任总统府秘书长。

8月

国民政府总统蒋介石签署文件，向全国发行金圆券，规定"黄金、白银、银币及外国币券在中华民国境内禁止流通、买卖或持有"。金圆券流通不到一年，形同废纸，国民政府财政金融陷于全面崩溃。

8月10日

《许宝蘅日记》：

付房租七百万元，去年租时为六十五万，今增十倍余，以物价比拟，去年可购面三袋，今不过一袋之四分之一，实则减去十二分之十一。此等计算，从古未有，奇哉。

8月17日

清直隶总督陈夔龙在上海病逝。

8月20日

《许宝蘅日记》：

今日发表改革币制案，以一金圆券兑法币三百万，此不过减少计算数字而已，恐于生活、物价无甚救济效力，将来物价必无形增加，一般人之生活将更困难。

8月25日

《许宝蘅日记》：

见新发行金圆券，尚系一九四五年所印制，并无金圆券字样，即当时之一圆、十圆法币，制成之后，法币一元、十元已不适用，遂成废物，而今日强名之为金圆券，以欺骗人民，吸收民众之金银，压迫人民使用。此等诈欺行为，虽古来之神奸巨蠹不敢行者，吾谁欺，欺天乎？可为太息。

约8月

琉璃厂玉池山房马霁川从东北收得隋展子虔《游春图》，张伯驹将西四弓弦胡同宅售出，以黄金二百二十两收之，实付约一百七十两。

张伯驹《丛碧书画录》：

隋展子虔游春图卷

绢本，青绿设色。是卷自宣和以迄南宋元明清，流传有绪。证以敦煌石室、六朝壁画山水，与是卷画法相同，只以卷绢与墙壁用笔傅色有粗细之分。《墨缘大观》亦谓山峦树石，空钩无皴，始开唐法。今以卷内人物画法皆如六朝之俑，更可断为隋画无疑。按中国山水画，自东晋过江，中原士大夫见江山之美，抒写其情绪而作。又见佛像画背景自以青绿为始，一为梁张僧繇没骨法传自印度；是卷则上承晋顾恺之，下启唐大李将军，为中国本来之青绿山水画法也。

张伯驹《春游社琐谈·隋展子虔游春图》：

后隋展子虔《游春图卷》，竟又为马霁川所收。是卷自《宣和画谱》备见著录，为存世最古之画迹。余闻之，亟走询马霁川，索价八百两黄金。乃与思泊走告马叔平，谓此卷必应收归故宫博物院，但须院方致函古玩商会不准出境，始易议价；至院方经费如有不足，余愿代周转，而叔平不应。余遂自告厂商，谓此卷有关历史，不能出境，以致流出国外。八公司其他人尚有顾虑及此者，由墨宝斋马宝山出面洽商，以黄金二百二十两定价。时余屡收宋元巨迹，手头拮据，因售出所居房产付款，将卷收归。月余后，南京政府张群来京，即询此卷，四五百两黄金不计也。而卷已归余有，马霁川亦颇悔恚。然不如此，则此鲁殿仅存之国珍，已不在国内矣。

徐邦达《重订清故宫旧藏书画录》评：

古迹，宋徽宗鉴题真迹，上上。

李克非《霁雪初融忆丛碧——兼记山水女画家潘素》：

伯驹当年罄囊借贷以重金收得希世之宝隋代展子虔《游春图》的事，盐业银行王君绍贤曾大力协助，早在文苑传为佳话。

编者谨按：关于王绍贤资助张伯驹收购书画事，详见拙著《张伯驹笔记》。

曾经帮助张伯驹出面与马霁川谈判的马保山，晚年撰有《张伯驹与展子虔〈游春图〉》一文，云：

（前略）经多次协商终以二百两黄金谈定。成交之日，请伯驹先生和（李）卓卿（李卓卿是马霁川的合伙人）同到我家办理手续。卓卿请来亲戚黄姓鉴定黄金成色。他们以试金石验之，黄金成色相差太多，只有足金一百三十多两。伯驹先生力允近期内补足，由我作保，李卓卿亲手将展卷交与伯驹先生，后经几次补交，到补足一百七十两时，时局大变，彼此无暇顾及。

1970年，伯驹先生自长春返京，尚问及我展卷欠款怎么办？我说："形势变了，对方完了，我也完了，你也完了，这事全完了。"说了以后我二人一同大笑起来。

10月17日

张伯驹、潘素与即将离开北平的张大千话别。

张恩岭《张伯驹传》：

> 张伯驹与张大千的最后一晤是1948年的农历九月十五日，他与潘素在北平饭店前与友人话别。

11月

《张伯驹自述》：

> 11月，解放军离北平不远，公共汽车至颐和园已不通，我徒步进城参与和平解放北平事。

本年秋以后

张伯驹移居海甸承泽园一号，因藏有《游春图》之故，改承泽园名为展春园。袁世凯之长子袁克定夫妇随之亦迁住此处，依伯驹而居，生活费用由伯驹负担。

承泽园位于挂甲屯南，始建于雍正三年（1725），为圆明园附属园林之一，初赐果亲王为邸园，道光时改赐寿恩固伦公主，光绪年间赐庆亲王奕劻。伯驹应系自奕劻后人处购得。其园分为南北两部，中间有一小湖，北部为主体建筑。

周汝昌《张伯驹和潘素》：

> 我获交于伯驹先生，一在词学，一在红学，两者交逢，不期然而有会心不远之欢，投契日深，相知遂久。其时，我在抗战胜利后重返燕园续业，先生居于展春园，相去数武。展春者，

因收藏展子虔《游春图》而取名，其地实为康熙时果亲王胤礼之故园，先生得其东半（原注：其西半为当时名人吴氏所有），景物无多，有小楼二处，回廊相接，外楼袁大公子居之，时已年迈，犹攻德文书籍，恂恂如也。内楼为大客厅，有前厦，厦前莲池，厅后植芭蕉。我从燕园循野径，过小溪，入园门，有一大过堂，穿之而达客厅。入厅则巨案数条，目中琴棋卷轴，名砚佳印之属，此外无一尘俗事物。我每日下午课余，常闲步而造园，入厅后，自寻座，宾主往往不交一言，亦无俗礼揖让之烦。我由此深知，先生为人，坦荡超逸，潇洒天真，世所罕见。他见了名人贵人，是如此；见了青衿学子，草野村氓，亦是如此。在他眼中心中，并无尊卑贫富之分，只有高下雅俗之别。这种人品性情，我只在书册中依稀仿佛知之，如明末清初张宗子（岱），大略相似。我深重其为人，过于他的其他方面。（中略）那时天天见面，我到先生之厅，视同家人，有时名贵书画舒卷之事，也要我动手帮忙。但满案珍宝，没有主人的话，我严守自己的戒条：不妄动一指头。这是因为当时张先生仍然被视为"㓜人"，我去走动，就要避嫌。记得很清楚：《楝亭图》四大轴，有一回摆在大案上为日甚久。我原非不想一见之人，且渴望已久，但终未触动，也未启请一观——我至今真正目睹的，仍然是数十年前在燕大中文系所见的那一小段！再如，家父自津抵京，曾暂借寓于斯园，居室案上陈有柳如是女史的黄玉凤砚，紫檀匣上镂有钱牧斋的篆书铭记。主人并不害怕我们"顺手牵羊"，我们临辞也不请主人检核器物（原注：因有男仆，每日入室收拾，假使丢了东西，岂不皂白难分），我们宾主双方，就是这样相互信任，超脱世态，全以坦荡相待。

张传綵《袁世凯大公子袁克定的残烛晚年》：

承泽园始建于雍正年间，是圆明园的附属园林之一。现在北大西门对着的那个院子叫蔚秀园，穿过蔚秀园就是承泽园。在父亲买下承泽园之前，它的主人是庆亲王奕劻。承泽园很大，大大小小三十多间房子，里面有假山、有人工湖，还有一个特别大的荷花池，很是雅致幽静。父亲生性散淡，但对朋友是有求必应。他的朋友大多是和他谈论琴棋诗画的同道中人，我记得吴小如、画家秦仲文都曾在我们家住过。那幢房子现在是北大科学与社会研究中心教学科研和办公场所。

楼宇栋、郑重《中国文博名家画传：张伯驹》引张传綵文：

印象中我们搬到承泽园后，袁克定就和我们住在一起。我们一家三口，加上奶奶住在承泽园最后面的房子里，而袁克定的房子在承泽园前面的东偏院，我进出回家，都要经过那里。那时候袁克定已经七十多岁了，和他的老伴老两口一起生活，但他们各自住在各自的房间里，袁克定的侄女，老十七（原注：袁世凯的第十七个儿子袁克友）的女儿在照顾他们。

袁克定的老伴是他的原配夫人，很胖，像个老大妈，特别喜欢打麻将，和又瘦又矮的袁克定在一起很不协调。我后来才知道她是湖南巡抚吴大澂的女儿。袁克定属虎，她属龙，按旧时说法龙虎相克，但袁家结亲也有政治目的吧。袁克定后来又娶过两房姨太太，最后还是和这位原配一起生活。

前面的房子有个空阔的大门楼子，夏天时，常见袁克定在那里纳凉或吃饭。解放军入北平城时也曾住在这个门楼里。袁克定并不太爱说话，给我的感觉脾气有些怪，没事就钻进他的书房里看书，我曾到过他的书房，记得他看的都是那种线装书，另一个爱好是看棋谱。

在承泽园第一次见到袁克定时，我想，原来这就是要做"小皇帝"的那个人啊！我们上学时，也整天说"窃国大盗"袁世凯，"野心勃勃"的袁克定，不过我见到袁克定时，他已是位七旬老人，那时候我眼中的他，只是一个很可怜的、没人关心、有些孤僻的老人，并不是电影或历史、文学书描绘的"现代曹丕"那种老谋深算的样子。

在承泽园生活的这些年里，袁克定从不抽烟，和客人见面也很客气、和善，总是微微欠身点头致意，对我们孩子也一样。他年轻时曾到德国留学，所以通晓德语和英语，看的书也以德文书居多，有时也翻译一些文章。或许是因为早年跟随袁世凯四处游走，他的口音有些杂，听不出是河南、天津还是北京话。

本年

楼宇栋、郑重编《张伯驹生平简表》：

中国民主同盟会成立北平市民盟临时工作委员会，张伯驹任委员。

《张伯驹自述》：

本年（1949年）任民盟总部财务委员会委员、文教委员会委员（1948年成立北平市民盟临时工作委员会，委员有我）。

编者谨按：中国民主同盟会于1941年成立，1945年10月召开临时全国代表大会，选举张澜为主席。1946年成立中国民主同盟北平市临时工作委员会。1949年1月，民盟北平市临时支部执行委员会成立。此条所记内容，待考。

张伯驹与邓韵绮离婚。

张伯驹曾任教于燕京大学，并应校长陆志韦先生之请，在燕京大学贝公楼举办收藏书画展。

周汝昌《什刹海边忆故交——追忆张伯驹先生》：

> 我与先生相交，始自一次展览会——先生将自藏的珍贵书画精品，在燕大中文系楼上举办了一个小型展览。其时我正致力于研求曹雪芹的家世背景，闻得此展品中竟有《楝亭图》，大喜！立时趋而就观——只见大玻璃柜展出了巨轴的一小段。墙上则悬有饮水词人纳兰性德的小照，彩色立幅，诧为异品。见其四围绫边上，名家题咏已无隙地。这当中首先是藏主张先生的《贺新郎》，词句中涉及了红学旧说贾宝玉即纳兰一义。其词云：

> > 坛坫君牛耳。镇风流，插貂勋戚，簪花科第。善怨工愁缠绵甚，芳草荃兰托意。徐司寇，堪称知己，应是前身王逸少，对江山，漫洒新亭泪。看玉骨，横秋水。

> > 词如饮水能醒醉。怪才人，偏多薄命，天胡相忌。有

限好春无限恨,此恨何时能已。又今日,侯升壮悔。留取楝亭图卷在,几伤心,旧梦红楼里。怜同病,应须记。

我于是一时乘兴,步韵连和了两三首,每句下都有细注,句句是讲曹家的史迹实事。现抄录其中一首:

一梦顷俄耳。凭谁问,红楼身世,乌衣门第。满纸荒唐留绮业,槃烛纷纷深意。群且置,耘人耘己。十幅长缣惊入眼,下多情,几把辛酸泪。知冷暖,瓶中水。

隋图(展子虔《游春图》吾国最古之画)晋笔(陆机《平复帖》最古之书)请神醉。管琳琅,风宗代出,天卑无忌。留取楝亭图卷在(伯驹先生题容若小像原句),脉脉此情何已。还自叹,痴人靡悔。待得一编说梦出,共要盟,翰墨因缘里。公曰诺,听君记。

张先生看了,见我年少(我比他小20岁——原注),以为文笔不差。他因此将刊本《丛碧词》送我一部。我拜读了,在音律上提出了一些拙见,先生一一从善如流。这样的事,在古人中也是难得有之的,我益发钦佩他的雅量。

张伯驹年谱卷五
（1949年—1957年）

一九四九年（己丑　中华人民共和国成立）**五十二岁**

1月10日
张伯驹与张东荪、刘厚同、赵少伯、彭泽湘等倡议罢兵，以保全人民古物。

1月
吴鼎昌辞去总统府秘书长。

1月31日
北平宣告和平解放。

2月3日
中国人民解放军举行入城式，受到北平人民欢迎。

2月18日

　　北平市军事管制委员会委派尹达、王冶秋接管故宫，仍以马衡为院长。北平市军事管制委员会下设文化接管委员会，尹达为文物部长，王冶秋为副部长。

4月23日

　　中国人民解放军占领南京。

7月27日

　　中华全国戏曲改进会筹备委员会成立，主任欧阳予倩。毛泽东题词"推陈出新"，朱德题词"开展平剧改革运动"。

9月21日至30日

　　中国人民政治协商会议第一届全体会议在北平召开，会议通过《中国人民政治协商会议共同纲领》，定都北平，改名北京；选举毛泽东为中华人民共和国中央人民政府主席；朱德、刘少奇、宋庆龄、李济深、张澜、高岗为副主席。

10月1日

　　中华人民共和国开国大典。毛泽东率全体政府委员就职。任命周恩来为国务院总理兼外交部长。朱德为人民解放军总司令。

10月2日

中华全国戏曲改革委员会成立,田汉任主任,杨绍萱、马彦祥为副主任,马少波任秘书长。梅兰芳被任命为京剧研究院院长。

10月6日(己丑中秋)

孙正刚、周汝昌来访,一同赏月。

张伯驹作《人月圆·分明镜里楼台影》:

> 人月圆
>
> 己丑中秋与正刚、敏庵燕园步月。
>
> 分明镜里楼台影,夜气幻山河。清光依旧,年年长好,秋意偏多。
>
> 前游休问,相逢客里,无酒无歌。与君不睡,今宵同赏,明岁如何?

同日,张伯驹邀潘光旦等餐叙,席间众人"各言其志"。

《潘光旦日记》:

> 今日为农历中秋,学校不放假,余因伯驹有约餐叙,仍请假入城,借此洽办它事。先至东四某新书店购苏联外文局印行之恩格斯《家族、私产及国家起源论》,(中略)午食在盐业银行伯驹处,盘馔甚佳,节宴非便饭也。新政府成立,索人甚亟,同座试各言其志,至余,余谓志于教读并将老于教读矣,它则力有不逮。(下略)

10月10日

孙正刚、周汝昌来访，夜饮，伯驹作《惜黄花·丹枫霜染》。

惜黄花

中秋后四日，圆月渐缺，节序暗移。与正刚、敏庵夜饮赋此。

丹枫霜染，黄花金绽。倚朱楼，近残秋、夕阳庭院。歌罢断魂惊，酒入回肠转。况又是、月明还满。

星稀云淡，露华向晚。下帘钩，背灯愁、夜阑人散。心事自家知，醉也谁来管。恨未有、玉笙传怨。

10月19日

中央人民政府任命副总理及各部部长等职。政务院副总理：董必武、陈云、郭沫若、黄炎培。秘书长：李维汉。各部部长：

职务	姓名	职务	姓名	职务	姓名
内务部长	谢觉哉	公安部长	罗瑞卿	财政	薄一波
贸易	叶季壮	重工业	陈云	燃料工业	陈郁
纺织工业	曾山	食品工业	杨立三	轻工业	黄炎培
铁道	滕代远	邮电	朱学范	交通	章伯钧
农业	李书城	林垦	梁希	水利	傅作义
劳动	李立三	文化	沈雁冰	教育	马叙伦
卫生	李德全	司法	史良		

10月30日

午后关赓麟约至中山公园赏菊秋禊，分韵征诗并照相，夏仁虎、许宝蘅、张伯驹等与会，五时散。伯驹作有《霜花腴》（己

丑重阳,枝巢、秭园诸公邀集稷园上林春为登高之会,分韵得空字),收入《丛碧词》。词云:

> 上林盛事,正晚霜澄莹,霁色高空。星拱神都,日销兵气,八方际会云从。啸歌菊丛,看策筇、随步龙钟。有当时、贞元朝士,晚花辉映傲秋容。
>
> 百岁长安棋局,便浮云过眼,几幻沙虫。无恙江山,有情烟月,还欣故旧重逢。此生转蓬,似塞鸿、争奈西风。问今朝、酒上衰颜,可如坠叶红?

《许宝蘅日记》:

> 十二时同善先到东城俄食堂午食罢,访王彦强小坐。到中山公园,关颖人约赏菊秋禊,分韵征诗并照相,五时散归。赏延来,家骊来。

11月1日

中央人民政府文化部文物局成立,设于北海团城,以郑振铎为局长,王冶秋为副局长。

11月3日

学者、收藏家傅增湘逝于北京。

张伯驹《素月楼联语》:

> (前略)又每岁清明,皆去旸台山大觉寺同看杏,于花间共筑二亭,一名倚云,一名北梅。后余去西安,日本降后回京,沅老患半身不遂,旋逝世。余挽以联云:

万家爆竹夜，坐十二重屏华堂，犹记同观平复帖；

卅里杏花天，逢两三点雨寒食，不堪再上倚云亭。

文化部改全国戏曲改革委员会为戏曲改进局，局长田汉，副局长杨绍萱、马彦祥。其任务是：制定戏曲工作政策，进行戏曲剧目和演出情况的调查研究，拟定全国上演戏曲剧目和审定标准，组织力量整理、改编、创作戏曲剧目，团结、改造、关心戏曲艺人，培养新生力量，改革戏曲班社制度等。

天津《进步日报》发表记者张颂甲采访梅兰芳文章《移步不换形——梅兰芳谈旧剧改革》。梅兰芳因此文受到批判。

11月6日

丁惠康约请张伯驹与潘光旦等在泰丰楼午餐。

《潘光旦日记》：

（丁）惠康再度约至泰丰楼午食，同座有伯驹。

本年

张伯驹《丛碧词》有《念奴娇·韶华依旧》（和正刚咏金陵，用高青邱韵）、《念奴娇·杜鹃声里》（和正刚韵）两首疑为本年前半所作。

楼宇栋、郑重编《张伯驹生平简表》：

任民盟总部财务委员会委员、文教委员会委员。

张伯驹《五十年来我的情况》：

> 吴晗回京接收了市民盟委员会，成立正式委员会。我辞去了委员候选人，只担任总部财务委员会、教育委员会委员。张东荪、罗隆基他们的活动我都不参加。

《张伯驹自述》：

> 本年任燕京大学语文系中国艺术史名誉导师。

一九五〇年（庚寅）五十三岁

2月3日

张伯驹与于省吾至故宫博物院晤院长马衡。

《马衡日记》：

> 于思泊、张伯驹来。

2月

张伯驹作词《满庭芳》称张东荪"书生凭舌战，折冲杯酒，慷慨陈谋"。其词序云：

> 东荪先生倡议和平，乃冒险入城奔走斡旋，以为保全。予则追步骥尾，聊效赞襄议定。

3月3日（庚寅元宵）

孙正刚、周汝昌（敏庵）访展春园，饮至夜深，尽欢而散。伯驹作有《寰海清·丽景光天》词记之，收入《丛碧词》。

寰海清

  庚寅上元，同正刚、敏庵饮展春园，夜阑尽欢，送两君步月归，用王庭珪韵记之。

  丽景光天，恍然图画，鳌岛蓬仙。今日共欣宴赏，人月同圆。停杯数残漏，欢娱尽、翻不觉长夜如年。

  何须宝马云軿，灭绛烛隔窗，更是鲜妍。流水琤淙，寂寞曲径桥边。谁人有此闲情性？任归来缓步轻穿。百年如一掷，可能经，几婵娟。

6月前半

  张伯驹作《水龙吟·乍开谁当花看》（杨花。依章质夫、苏东坡唱和韵），后收入《丛碧词》。寄词卷请许宝蘅评定。许评诸词友之《杨花》词，取夏仁虎之"画栏春梦如云"为第一，孙正刚"落红铺碧沉酣"为第二，则以伯驹之作逊于夏孙。

6月19日（庚寅端午）

  午后四时暴风雨，甚凉。张伯驹作《金缕曲·庚寅端午，和敏庵韵》，收入《丛碧词》。

6月21日

  马衡午后赴张珩（字葱玉，时任文化部文物局文物处副处长）处看杜牧《张好好诗卷》。

《马衡日记》：

> （此）乃溥仪赏溥杰物，应由故宫收购，而西谛（郑振铎，时任文化部文物局长——编者注）谓字卷可以不收，奇哉！

编者谨按：杜牧书《张好好诗卷》先为文物局长郑振铎拒收，其后旋由伯驹收藏。

6月25日

午后四时至八时，张伯驹夫妇在欧美同学会主持成立庚寅词社，参加者有汪曾武、夏仁虎、傅岳棻、夏慧远、高毓浤、陈宗藩、许宝蘅、黄君坦、孙正刚、高默仙（高毓浤之女）等，共照相聚餐。

《许宝蘅日记》：

> 阅《读经示要》。孙正刚来。四时访陆观甫谈，到欧美同学会，张伯驹约庚寅词社，到者汪仲虎、夏蔚如、傅治芗、高浅子、陈莼衷、黄君坦、孙正刚、夏伟明（原注：闰庵之子。编者注：应为纬明。）、高默仙（原注：潜子之女）、主人夫妇，尚有一人忘其姓名，共照相聚餐，八时余散。

夏慧远（纬明）《近五十年北京词人社集之梗概》：

> 解放后，张丛碧于西郊展春园结庚寅词社，不定期聚会，由主人备馔，并预先寄题，交卷后再印送众人评第。始则二十余人，老辈如汪仲虎、夏枝巢、许季湘、陈莼衷等，尚能扶藜而过；并邀少年而好倚声者如寇梦碧、孙正刚、周敏庵等入社。长幼咸集，颇有提掖后进之旨。

编者谨按：慧远记忆略有误，词社成立于欧美同学会，到者仅十余人。其后又有陆续参加者。

6月末

庚寅词社寄出首次社题，一为《六州歌头·居庸关长城吊古》，一为《金缕曲·庚寅词集图卷》。

7月11日

文化部成立戏曲改进委员会，作为戏曲改革工作的顾问机关。其任务是：审定戏曲改进局所提出的修改与改编的剧本，对戏曲改进工作的计划、政策向文化部提出建议。委员会以周扬任主任，委员有田汉、欧阳予倩、梅兰芳、老舍等四十二人。本日举行首次会议，提出禁演京剧《海慧寺》《活捉三郎》等十二个剧目。自此至1952年2月8日，文化部先后禁演了京剧《杀子报》《海慧寺》《铁公鸡》《大劈棺》《探阴山》《关公显圣》《双沙河》《滑油山》《双钉山》《活捉三郎》《全部钟馗》《奇冤报》等及川剧、评剧共二十四个剧目。

7月

张伯驹作庚寅社题《六州歌头·居庸关长城吊古》《金缕曲·题庚寅词集图》，收入《丛碧词》。

8月20日

午后四时至九时，庚寅词社聚餐于欧美同学会，集者十八人，肴馔甚丰。许宝蘅评定首次社题词卷，《六州歌头》作者二十人，前三名为寇梦碧、关赓麟（字颖人）、徐蜕庵。《金缕曲》作者十七人，前三名为黄君坦、张伯驹、关赓麟。

《许宝蘅日记》：

> 同治芴赴伯驹庚寅词集之约，乘电车至前门，步至西河沿，集者十八人，肴馔甚丰，九时散归。《六州歌头·居庸关长城吊古》作者二十人，余所取前三名为寇梦碧、关颖人、徐蜕庵，梦碧名泰逢，年三十三，在天津设有梦碧词社。《金缕曲》作者十七人，余所取前三名为黄君坦、张丛碧、关颖人。

8月

吴鼎昌病逝于香港。

由关赓麟发起组织的咫社词社在北京成立。

8月末

庚寅词社第三集题寄出，一为《人月圆·庚寅中秋稷园初集》，一为《清平乐·落叶》。至九月中旬众人皆完成。伯驹在此期间作有《人月圆》（庚寅八月十三日，词社同人于稷园作中秋预集）、《清平乐·落叶》、《水龙吟·题正刚摹枝巢读清真词偶记稿册子》。

9月23日

《许宝蘅日记》：

伯驹馈面粉一囊。

9月24日

《许宝蘅日记》：

三时到中山公园庚寅词集，晤叶遐庵（恭绰），二十余年不见矣，八时归。

9月29日

午后二时张伯驹至故宫博物院参观文物局举办之文物展预展，同去参观的还有邵力子、叶恭绰、于省吾、邓以蜇等。据马衡记，"文物以沈阳博物馆借来之汉墓壁画摹本为最佳"。

《马衡日记》：

郑西谛嘱代表招待参观民族文物展览会之来宾，有乌兰夫等十余人，至绛雪轩，嘱景洛陪往保和殿。文物局亦有文物展览，二时预展。晤邵力子、叶玉甫（恭绰）、邓叔存（以蜇）、张伯驹、于思泊（省吾）等。文物以沈阳博物馆借来之汉墓壁画摹本为最佳。

9月

张镇芳的同居孙善卿卖出天津房产。

张恩岭《张伯驹传》引《关于刘张家芬诉分产事·张伯驹答辩》：

到1950年9月，我父亲的同居孙善卿卖出天津房子，刘张家芬来京要我同她一起向孙善卿庶母要钱，我不肯作。

8月—9月间

张伯驹收藏杜牧《张好好诗卷》。

张伯驹《春游纪梦·杜牧之赠张好好诗卷》：

> 唐书家书存世者亦不多见，而诗人书尤少。余所见惟太白《上阳台帖》、李郢《七言诗稿卷》与此卷而已。李郢诗稿卷见安仪周《墨缘汇观》著录，后为溥伦家藏。当时索价昂，余力不能收之，至今为憾。牧之诗风华蕴藉，赠好好一章与乐天《琵琶行》并为伤感迟暮之作，而特婉丽含蓄。卷于庚寅年经琉璃厂论文斋靳伯声之弟在东北收到，持来北京。秦仲文兄告于余，谓在惠孝同兄手，不使余知，因余知之则必收也。余因问孝同，彼竟未留，已为靳持去上海矣。余急托马保山君为追寻此卷，未一月卷回，余以五千数百金收之，为之狂喜。每夜眠置枕旁，如此数日，始藏贮箧中。

张伯驹《丛碧书画录·唐杜牧赠张好好诗卷》：

> 樊川真迹载《宣和书谱》只有此帖，为右军正宗，五代以前、明皇以后之中唐书体。而赠好好诗与杜秋娘歌久已脍炙人口，尤为可贵。入南宋经贾似道藏，后元人观款系由褚临兰亭之观款而移于此卷者。明刻入董其昌戏鸿堂帖，清刻入梁清标秋碧堂帖，后有年羹尧观款。予有《扬州慢》一词题于后。此卷曾埋于地下，有一二印章颜色稍霉暗，字丝毫无损。

编者谨按：伯驹收藏此卷时间，应在惠孝同"未留"之后，约在本年八九月间。

10月16日

《许宝蘅日记》：

伯驹来，约重九日往游展春园。

10月19日（庚寅重阳）

本日为傅岳棻生日。午后三时许宝蘅、傅岳棻结伴至展春园，遇陶洙（字心如）和周汝昌。伯驹邀众人观其所藏杜牧《张好好诗卷》、黄庭坚《诸上座卷》及展子虔《游春图卷》，至晚八时散。

编者谨按：伯驹《丛碧词》有《南浦·庚寅九日》疑为此前后作。

10月25日

抗美援朝战争揭开序幕。

11月初

关赓麟主持咫社活动，出题《紫萸香慢·展重阳琼岛登高》。伯驹作有《紫萸香慢·咫社北海琼岛展重阳》，收入《丛碧词》。

11月6日

张伯驹访许宝蘅，许作《扬州慢》词题其所藏杜牧《张好好诗卷》，当面写赠伯驹。

编者谨按：伯驹《丛碧词》有《扬州慢·题杜牧之赠张好好诗墨迹卷》，疑亦在此前后作。

张伯驹《春游纪梦·杜牧之赠张好好诗卷》：

> 余有《扬州慢》一词题于后云："秋碧传真，戏鸿留影，黛螺写出温柔。喜珊瑚网得，算筑屋难酬。早惊见人间尤物，洛阳重遇，遮面还羞。等天涯迟暮，琵琶溢浦江头。盛元法曲，记当时、诗酒狂游。想落魄江湖，三生薄幸，一段风流。我亦五陵年少，如今是、梦醒青楼。奈腰缠输尽，空思骑鹤扬州。"王疣斋颇赏结句数语，盖亦一时兴会，不有此一事，亦无此一词。

11月18日

《马衡日记》：

> 据云文史研究馆将设于故宫内，经再三拒绝，始择定北海静心斋为其馆址。但静心斋为北京图书馆储书之所焉，故宫能腾出房屋，俾北京图书馆迁储，则此事即可解决。因允以静心斋书改存故宫英华殿。

编者谨按：启功署名之《中央文史研究馆馆员传略·前言》记述：中央文史研究馆是毛泽东主席亲自倡议设立的。北京解放前夕，毛主席在石家庄对他的师长符定一先生说过，共产党对德高望重、生活困难的老学者的生活应有一个安排，要设一个机构。1949年12月2日，毛主席致柳亚子先生信中又提到"文史机关事"已交周恩来总理办理，"便当询之"。嗣后，毛主席、周总理请符定一、柳亚子、章士钊诸位先生筹划事宜，并指定林伯渠、齐燕铭同志负责此项工作。

12月2日

张伯驹参与中央文史研究馆的最初谋划。

《许宝蘅日记》：

接揆若（许宝骙）函，言遇陈叔通，为余谋文史馆事。今年春初，闻政府有人提议养老，曾经娟净开一名单交伯驹转送当局，余名亦在其列。至夏间由符定一、章行严召集枝巢、娟净、冕之诸君会商数次，定名为文史馆，规模颇大，于是希望者甚众，余以为老人甚多，安得人人而悦之，不甚在意。前日章叔来言，昂若谈及余之景况，曾与叔通通电话，为余谋之，故叔通又向揆若言及也。则伯驹曾参与创立中央文史馆之最初谋画。

本年

疑为本年所作词有《满庭芳·和敏庵韵》、《念奴娇·和枝巢翁展春园坐雨词》、《念奴娇·万红千紫》（春暮夜雨，正刚、敏庵来访，即和敏庵韵）、《玲珑四犯》（同枝巢翁雨后访稷园牡丹和原韵）、《鹧鸪天》（春尽病中作）、《酒泉子·斜月西楼》、《天香》（题启元白紫幢寄庐图）。

《玲珑四犯》（同枝巢翁雨后访稷园牡丹和原韵）一首疑为5

月2日后作。

楼宇栋、郑重编《张伯驹生平简表》：
任文化部文物局文物鉴定委员会委员。

一九五一年（辛卯）五十四岁

1月7日

连日雪后，本日早阴，午后雪又作，入夜未已。伯驹约许宝蘅、傅岳棻等二十人聚会于华新食堂午餐。餐后与许对弈一局，三时踏雪而归。

《许宝蘅日记》：
丛碧约饮于华新食堂，十一时同娟净往，集者二十人，肴馔甚佳，冬笋极美而齿不能嚼，可恨。饮罢与丛碧弈一局，三时余归。

2月初

张伯驹冒雪访周汝昌、孙正刚，归来作有《鹧鸪天》（庚寅腊尽日访敏庵、正刚，步雪归来，途中口占和正刚除夕词原韵），收入《丛碧词》。

雨岁平分般送迎，夜阑白发对灯青。颜如庭雪消多许，愁似炉烟叠几层。

花旖旎，酒憎腾，醉时还作暂时醒。人间难了悲欢事，旧去新来尽此生。

2月6日（辛卯春节）

伯驹作有《蝶恋花》（辛卯元旦感赋），收入《丛碧词》。词云：

> 银烛垂消鸡报晓，盼得春来，只是催人老。爆竹声声声未了，东风又绿坟园草。
>
> 旧日欢场空梦绕，走马长安，为问谁年少。纵说夕阳无限好，去时已去来时少。

编者谨按：此首与日前之《鹧鸪天》均极抑郁消沉，全不似新年景象，未审伯驹有何心事乃至于此。

2月22日

庚寅社词友傅岳棻在北京病逝。

3月下旬

梅兰芳出面请毛泽东、周恩来为即将成立的中国戏曲研究院题词。毛泽东题"百花齐放，推陈出新"，周恩来题"重视与改造，团结与教育，二者均不可缺一"。

4月3日

中国戏曲研究院在京成立，院长梅兰芳，副院长程砚秋、罗合如、马少波。

4月8日（辛卯上巳）

咫社与庚寅词社在展春园联合举办修禊雅集，以关赓麟、张伯驹夫妇为主人，彭主腐、许宝蘅、黄复、蒋希文、黄畬、林仪一、宋庚荫、夏慧远、唐益公、郑晟礼、王耒、胡先春、汪鸾翔、夏仁虎夫妇、高毓浵及女儿高默仙、陈宗藩、陶洙、刘子达、邢端、经善、卢启贤、薛长炘、吴颐曾、秦裕、张琢成、周维华、刘絜园、张浩云、顾仪曾、许以栗、周汝昌、谢良佐、惠均、黄孝平、孙正刚等四十余人，共设四席。以姜西溟《祝氏园修禊》诗分韵。午餐毕照相留念，午后三时散。伯驹作有《应天长·五侯故邸》（辛卯上巳承泽园修禊，分韵得石字）词记之。词云：

五侯故邸，三月令辰，芳游更趁泉石。尽有客愁兵气，随流付潮汐。堂前燕，犹似识，又软语、说春消息。问哀乐、旧世新人，那异今昔。

台榭倚斜阳，一梦承平，歌舞已陈迹。不见汉宫传烛，飞花自寒食。长安事，如局弈，曾几度、眼经身历。看无主、隔院娇红，谁去相惜。

《许宝蘅日记》：

十时善先来，同乘电车至西直门，换三轮车至承泽园，颖人、伯驹为主人，集者三十余人，主腐、巩庵八十以上，蔚如、元初、心如、耕木、潜子、莼衷、颖人、筱牧及余七十以上，共设四席，以姜西溟《祝氏园修禊》诗分韵，拈得当字，午餐毕摄影，三时散。

4月18日

中华全国文学艺术界联合会、中华全国妇女联合会、中华全国美术工作者联合会、北京市文学艺术工作者联合会四团体以及叶恭绰、徐悲鸿发起组成抗美援朝书画义卖会，以叶恭绰、徐悲鸿、老舍、陈半丁、叶浅予、溥雪斋、胡佩衡、汪慎生、梅兰芳、王雪涛等十人为征集人。

潘素参加了此次义卖活动并主办了一次书画折扇义卖展览会，5月抗美援朝书画义卖会向潘素颁发了感谢状。

《马衡日记》：

> 抗美援朝书画义卖会假中央美术学院开会，由何香凝、老舍、叶誉虎、徐悲鸿主持，书画家来会者数十人。古玩商会崔耀庭及邱某愿担任发动同行捐出旧书画参加义卖，亦可见爱国运动已普及深入矣。

4月末（暮春）

伯驹为周汝昌天津咸水沽旧居园林图题写《风入松》（题周敏庵咸水沽旧园图）一首，收入《丛碧词》。周汝昌有和作。

5月初

咽社通知第十期社题《惜余春慢·送春》。伯驹作后收入《丛碧词》。

5月20日

庚寅社词友集于同春园。

《许宝蘅日记》5月21日：

> 石荛年来，孙正刚来，知昨日庚寅词友集于同春园，曾有请柬附词卷内，余竟未之见。

6月前半

庚寅寄出社题《荔枝香近·咏荔枝》《南歌子·鲫鱼》。伯驹《丛碧词》有《南歌子·鲫鱼》。

6月26日

毛泽东在符定一关于成立文史馆的来信上批示："请齐燕铭同志办。生计太困难者，先行接济，不使挨饿。"（《毛泽东年谱》（1949—1976）第一卷，364页）时任中央人民政府办公厅主任、政务院副秘书长的齐燕铭立即着手办理。

7月

陶洙为周汝昌作《枫红芦白村图》，黄君坦、启功及伯驹皆有题咏。伯驹诗云：

> 芦白枫红水国遥，泥沽豆卤远通桥。
> 鱼盐市冷占帆去，只有斜阳送晚潮。

7月21日

《许宝蘅日记》：

接伯驹笺，约星期二午食。

7月24日

《许宝蘅日记》：

八时一刻乘电车至西直门，换小汽车出城至燕京大学，至蔚秀园访林焘，至承泽园赴伯驹约，两园均有荷花，自去年修浚三海，城内遂无荷花。词社诸友先后集，午食，三时偕冕之（邢端）乘燕京车入城归。倦极即卧，至五时起。

7月29日

中央文史研究馆发表首批馆员。馆长符定一，副馆长叶恭绰、柳亚子、章士钊。馆员有王治昌、田名瑜、邢赞庭、邢端、宋紫佩、志琮、邵章、康同璧、周嵩尧、查安荪、夏仁虎、唐进、陈云诰、陈半丁、黄复、叶瑞棻、巢功常、齐白石、齐之彪、刘武、刘蓻园、潘龄皋、萧龙友、罗介丘、梁启勋、康和声。

9月1日

包括盐业银行在内的"北四行"公私合营联合总管理处正式成立。

《许宝蘅日记》：

朱亦奇来谈，亦奇原在大陆银行，现因与金城、盐业、中南及四行联合金库改为五行联营，故而退休。

9月23日

《马衡日记》：

在(故宫御花园)千秋亭看宋徽宗《雪江归棹卷》，钱选《富春图卷》，《赵子固书画卷》，书精而画伪。

9月

北京大学马寅初、汤用彤、张景钺等十二位著名教授响应共产党号召，发起北大教员政治学习运动。29日，中央决定开展知识分子思想改造运动，后从教育界逐步扩大到文艺、科技、民主党派、政府机关、人民团体、工商界和宗教界，形成全国规模的运动。

10月1日

国庆前后潘素与胡佩衡、秦仲文、惠孝同、吴光宇、吴镜汀、周元亮、启功、溥松窗合绘《大好河山图》，叶恭绰题记，赠送给毛泽东主席。

10月9日

关赓麟约集中山公园水榭。伯驹是否出席待考。

《许宝蘅日记》：

今日重阳节，午前绍戡、彦强诸君约在北海食蟹，午后颖人约在中山公园水榭诗集，均未能往。

10月24日

咫社通知第十五期社题为《玉京秋·暮秋郊望》。

《许宝蘅日记》：

咫社通知第十五期题《暮秋郊望》，用《玉京秋》调，九十五字。

10月25日

《马衡日记》：

（王）冶秋询《中秋》《伯远》两帖历史，谓郭昭俊押在香港外人处，本年十一月底即将押绝，郭无力赎取，拟请公家取赎。嘱致函郭沫若，请其设法。

编者谨按：伯驹与马衡皆与《中秋》《伯远》两帖颇有渊源者。此二帖在溥仪未出宫前，已为瑾太妃据为己有（伯驹以为系溥仪在天津张园时期售出），民国初年为收藏家郭葆昌所得。1936年，郭曾邀马衡与庄严、徐森玉饮于郭宅，郭取出二帖请马等欣赏，云："三希名迹，余得其二，可称平生快事，然名物应归国有，余暂守之，已立遗嘱，将来与所收历代名瓷，统捐故宫博物院。"此事见于庄严《前生造定故宫缘》。庄严又云："及胜利后，其公子果承继先志，献诸故宫，惟中秋二帖不在其内，是一憾事。"而据伯驹文章，伯驹曾于1937年春访郭宅，郭欲以此两帖并李白《上阳台帖》、唐寅《孟蜀宫妓图》、王时敏《山水》轴、蒋廷锡《瑞蔬图》数件让与伯驹，索价二十万元，先付六万。后卢沟桥事变，伯驹一时钱款不继，将《中秋》《伯远》二帖退郭。

10月31日

《马衡日记》：

又看华东送来之画卷，宋徽宗《柳鸦芦雁》、李嵩《西湖图》、钱选《山居图》、夏圭《江山佳胜》、文徵明《石湖佳胜》，皆精绝。

编者谨按：伯驹《丛碧书画录》有《元钱选山居图卷》，记云："纸本，青绿金碧，丹粉着色，笔法唐人而极饶逸韵，用墨设色赵子昂亦未之或先。钱进士《山居图》曾见两卷，一卷为过云楼顾氏藏，为孙退谷《消夏记》所著者。是卷为高士奇《江村消夏录》所著者，后有纪仪、纪堂两跋。"伯驹所藏之《山居图》得自衡亮生（名永，以字行），衡则得自端方。马衡所观者，应非伯驹所藏。

11月1日

《马衡日记》：

下午冶秋来言，《中秋》《伯远》二帖经郭沫若于廿五日晚将余函批交阳翰笙处理，次晨（廿六日）即乘飞机出国。顷阳翰笙通知，周总理以为国家未便办此交涉，拟仍请胡惠春出名，惟须保证其非赝品及安全送至国内。余谓此事可托森玉函胡惠春，冶秋以为然。六时访森玉于三时学会，适葱玉亦在座，因以此事告之。森玉允候信办理，余以车送森玉登车。

编者谨按：徐森玉名鸿宝，以字行，浙江吴兴人。民国时期曾任北京大学图书馆长、故宫博物院古物馆长；新中国成立后任上海市文物管理委员会主任、上海市博物馆长。阳翰笙是中国左翼作家联盟发起人之一，新中国成立后任政务院文化教育委员会副秘书长、总理办公室副主任、中国人民对外友好协会党组书记兼副会长。

马衡既受命经办购回《中秋》《伯远》两帖，特荐上海徐森玉襄助，而伯驹等北京诸公竟始终不得与闻二帖之事。马衡所为，尤可玩味。而马衡与伯驹素不相能，伯驹文中亦言及与马衡意见多有相左。

11月2日

《马衡日记》：

马夷初（叙伦）约六时在其家谈话。下值后赴之，冶秋已先在，乃以二希之始末告之，决定托森玉转托胡惠春办理。夷初约明日晤周总理后作最后决定。

编者谨按：马叙伦字夷初，号石翁、石屋老人，浙江余杭人。新中国成立后任政务院文化教育委员会副主任、教育部长、高教部长。

11月5日

《马衡日记》：

文化部开改组后之社会文化事业管理局初次会，当开会时，阳翰笙来见冶秋谈话，余知为二希事，询之果然。阳索夷初、冶秋及余三人之谈话记录，于四时前送政务院，冶秋嘱余起草。

回家午饭后即将该二帖之真伪问题及保证安全运回问题写一记录交冶秋送去。

11月6日

《马衡日记》：

下午冶秋又来云准备赴广州办理二希事，部中尚未知之，当与周副部长商之。余回家后冶秋来电话告，周不同意其出差，谓两局合并伊始，不能远离。属意于余，征余意见，余立允之。

11月7日

《马衡日记》：

冶秋电话谓：徐盈曾与周作民谈及二希事，似略知其经过，如能将作民抓住，拟多一重保障。问余同往晤之否？因与冶秋、徐盈同车而往。余与作民不晤将廿年矣，彼此各增老态。谈及二希与胡惠春之关系，似颇清楚，并知押款为四万港币，允今日与上海通电话，由一与森玉极密切之人，转告森玉，请其电惠春负责办理。如中南不能垫款，当由金城任之。余知此中大有文章，约冶秋下午再谈，遂各分手。下午访冶秋，商致森玉电稿，明白告以作民肯帮忙，请电惠春负责赎回，并请惠春径复冶秋。与冶秋访叶剑英，已于今晨返粤矣。

11月8日

《马衡日记》：

冶秋电话谓顷接徐伯郊广州电话，仍坚持前索之价。下午继续选颐和园铜器，冶秋寻至延禧宫，授余以抄件，乃政务院同意购回《中秋》《伯远》二帖，指示夷初、冶秋及余以处理办法者。文曰："同意购回王献之《中秋》、王珣《伯远》帖，惟须经过我方现在香港的可靠银行，查明物主郭昭俊有无讹骗或高抬押价之事，以保证两帖能够顺利购回。所须价款确数，可由我方在港银行与中南胡惠春及物主郭昭俊当面商定并电京，得批准后垫付，待《中秋帖》及《伯远帖》运入国境后拨还。以上处理手续，请与薄南雨同志接洽。"冶秋已访薄南雨同志，未晤，已与国外营业处面洽，电香港照办。

11月9日

《马衡日记》：

访冶秋。适徐伯郊自广州来电话，谓已与其父通电话，悉周作民已电王逸陶与之接洽。问以押价是否卅余万港币，则谓胡惠春所言如是，确否亦不详云云。余始终对胡惠春辈怀疑，因访作民。作民问押价究为若干，告以余此来正为此事，君日前谓四万港币，究得诸何方？作民谓在森隆席上听森玉与誉虎等所谈。余问以誉虎以外尚有何人，则有周叔弢、叔迦昆仲。余以伯郊所言数字告之，作民谓彼等谈此，仅从旁闻之，或系误听。以此等名迹，仅押四万似嫌太少耳。并谓如此巨款，约合人民币十六、七亿，然则余之垫款，尚待考虑。因告以款或无须垫付，当由在港银行设法。下午与马子云赴北五所选铜器。

傍晚访冶秋请其与森玉通一电话，仍托其与胡惠春接洽，并告以余等行期大约十五日以前必到广州。

11月10日

《马衡日记》：

作民电话谓森玉已知余明日南行，并建议此事若由森玉出面与胡惠春交涉，则一切中间隔阂俱可迎刃而解。因电冶秋，请其电森玉赴粤一行。森玉允明日启行。

11月11日

《马衡日记》：

下午访誉虎，询以在森隆与森玉等谈及二希事，不得要领。回至团城访冶秋并取车票及护照。八时寿华、丽莎送余登车。冶秋后至。八时五十分开车，十时就寝。

11月12日—12月3日

王冶秋、马衡、徐森玉等赴广州、香港办理购回《中秋帖》《伯远帖》事宜，议定偿还抵押款港币458376.62元，另付押主郭昭俊港币3万元，共计港币488376.62元。至11月26日，二希已存入香港中国银行库中。

11月24日

北京文艺界召开整风学习动员大会。

12月4日

《马衡日记》：

电询冶秋两帖已报告政务院否，冶秋谓只夷初看过，须由三人小组作一报告，余力任之。

12月5日

《马衡日记》：

以报告稿与冶秋，斟酌修正后由彼持示夷初，再行誊清签名。

12月7日

《马衡日记》：

报告又经夷初删改，打字数份，经盖章后送交总理办公室，阳翰笙主任转呈周总理。

12月初

中央文史研究馆发表第二批馆员：楚中元、彭主邕、汪曾武、陈枚功、李广濂、戴宝辉、漆运均、石荣暲、吕式斌、胡先春、祝先棻、宋庚荫、徐德培、马宗芗、刘综尧、钟刚中、陈祖基、陈宗藩、杨德懋、姚荧、洪镕、吴家驹、钱来苏、王冷斋、蔡可权、光升。

12月23日

《马衡日记》：

夷初约沈衡老（沈钧儒）、陈叔老（陈叔通）、李任老（李济深）及章伯钧等至团城看二希，冶秋约往招待。夷初我见甚深，指《中秋帖》为出自老米所摹，不知老米正从大令出也。见米未见王，故有此见解耳。

编者谨按：伯驹意见亦据《宣和书谱》《清河书画舫》等著录，以《中秋帖》为米临。徐邦达《重订清故宫旧藏书画录》持同样意见。

12月27日

文化部决定将《中秋》《伯远》二帖交由故宫博物院收藏，由王冶秋亲自送至故宫。

12月31日

《马衡日记》：

陈叔通来书，谓《清河书画舫》已言《中秋帖》为唐人摹本，非真迹也。

本年

张伯驹本年或去年曾参加在天津中国大戏院举办的抗美援朝义演。剧目包括朱作舟《金钱豹》、包丹庭《探庄》和伯驹的《问樵闹府》《打棍出箱》。

编者谨按：朱经畬《张伯驹生平事略》以为此次演出在1950年。

伯驹与朱家溍开始交往。

朱家溍《我与张伯驹道兄》：

1951年为了支援抗美援朝，我们故宫博物院的业余京剧团发起捐款的义演。从正月开始每周演出两场或三场，参加演出的有一部分故宫的职工，同时还有专业演员参加，例如《阳平关》，我演赵云，刘砚芳先生演黄忠，钱宝森先生演徐晃。《连营寨》祝荫亭先生演刘备，我演赵云。这个演出团体售票情况非常好，继续了一年，到了"三反"运动开始才停止演出。专业演员参加的还有迟月亭先生、王福山先生等等。乐队则完全是专业的，场面头是马连贵，打鼓老有杭子和、侯长青、裴世长，三位轮流来做活。大锣马连贵，小锣王长贵，齐钹小杭，胡琴朱家奎等等。他们诸位先生在1951年的时候都还是"散仙"，尚未参加组织，所以连贵先生很容易组织了这样一个强阵容的乐队。

有一次我演《长坂坡》，散戏正在卸装的时候，看见伯驹进后台来了，"真正杨派的《长坂坡》！现在演《长坂坡》赵云没有够上杨派的，只有你这一份。"他还没走到我面前，就大声地把话说完。我连忙说："你过奖了，我很想听听你有什么意见。"我一边洗脸，换衣裳，一边我们就没完没了地谈起杨小楼。这时候刘砚芳先生也过来，我们三个人一同散步到景山东街马神庙路南的一个四川小馆吃晚饭。席间伯驹说想参加演几次，当时商量妥当，订好戏码。从次一个星期开始，共演出四次。一次是我演《青石山》，伯驹扮吕洞宾。二次是我演《拿高登》，他在压轴演《打棍出箱》。三次是他演《摘缨会》，我扮唐蛟。第四次是《阳平关》，他演黄忠，我演赵云。经过这一段时间的来往，我们原来淡淡如水的关系变成莫逆之交。

吴小如到燕京大学教书，借宿张伯驹家。
周婧《访吴小如先生：张伯驹与京剧（上）》：

1951年我到燕京大学教书，碰见张先生，张先生马上认出我来了。（中略）他认识我父亲在后，认识我在前，所以我没有管他叫张老伯，叫张先生。（中略）当时我在燕京教书，爱人跟孩子都在天津，他知道以后，主动就跟燕京那个主持事情的人说，说吴小如没地方住，让他住到我那儿去吧。他那个藏书楼，就是最后头有一个藏书楼，这个藏书楼有两间空房，外面都是他的书，那么那两间空房他腾出来，然后让我接了家眷住在那儿。他解决了我这个住房的困难。我在那儿住了，你看我五一年去的，住了差不多半年多，到五二年有宿舍的，我五二年搬过来的。

吴玉如诗寄张伯驹，载天津文史馆编《吴玉如诗文辑存》：

寄张伯驹代笺

覆君笺廿日，日日盼君覆。

尝闻事在念，念之意转毂。

倘初无此意，亦无念起伏。

生事虽逼人，安贫久自督。

为君知我怀，遂动东来欲。

疆求最不可，生平耻追逐。

倘或有为难，无为我屈曲。

十载块处心，寓形甘枯木。

纵言眷后生，亦须机缘熟。

怀君因寄辞，千里同膝促。

　　寄张伯驹代笺

松花江上客，一别廿余年。

闻道能为地，不知可有缘。

时平容薄技，春好发长篇。

何莫非生事，多君藉手前。

编者谨按：吴玉如（1898—1982年），名家琭，号迂叟。

一九五二年（壬辰）五十五岁

年初

　　张伯驹组织成立"北京市京剧基本艺术研究社"，以载涛为社长，伯驹为副社长，成员有钱宝森、王福山、迟景荣、叶仰曦、韩世昌、白云生、侯永奎、刘曾复、朱家溍、李体扬、张琦翔等二十余人。

　　《中国京剧史》第三十五章《张伯驹》：

　　　　1952年初，（伯驹）邀请昆曲、京剧的著名演员和票友、戏曲研究家二十余人聚会，为保存昆曲、京剧两大剧种的精粹而发起组织北京市京剧基本艺术研究会，仿过去北平国剧学会的模式，作理论与技艺的研究，期望整理出京剧表演艺术体系，继承发扬京剧艺术遗产。公举载涛为社长，张伯驹等为副社长。该会定期作专题讲座或以座谈方式作专题研究。同时张伯驹还组织了多场京剧艺术家杰作观摩演出，如尚小云、荀慧生的《樊江关》，孙毓堃、钱宝森、王福山的《连环套》等等。他还曾将湘剧《柴市节》移植为京剧，自饰文天祥。在第一次全国戏曲会演期间，张伯驹主持该研究社的成员座谈研讨京剧时装现代戏等问题，并组织了与此有关的一些有争议剧目作内部演出。

1月3日

《许宝蘅日记》：

接咫社通知第十七集题《玉蝴蝶·题冒鹤亭罗浮仙蝶图》。

1月15日

王韵缃向法院递交离婚诉讼。

1月22日

与王韵缃离婚案，第一次法院开庭。

1月26日

中共中央发出在大中城市开展"五反"斗争的指示，要求依靠工人阶级，团结守法的资产阶级及其他市民，向着违法的资产阶级分子开展一个大规模的坚决彻底的"五反"(行贿、偷税漏税、偷工减料、盗骗国家资财、盗窃国家经济情报)斗争,以配合"三反"运动。

1月27日(壬辰春节)

楼宇栋、郑重《中国文博名家画传:张伯驹》:

  本年春节前,张伯驹与王森然曾一起去给齐白石拜年。春节后,何香凝、郑振铎等曾来看望张伯驹夫妇。其后,张伯驹被聘为文化部顾问。

1月以后

随着"三反""五反"运动深入开展,故宫博物院包括院长马衡在内,王世襄、朱家溍等多人被集中院外隔离审查。五个月后,马衡不再担任院长,仅保留北京市文物整理委员会主任职务。

2月5日(壬辰立春)

伯驹作《南楼令·壬辰立春》,收入《丛碧词》。

2月6日

立春夜北京大雪,屋瓦皆白,至本日午雪止。伯驹作《临江仙·立春后雪》,收入《丛碧词》。词云:

  蜡泪滴残凤烛,炉香熏上貂裘。重帘放下月垂钩。衾寒知雪意,酒暖觉春愁。

紫气曈曚日晓，翠华葱蒨烟浮。西山晴霁一登楼。琉璃装世界，金粉饰神州。

2月10日（壬辰元宵）

伯驹作《玉楼春·元夜（宵）》，收入《丛碧词》。词云：

金吾衙外香尘绕，玉照堂前歌管闹。帘开灯上月初来，柳暖韩梅春正好。

清光从未嫌人老，欢乐不教成懊恼。今年才见月一圆，已为良宵拼醉倒。

编者谨按：《张伯驹词集》皆作"元夜"，应系"元宵"之误。

2月24日

《许宝蘅日记》：

得咫社笺，第十八课题为《题箕陵吊古图》。

3月

冒鹤亭八十寿辰，伯驹作《临江仙》为贺。词云：

水绘鸳鸯旧梦，罗浮蛱蝶新知，红丝词好继乌丝。江山输末造，名字入传奇。

一醉当时题壁，百年此日称卮，青芜故园影迷离。松存经岁干，菊有傲霜枝。

3月21日

《文汇报》发表俞平伯文章《三反运动教育了我》。

4月13日

《许宝蘅日记》:

三时到公园(编者注:中山公园),咫社词集,到者王耕木(主课)、夏蔚如、关颖人、高潜子、胡元初、宋筱牧、刘猛纯、黄娄生、君坦、张伯驹,尚有数人,不详其姓字,善先后至。社题为《踏青游》,见《清真集》,或以为王晋卿作,用晓、曹、照、岛、绕、少、道韵,见蔚如及夏映庵、汪旭初之作皆用原韵。五时余散,同善先至双十晚食,食罢到复斋寓小坐,八时归。伯驹词有《踏青游》(依清真韵),收入《丛碧词》。

4月27日

《许宝蘅日记》:

咫社廿集题《绛都春·稷园观芍药》。

4月末

周汝昌携妻女离京赴成都华西大学任教。

杜亚萍《周汝昌传》:

周汝昌去华西大学任教时,张伯驹特为他举行了一次专题送别的词社活动,所限的词牌是《惜余欢》。周汝昌一直记得当时的热闹场面。词社活动在张伯驹的展春园举行,当晚大客厅高朋满座，诗酒弦歌的气氛令周汝昌终身难忘。参加词社的大多数是耄耋之名流，年纪最大的是九十岁的关颖人先生。

编者谨按：周汝昌文也几次提到此事，但是记忆有差，叙述有所不同。周汝昌全家系5月1日抵达成都，因此聚会时间当在此时。

5月17日

《许宝蘅日记》：

九时半出门到中山公园，善先已至，咫社友蔚如、耕木、淑周、潜子、筱牧、稼庵、仰放、娄生、君坦、孟纯、颖人先后至，共十五人，十二时午食，二时余散。

编者谨按：伯驹是否出席待考。

6月2日

《许宝蘅日记》：

咫社通知廿一集题《满庭芳·咏太平花》，约五月十六日在上林春茗叙。

6月

清宗室、京剧艺术家红豆馆主溥侗在上海病逝。

7月6日

午后四时咫社在中山公园举行词集。到者二十人，六时余散。

本日（旧历五月十五日）为夏仁虎生日，部分咫社同人在同春园为夏贺寿。

《许宝蘅日记》：

四时到中山公园咫社词集，至者达廿人，六时余散。颖人辈至同春园为蔚如作生日，余与善先不加入，遂在公园少作流连，俄而雨至，乃就来今雨轩小食，至九时始出，乘电车归。

编者谨按：伯驹出席与否待考。

8月10日

《许宝蘅日记》：

二时半到公园（中山公园），咫社词集。四时后大雨，六时顷雨有止意，遂冒雨出，乘三轮归。

编者谨按：伯驹是否赴会待考。

9月7日

《许宝蘅日记》：

稊园社题，拟《五杂俎》《两头纤纤》《自君之出矣》。

秋季

北京各高等院校院系调整，燕京大学各系分别并入北京大学、清华大学、北京政法学院、人民大学。北京大学迁入原燕京大学校址，即燕园。

10月—11月

文化部在北京举办第一届全国戏曲观摩演出大会，京剧、评剧、越剧、川剧、豫剧等二十三个剧种八十二个剧目参加，其中传统剧目六十三个，新编历史剧十一个，现代戏八个。

11月8日

文化部举行宴会，招待参加全国戏曲观摩演出的一千二百多位演员及其他戏曲工作者。马叙伦、齐燕铭、梅兰芳、老舍、余心清、欧阳予倩、阳翰笙、吴晗、艾青、洪深、张庚、周信芳、常香玉等出席。

11月14日

第一届全国戏曲观摩演出大会在中南海怀仁堂举行闭幕式，茅盾主持，周恩来讲话，周扬作《改革和发展民族戏曲艺术》报告。

12月26日

潘素与胡佩衡、溥雪斋、秦仲文、徐燕荪、关松房、惠孝同、陈缘都、吴光宇、吴镜汀、周元亮、溥松窗合绘《嵩岳长春图》，为毛泽东贺寿。叶恭绰题画云"恭祝毛主席千秋之庆"。

年底

楼宇栋、郑重《中国文博名家画传：张伯驹》：
伯驹向文化部提出申请要看《伯远帖》，报告至年底才得批准，伯驹与画家赵望云一起赴故宫欣赏二帖。伯驹有词记之，未收入《丛碧词》。

本年

楼宇栋、郑重《中国文博名家画传：张伯驹》：

　　何香凝访伯驹后不久，康生曾看望张伯驹，除欣赏伯驹藏品外，借走七八件明清画家作品。康生还提出请伯驹参与现代戏创作，为伯驹婉拒。后康生给伯驹寄来章草题字一幅，"古为今用，洋为中用，百花齐放，推陈出新"，落款康生。旁有小字行书，"值康生同志参加中央会议归来，兴酣而草"。落款"伴竹"，即康生夫人曹轶欧。

编者谨按： 新中国成立后康生一直处于休养状态，至本年初方被允许来京，居中南海锡福堂。直到1956年9月中共八届一中全会才被选为中央委员和政治局候补委员，但仍然没有实质性工作安排。1958年后担任中共中央文教小组副组长、教育工作委员会副主任。

楼宇栋、郑重《中国文博名家画传：张伯驹》：

　　李济深成立北京棋艺研究社，伯驹任理事兼总干事。

《张伯驹自述》：

　　一九五二年李济深成立北京棋艺研究社，我任理事兼总干事。同年，我组织北京京剧基本艺术研究社，我任副主席。

编者谨按： 李济深时任中央人民政府副主席，于本年4月成立北京棋艺研究社，位于前海南沿3号，归属文化部领导，文化部拨款七千元作为经费,李任社长。次年成立社委会,黄绍竑任主任委员,而张伯驹未被列入社委会名单。楼、郑所记当另有所本,待考。

楼宇栋、郑重《中国文博名家画传:张伯驹》:

> 伯驹在燕京大学贝公楼大礼堂演出京剧《阳平关》,饰演黄忠。

楼宇栋、郑重《中国文博名家画传:张伯驹》:

> 本年伯驹将《游春图》让与故宫博物院。

潘素《忆伯驹》:

> 1952年郑振铎来说:如此国宝由国家保管更好,要求伯驹让给故宫博物院,伯驹慨允,作了捐献。但国家也回赠了一部分现金。

编者谨按:吴祖光《红毹纪梦诗注》序云,伯驹"全国解放后,应郑振铎之请,于1952年首将珍藏的稀世之宝隋展子虔《游春图》让与国家"。

本年起,中国戏曲研究院邀余胜荪、李适可、张伯驹等人录钢丝录音。

《张伯驹自述》:

> 1952年我任公私合营银行董事,1953年重估资产,改造

董事会，我以没有股票申请退出。

张伯驹与王韵缃离婚。
王忠和、荣进《生是长穹一抹风：民国公子张伯驹》：
　　王韵缃和张伯驹离婚后，张镇芳夫人仍留她住在天津家里。直到其子张柳溪结婚，才到石家庄为儿子安家、照顾孩子。张伯驹之子张柳溪毕业于辅仁大学，后在石家庄工业局工作。但是，王韵缃每年都要去天津和婆婆住上几个月甚至半年，直至1961年婆婆去世。张伯驹得知消息，从北京赶来，与王韵缃一起料理了后事。张伯驹与王韵缃离婚后，与其子张柳溪的关系似乎也很冷淡，以至伯老死后，其婿楼宇栋发表了许多纪念文章，却少有张柳溪的声音。

为审理张伯驹与王韵缃离婚案，司法机关对张伯驹家庭财产调查。
寓真《张伯驹身世钩沉》引调查清单：
一、人口情形
张恩周（伯驹的祖父）
张镇芳（民二十二年亡）
妻智氏（民初亡）
妾孙善卿（六十六岁）自己住天津大理道永和里五号
继子张伯驹（五十五岁）任民盟文教委员，无收入
妻王韵缃（四十四岁）

子张柳溪（二十六岁）石门建设公司工作，收入三十九万

又妻潘素（三十八岁）国画研究会会员

女张传綵（二十岁）上高中

张锦芳（民二十九年亡）

妻崔氏（一九五〇年亡）

子张家骙（已亡）

女张月娥（已亡）

女张家芬（五十岁）也称过继给张镇芳夫妇

妾杨慧仙（四十四岁）

子张家骏（二十七岁）新疆文工团工作

二、张镇芳、张锦芳的故后财产

（一）盐业银行股票五十万元

（二）现款十六万元

（三）天津保定道廿二号一所房（五十多间）

（四）北京弓弦胡同一号一所房（五十四间）

（五）项城老家原有三千多亩地，几十间房

三、现有财产

（一）海甸承泽园房一百多间，土地三十多亩

（二）宋画十几幅，值四五亿元（有潘素部分钱）

四、张镇芳遗产处分经过

（一）盐业银行股票，在民国三十年前就用净了（家用）

（二）十六万元现款，在民国廿六年前用净了（家用）

（三）天津保定道的房，由孙善卿卖钱用了

（四）北京弓弦胡同的房，由张伯驹卖三十五条黄金，除给张家芬十二两外，其余还了一部分债，还剩下三分之一多点，买了承泽园的房

（五）老家的地，除被韩复榘没收一半外，其余在土改时都分配了

五、张伯驹所欠外债

部　忠　　　二千三百万元，无息

潘志和　　　三千万元，无息；又一千万元，无息

袁涤庵　　　四百万元　无息

陈半丁　　　五百万元　息四分

张子厚　　　八百七十六万元　息五分

惠孝同　　　二百万元　无息

王太太　　　一千万元　息七分

袁太太　　　三百六十万元　息七分

刘　妈　　　七十万元　息七分

楼宇栋　　　五十万元　无息

疑本年

潘伯鹰自上海来京，有诗二首赠张伯驹，疑即本年春作。

潘伯鹰《题张伯驹画二首》：

吹絮柳枝

九十残春尽，攀条任短长。天涯飞雪满，莺燕底须忙。

杏花

艳色斜枝出，低墙炫影初。闹中红意透，颠杀宋尚书。

一九五三年（癸巳）五十六岁

1月19日

《许宝蘅日记》：

接咫社第二十八社题《沁园春·见故家藏书论斤捆卖述感》，并通知社友蔡公湛（可权）十一月十九日逝世，年七十一。

1月

盐业银行正式并入公私合营银行北京分行。

2月6日

北京市劳动局救济科通知，向袁克定、许宝蘅等十数人发放救济金每月三十万。

《许宝蘅日记》：

据救济科人说系由人事局审定，每人各给救济金三十万，自一月分起，此外尚有袁克定、丁超及张伯钦（原注：以前内部卫生司员）、王铎（原注：王克鲁之弟）、刘武郭（原注：

同院住者，刘用民之弟）及不知姓名者十许人。经科员按名签发证据、支票，一一交领，遂随众受领，十二时后散出。

2月14日（癸巳春节）

毛泽东派秘书田家英赴张伯驹宅拜年。

张恩岭《张伯驹传》：

1953年的大年初一，毛泽东专门派了自己的秘书田家英去给一些知名人士拜年，其中就有张伯驹。张伯驹对田家英的博学儒雅大起好感。田家英捎来了毛泽东主席的问候，除了一包四色礼品，还有一封主席的嘱托信，是中共中央办公厅代笔的。张伯驹取出竖格子的信笺，只见上面写道：

张伯驹、潘素先生：

遵主席嘱，在新春佳节之际，送上火腿、糕点、水果、白酒四色礼品，以答谢二位先生对毛泽东之厚意。

祝新春愉快！ 致礼！

伯驹在节后作《东风第一枝》（和敏庵锦城除夕词），收入《丛碧词》。

2月21日

中央文史研究馆馆员、庚寅社词友陈莼衷病逝。

2月28日

咫社聚会于丰泽园。

4月16日（癸巳上巳）

《许宝蘅日记》：

接稊园通知，重三在北海修禊。

编者谨按：伯驹是否出席待考。

7月27日

美国在朝鲜战争停战协定上签字，抗美援朝战争取得胜利。

夏末

伯驹将展春园售予北京大学。售前伯驹邀请庚寅词社同人赏荷，作有《瑶华》一首，收入《丛碧词》。词序云："承泽园将易主，时荷花盛开，邀词集同人饮赏。"词曰：

一花一叶，绿意红情，是人间空色。轻房密盖，曾覆护、波底鸳鸯双翼。繁华几日，便说到、西风消息。算自来、苦在秋心，识得许多炎热。

朱门屡换衣冠，剩歌舞楼台，池头凝碧。蓬瀛旧侣，回首处、觅梦又成今昔。何须是主，趁雨夕、续欢顷刻。看此身、天地浮鸥，为问谁人非客。

肖东发等主编《风物：燕园景观及人文底蕴》：

他（伯驹）在燕京大学任教时，应该常住承泽园内。如此说来，今日看似普通的承泽园竟与一代文化名人结缘，承泽园也因此而增辉不少。1952年燕京大学并入北京大学，北京大学从城内沙滩迁入燕园。第二年，张伯驹先生便把承泽园卖给北京大学。

张恩岭《张伯驹传》引张伯驹手记：

> 房售价约一千八百匹，合人民币五亿零四百元
>
> 还债一亿零七百五十万，利息在外
>
> 退还贸易专修科修理费一千五百三十五万七千六百元
>
> 退还贸易科造洗澡房六间，估计二千万左右
>
> 退还贸易专修科三年半房租二千六百万元
>
> 售房税
>
> 房客迁移费一千五百万
>
> 除以上开出，下余三亿元

9月22日（癸巳中秋）

伯驹已移居城内。值友人关友声来访，伯驹作《人月圆》词，收入《丛碧词》。序云："余居郊墅四度中秋，癸巳园易主，中秋夕居城，适济南关友声君来，小酌同赏月，因赋。"词曰：

> 百年几换楼台主，明月自团圆。清辉到处，千门万户，不问谁边。
>
> 思家张翰，无家张俭，等是痴颠。但能有酒，又能有客，同赏同欢。

编者谨按：关友声名际颐，以字行，号嘤园主人；书画家，兼能诗词、琴棋、京剧，当时任教于齐鲁大学，与老舍交好。

楼宇栋、郑重《中国文博名家画传：张伯驹》引张传彩回忆：

1953年我父亲把承泽园卖给北京大学。我们家那时在海淀还有一处三十多亩地的院子,从承泽园搬出后,在那个院子住了半年左右,后来卖给了傅作义,最后住到了后海附近。父亲给袁克定一家在西城买了间房子,让他们搬了过去,也照样接济他们的生活。(中略)北平解放之后,为还欠款和维持家用开支,张伯驹把西城护国寺附近的一处老宅卖了,于1956年全家迁到后海南沿的一个小院落,这也是他最后一点不动产了。

编者谨按:伯驹词序所记甚清楚,本年赏荷后、中秋前移居城内。张传綵、楼宇栋等之回忆,与此有出入。

9月

周汝昌《红楼梦新证》出版,引起轰动。

10月

国家对粮食等主要农产品采取计划收购和计划供应,即实行统购统销政策。

10月1日

潘素与齐白石、于非闇、徐雪石、溥毅斋、关松房、汪慎生、溥雪斋、胡佩衡合绘《普天同庆图》,作为国庆三周年贺礼,赠送给毛泽东。

12月22日

冬至，潘素作《南岳图》赠送给毛泽东，应系为毛泽东贺寿之意。

本年

楼宇栋、郑重《中国文博名家画传：张伯驹》：

> 伯驹任北京中国画研究会理事、北京古琴研究会理事长。

伯驹词《菩萨蛮·和正刚春愁词》及《浣溪沙·题谢稚柳为正刚写春愁图》，收入《丛碧词》，应为去年末或今年初所作。

一九五四年（甲午）五十七岁

2月

伯驹夫妇游苏州、南京、衡阳、杭州等地，携回兰花一丛。伯驹作有《瑞鹤仙·座中谁绿鬓》《水调歌头·睡醒欠伸起》《水调歌头·明月一年好》《瑞鹤仙·洛阳张好好》《水调歌头·南纪耸天柱》《瑞鹤仙·可怜论价买》等词数首，皆收入《丛碧词》。

2月17日（甲午元宵）

《许宝蘅日记》：

> 稊园社友约在同和居聚餐，未能往。

编者谨按：伯驹因南游而未至。

同日，潘素生日。伯驹夫妇于苏州邓尉赏梅，作有《水调歌头》。

词云：

> 明月一年好，始见此宵圆。人间不照离别，只是照欢颜。侍婢梅花万树，杯酒五湖千顷，天地敞华筵。主客我同汝，歌啸坐花间。
>
> 当时事，浮云去，尚依然。年少一双璧玉，人望若神仙。经惯桑田沧海，踏遍千山万水，壮采入毫端。白眼看入世，梁孟日随肩。

2月24日（旧历正月二十二日）

伯驹寿辰，在杭州作《瑞鹤仙·洛阳张好好》。

3月

伯驹为周汝昌作词《潇湘夜雨》（题《红楼梦新证》），称赞周具"庾郎才笔"。

伯驹作《瑞鹤仙》（大觉寺看杏花），收入《丛碧词》。

4月

伯驹作《水调歌头》（看玉兰花下作），收入《丛碧词》。

春夏之交

周汝昌自川调京，任职人民文学出版社，居东城东四十二条内门楼胡同。

5月5日

夏仁虎寿，十一时伯驹夫妇与诸季迟、王耒、谢良佐、许宝蘅、黄复、萧劳、黄君坦等在正兴馆为夏贺寿。午后三时众人又至伯驹宅猜诗条，伯驹出诗四首，夏仁虎出词两首。伯驹备晚餐招待，至晚九时散。

《许宝蘅日记》：

十一时到正兴馆聚餐，为枝巢称寿，集者诸季迟、王耕木、谢稼庵、黄娄生、萧钟美、黄君坦、张伯驹、潘素，宾主十人，期而未至者陶心如。（中略）三时余到伯驹寓赌诗条，伯驹出诗四首，枝巢出词两首，伯驹备肴晚食，九时余归。

5月12日

《许宝蘅日记》：

二时伯驹遣人来约往猜诗条，即往，仍是枝巢诸人，夜九时散归。

5月19日

午后二时夏仁虎约至其宅猜诗条，伯驹与许宝蘅、黄复、谢良佐等皆往。当晚在夏宅晚餐，十时以后方散。

《许宝蘅日记》：

二时赴蔚如约，猜诗条，伯驹所制最精，晚餐有鲥鱼，甚美，十时候归。

5月22日

《许宝蘅日记》：

伯驹通知廿四日在玉华食堂午餐。

5月24日

十一时伯驹在西交民巷玉华食堂约夏仁虎、许宝蘅、诸季迟、黄复、萧劳、谢良佐、黄君坦等午餐，餐后至伯驹宅猜诗条。夜十时后散。

《许宝蘅日记》：

十一时到西交民巷玉华食堂，集者夏、诸、王、二黄、谢、萧共八人，二时散后到伯驹寓打诗条，夜十时余归。

5月

许建编著《琴史新编》：

1954年5月正式成立北京古琴研究会，由溥雪斋任会长，查阜西、许建任副会长。

同书：

北京的古琴家本来就经常聚会，名流张伯驹先生居所就曾经是中期会址之一。1954年得到国家文化部的资助，在西城购置了一所幽静的四合院，正式建立北京古琴研究会。

6月3日

《许宝蘅日记》：

二时赴伯驹诗谜之约，夜十时散归。

中国戏曲研究院戏曲学校校长王瑶卿在北京病逝。周扬亲任治丧委员会主任。

6月14日

《许宝蘅日记》：

得伯驹通知，十六日有诗谜聚餐之约。

6月16日

午后二时许宝蘅等友人赴约至伯驹家猜诗条，八时同至东安市场和平餐厅晚餐。散时遇大风雨，众人冒雨而归。

《许宝蘅日记》：

二时赴伯驹诗谜之约，八时同到东安市场和平餐厅聚餐。散后，乘电车归，行至西单雨作，及至平安里下车大风雨，衣履全湿，无可避，亦无三轮，只得冒雨而行，幸持有蒲扇，可以蔽目，足踏泥水亦不能顾。

6月

郑振铎任文化部副部长，王冶秋接任文物局局长。

7月5日

《许宝蘅日记》：

二时赴蔚如诗谜之约，十时归，在单牌楼换车时遇微雨。

编者谨按：伯驹是否赴会待考。

7月16日

《许宝蘅日记》：

十一时半到和平餐厅与夏、诸、王、张诸君聚餐。二时余到伯驹家诗谜，夜九时余归。

7月

孙正刚将往天津任教。

胡风向中共中央递交了《关于解放以来的文艺实践情况的报告》，即"三十万言书"。

8月

夏仁虎病，几近失明。

9月11日（甲午中秋）

伯驹与黄复、谢良佐、萧劳一同外出赏月，作词《拜星月慢·露净街声》。归后思及两位忘年好友，周汝昌方自蜀返京，孙正刚又离京赴津任教，一时孤寂，作《人月圆·恒河沙数星辰绕》。两词俱收入《丛碧词》。

9月15日至28日

第一届全国人大一次会议在北京举行，通过了第一部《中华人民共和国宪法》。

9月21日

午后二时夏仁虎约在其宅作猜诗条之会，伯驹与许宝蘅、诸季迟、王耒、沈曾荫、王仁则、邢端、谢良佐、黄复、黄君坦等参加，六时同至果子巷吃谭家菜，八时半散。

《许宝蘅日记》：

> 二时到枝巢寓，诗谜会，集者枝巢、季迟、耕木、仰放、冷斋、冕之、稼庵、娄生、伯驹、君坦，共十一人。六时到果子巷谭家晚餐，系篆青之如君治庖，尚循旧式，坐落甚幽静，而肴馔品味迥逊于昔。八十方散，归已逾九时矣。

9月

陈毅调京就任国务院常务副总理，兼管中国科学院及文化等方面工作。

10月5日（甲午重阳）

北京阴雨竟日，甚凉。伯驹与黄复、谢良佐城南登高，作《风入松·乱山如恨不能平》，收入《丛碧词》。词云：

> 乱山如恨不能平，拥翠入高城。万家楼阁疏林里，看低云、飞上帘旌。鸦影翻残暝色，雁行带到秋声。

重阳曾过十年晴,依旧此江亭。今朝风雨同携酒,更休嫌、风雨无情。且共黄花冷淡,莫愁红叶飘零。

10月16日

《许宝蘅日记》:

接伯驹笺,约十九日诗谜之约,为仰放作生日。

10月19日

午后二时许宝蘅、诸季迟、王耒、沈曾荫、邢端、谢良佐、黄复、黄君坦等十一人赴伯驹猜诗条之约,夏仁虎失明未至。六时众人同至玉华宫晚餐,八时后散。

《许宝蘅日记》:

二时赴伯驹约,集者诸、王、沈、邢、黄、萧、谢、黄、关,共十一人,枝巢目又失明未到,六时玉华宫聚餐,为仰放公祝,八时余归。

11月5日

午餐伯驹赴拴马桩诸季迟新居为其温居,同至者有王耒、许宝蘅、黄君坦、黄复、谢良佐、沈曾荫、邢端、萧劳、胡元初、廖旭人(字琇崑)等,主客十二人。五时散。

《许宝蘅日记》:

到季迟新居(原注:在拴马桩),同人为温居,集者王耕木、廖旭人(原注:琇崑,闽侯)、黄娄生、黄君坦、谢稼庵、沈仰放、萧钟美、胡元初、张伯驹、邢冕之，主客十二人，午饭，谈至五时始散。

11月9日

午后二时许宝蘅等友人至伯驹宅猜诗条。

《许宝蘅日记》：

　　二时到伯驹寓，猜诗，六时到东安市场一江春聚餐，集者八人，九时归。

11月12日

沈曾荫七十寿辰，诸友在同和居晚餐贺寿。

《许宝蘅日记》：

　　沈仰放生日，约在同和居晚饭，因雨未赴，以电话辞谢。

编者谨按：伯驹是否出席待考。

11月29日

《许宝蘅日记》：

　　接稊园通知，仲冬诗课题《赋得"暂借好诗消永夜"，得消字》《赋得"梅花不肯傍春光"，得春字》，均五言八韵并约十二月五日恩成居午餐，为余称祝。

11月

张伯驹整理余派《空城计》演出本，油印发行。

12月5日

十一时稊园诗社在恩成居聚会,伯驹与刘孟纯、王耒、宋庚荫夫妇、关赓麟、沈曾荫、黄复、谢良佐、林君度等十四人赴会。

《许宝蘅日记》:

> 十一时到恩成居,集者刘孟纯、王耕木、宋筱牧伉俪、关颖人、沈仰放、黄娄生、谢稼庵、张伯驹、林君度,尚有郭、郑、□三君,共十四人。席间孟纯忽酣睡,唤之不应,面色苍白,呼吸甚微,急电话告其女公子,比至则已苏醒如常。至三时始散,甚倦,遂归。

12月8日

周扬在中国文联和作协联席会议上提出胡适是"中国资产阶级思想的最主要的、集中的代表者",本年思想批判运动从批俞平伯转为对胡适的批判。批判胡适运动由郭沫若负责领导。

12月11日

北京极寒。伯驹约友人在其宅聚会午餐,胡元初、诸季迟、黄复、王耒、沈曾荫、邢端、谢良佐、黄君坦等至,主客十人,酒后对诗,至五时散。

《许宝蘅日记》:

> 十一时到丛碧斋,集者元初、季迟、耕木、冕之、仰放、娄生、稼庵、君坦与丛碧,主客十人,酒后对诗,五时散归。

12月

北京市文化事业管理处主办北京市第一届戏曲观摩演出会。

本年

楼宇栋、郑重《中国文博名家画传：张伯驹》：

本年北京古琴会成立，伯驹当选为理事。

同书：

伯驹本年将1927年至1954年间词作结集，编为《丛碧词》。

《张伯驹自述》：

1954年我被邀任北京市政协委员（月支生活费一百二十元）。

郑振铎升任文化部副部长。

一九五五年（乙未）五十八岁

1月10日

中国京剧院成立，梅兰芳任院长，马少波任院党委书记兼副院长，阿甲任总导演。

1月31日

胡元初寿日，十一时伯驹与诸季迟、王耒、黄复、谢良佐、许宝蘅、沈曾荫等十数人在好好食堂聚餐，为胡贺寿。胡因跌伤未至。餐后伯驹等同到王耒宅掷升官图游戏，六时散。

《许宝蘅日记》：

> 得娄生笺，言今午在好好食堂聚餐，十一时往，原议为元初作生日，乃因近日又跌一次，未到。同座有季迟、彦和、娄生、稼庵、伯驹、千里、仰放，又有王、袁、沈三君。散后伯驹诸人约到耕木寓掷升官图，六时归。

2月6日

微雪。伯驹至许宝蘅宅送词卷。

《许宝蘅日记》：

> 偶有微雪。伯驹送来词社卷。二时耕木来，赠寿词《临江仙》一首，又诵其《烛影摇红·和丛碧守岁》词，谈一时许去。

2月7日（乙未元宵）

十二时许宝蘅、诸季迟、邢端、黄复、谢良佐、萧劳、王耒、沈曾荫、夏仁虎夫人等至伯驹宅，为伯驹、潘素贺寿。饭后掷升官图游戏，傍晚诸、王、邢先散，余者至晚十时始散。

《许宝蘅日记》：

> 十二时到丛碧处，为丛碧与潘素作生日，集者季迟、耕木、冕之、娄生、稼庵、钟美、仰放及枝巢之如君，饭后掷升官图，傍晚诸、王、邢三君先散，娄生辈强余留，至十时余始

散归。

2月8日

午后三时诸季迟约众友在其宅掷升官图,晚九时散。

《许宝蘅日记》:

> 三时赴季迟约,吃粽子,掷升官图,夜九时归。

编者谨按:伯驹是否前往待考。

2月13日

许宝蘅评定庚寅词社词卷。

《许宝蘅日记》:

> 评定庚寅社卷。

2月20日

十一时庚寅词社二十余人聚会于合记餐厅。伯驹及胡元初、诸季迟、王耒、邢端、黄复、谢良佐、沈曾荫、萧劳、宋庚荫、周汝昌、关赓麟、夏纬明、林君度、唐益公、郭风惠等参加,午后二时半散。众人又至诸季迟宅作彩选戏二局,至五时散。

《许宝蘅日记》:

> 十一时出城到南横街一转,便赴合记约,集者二十余人,胡、诸、王、邢、黄、谢、沈、萧之外有宋筱牧、林君度、夏慧远、唐益公、周敏庵、关颖人、郭风惠,尚有数人不相识者,二时半后散。又至季迟寓,作彩选戏二局,五时归。

2月28日

午后三时黄君坦、许宝蘅来伯驹宅,夜十一时归。

《许宝蘅日记》:

三时君坦来,约到伯驹处,遂同往,夜十一时归。

3月1日

发行新币,以元抵万,角币抵千。

《许宝蘅日记》:

今日发行新币,规复旧习,以元为单位,以角、分为辅币,分数抵旧币之百,角币抵千,元抵万,所有合作社、土产店、国营各业皆收入旧币,以新币找付,旧币使用期间万元以上者以三月底为限,千元以下者以四月底为限。

3月5日

午后二时诸季迟约在其宅聚会,伯驹与黄复、萧劳、沈曾荫、黄君坦、谢良佐等赴会,晚九时散。

《许宝蘅日记》:

二时赴季迟约,集者娄生、钟美、丛碧、金君、仰放、君坦、稼生,夜九时散归。

3月12日

午后二时伯驹约友人聚会,许宝蘅等来,九时散。

《许宝蘅日记》:

二时赴丛碧约，晚白圭来迎，九时归。

3月22日

午后三时伯驹约友人聚会，掷彩选一局，四时余即散。

《许宝蘅日记》：

三时赴丛碧约，掷彩选一局，四时余即归。

3月—4月

庚寅词社社题为《破阵子》《朝玉阶》。伯驹作《破阵子·闰重三》数首及《朝玉阶·樱桃》，收入《丛碧词》。

4月11日

文化部和中国文联、中国剧协联合举办梅兰芳、周信芳舞台生活五十年纪念活动，北京一千四百余位文艺界人士参加了大会。

4月21日

北京市文化局举办梅兰芳、周信芳舞台生活五十年纪念演出观摩座谈会。老舍等出席。

4月24日（乙未上巳）

《许宝蘅日记》：

三时赴季迟约，吃粽子，掷升官图，夜九时归。伯驹约在和平餐厅午餐，并到其淀园看海棠，不赴，因颖人之约已辞，不愿再赴此约。（中略）接鹈庵函，示《破阵子》词，庚寅社题"咏闰重三"，吾未作。

4月26日

中国人民政治协商会议北京市第一届委员会第一次会议在中山公园中山堂召开，当选委员235人。会议选举刘仁为主席，张友渔、蒋光鼐、吴晗、肖明、钱端升、梁思成、余心清、凌其峻为副主席，崔月犁为秘书长。张伯驹及其友人尚小云、陈半丁、陈云诰等均为委员。

张伯驹《五十年来我的情况》：

> 我所投契的是李任潮，我任北京市政协委员是李任潮推荐的。

《张伯驹自述》：

> 1954年我被邀任北京市政协委员（原注：月支生活费一百二十元）。

编者谨按：伯驹时间误记。

6月2日

《许宝蘅日记》：

> 稊园约词集，未赴。

编者谨按：伯驹是否参加待考。

6月4日

伯驹等午后聚会于诸季迟宅提前为其贺八十寿,参加者尚有胡元初、陶洙、王耒、邢端、黄复、谢良佐、黄君坦、萧劳、沈曾荫、刘千里、汪孟舒、沈子友等二十余人。晚饭后即散。

《许宝蘅日记》:

　　季迟十九八十生日,同人为之公祝,集者二十余人,胡元初、王彦和、陶心如、王耕木、邢冕之、汪孟舒、黄娄生、刘千里、谢稼庵、萧钟美、黄君坦、沈仰放、张伯驹、张挹霏、沈子友,尚有金、章、庞、王等五六人,饭后即归。

6月18日

伯驹在诸季迟宅掷彩选,晚九时散。

《许宝蘅日记》:

　　三时访季迟,欲检查《万年历》,乃系新本,不载道光以前之年历。适伯驹诸人在座掷彩选格,遂加入作戏,至晚饭后九时余始归。

8月10日

《许宝蘅日记》:

　　二时赴伯驹约,新迁后海南岸李广桥东街,到彼始知所约为明日,遂就原车回,转到白塔寺看棋,五时归。

8月11日

伯驹新迁后海南岸李广桥东街，原为包丹庭房产。本日午后约友人聚会，许宝蘅、诸季迟、黄复、黄君坦等至，晚十时散。许宝蘅、周汝昌及伯驹自己分别在文章中对新宅做了描述。

《许宝蘅日记》：

午后赴丛碧约，新居为包丹庭产，北屋五间，东院有小楼一间，庭院不广，饶有花树，开牖可以望湖，空气较清，集者诸、谢、廖、金、二黄，夜十时散归。

周汝昌《什刹海边忆故交》：

这处湖畔新居，地方不大。进门以后，一路通往东边别院，我以前从未步入过。通常我走的是往南、再往东进入一个窄窄的小院子的另一条路。循南院墙，是一道小巧的游廊，廊东端就是翠竹、牡丹、紫藤、海棠，还有一大理石细雕石座。面对游廊的这一排房屋，就是客厅、居室了。这与展春园比起来，那是太狭小了，不过还是有北京雅居的风味。

张伯驹《素月楼联语》：

黄莘田有集句联极工整，如"平生能著几两屐，长日惟消一局棋""数点雨声风约住，一枝花影月移来"。余近居西涯，有小庭院，杂植海棠、碧桃、文杏、郁李、牡丹、芍药、丁香、玉兰，书室三楹，窗前列梧、竹、芭蕉，于春夏佳日，风晨月夕，悬此两联，恰为相合。

8月13日

许宝蘅等同仁公局,在伯驹宅为其温居,晚十时散。

《许宝蘅日记》:

四时到丛碧寓,同人公局,为之温居,夜十时散归。

9月17日

稊园通知社题为《月边娇·赋秋夜露天剧场观剧》。

《许宝蘅日记》:

又得稊园通知,廿九日在五芳斋聚餐,词课题《月边娇·赋秋夜露天剧场观剧》,题俗,调僻,不能攒眉入社矣。

9月30日(乙未中秋)

伯驹作《人月圆》(中秋无月),收入《丛碧词》。

11月24日

伯驹访许宝蘅,送来诗钟卷请许评定。

《许宝蘅日记》:

丛碧送来诗钟卷乞评选。

本年

朱家溍《我与伯驹道兄》:

1955年在中国京剧院的小剧场,我们演过一次《祥梅寺》,

因为钱宝森先生临时患病，我替他演黄巢，王福山演了空，四将是伯驹演葛从周，刘曾复演孟觉海，金惠演朱温，王玉珏演班翻浪。

伯驹收藏宋《杨婕妤百花图卷》。

张恩岭《张伯驹传》：

1955年，宋代珍画《百花图》卷在北京出现，使张伯驹惊叹不已，经他鉴定，正是宋人真迹，当即倾其所有高价购回。

一九五六年（丙申）五十九岁

1月7日

《许宝蘅日记》：

得伯驹笺。

1月10日

北京市资本主义工商业全部实行了公私合营。北京大街小巷各个私营企业悬灯结彩，大放鞭炮，锣鼓喧天，欢声沸腾，热烈情况胜于节日。

1月13日

十二时在汪曾武宅为其贺九十寿辰。伯驹同夏仁虎、胡元初、诸季迟、王秋浦、关赓麟、邢端、黄复、黄君坦等十人参加，汪赋诗并赠送照片及笔道谢。午后二时散，众人至诸季迟宅掷升官图游戏，七时散。

《许宝蘅日记》：

十二时到仲虎处，为其九十生日公局致祝，集者枝巢、元初、季迟、王秋浦、关颖人、邢冕之、黄娄生、张伯驹、黄君坦，共十人，仲虎有诗道谢并赠相片及笔，二时余散。又到季迟寓掷升官图，七时余始归。

1月14日

《许宝蘅日记》：

稊园通知词课题《法曲献仙音》。

1月14日至20日

中共中央召开关于知识分子问题会议，周恩来作《关于知识分子问题的报告》，提出党在知识分子问题上应该采取的正确方针，就是必须尽一切努力最充分地动员和发挥知识分子的现有力量，同时尽一切努力尽可能迅速地给以进一步的改造、扩大和提高，使这种改造、扩大和提高的速度和规模能够真正符合我们国家的各方面伟大发展的巨人式的步伐。为此，要采取一系列政策和措施，来改善对知识分子的使用和安排，使他们能够发挥专长；对知识分子要有最充分了解，给他们以信任和支持，使他们能积极地工作；应该给知识分子以必要的工作条件和适当的待遇，其中包括改善生活待遇和政治待遇。

1月24日

午后张伯驹、许宝蘅等至诸季迟宅作诗钟聚会。

《许宝蘅日记》：

> 二时到季迟寓唱诗钟，代靳仲云评阅一卷，集者季迟、行严、筱牧、仰放、娄生（原注：代蔚如）、仲美、伯驹、君坦，尚有稼庵旁听，题为《美男子·溺台》《歌妓·骷髅》《杜牧之·白干酒》《姚广孝·旅行社》《湖南戏·阳历年》，四时唱毕，遂归。

编者谨按： 本日诗钟之作见伯驹文《饭后诗钟分咏》。

2月5日

中央文史研究馆馆员、庚寅社词友汪曾武在北京病逝。

2月24日

中共中央发出《关于知识分子问题的指示》。

2月27日

《许宝蘅日记》：

> 接水孟庚笺，约三月二日恩成居聚餐，丛碧、娄生约三月一日在行严家唱钟，均复谢却。

3月1日

午后三时伯驹、黄复出面邀请友人至章士钊宅诗钟聚会，章宅备晚餐招待。诸季迟、宋庚荫、沈曾荫、谢良佐、萧劳、黄复、潘伯鹰、张锡卿等参加。晚九时散。

《许宝蘅日记》：

　　三时到行严寓唱钟，过桂辛谈，行严备晚餐，集者季迟、筱牧、仰放、娄生、稼庵、钟美、丛碧、金君，尚有潘君伯盈，系由上海来，张君锡卿，系桂辛之婿，汉卿之弟，九时顷归。

编者谨按：此时章士钊似尚寄寓朱启铃宅。

3月15日

《许宝蘅日记》：

　　接稊园词课通知，《浪淘沙慢》不限题，用美成十六韵体。

4月2日

《许宝蘅日记》：

　　接伯驹笺。

4月5日

十二时伯驹及诸季迟、宋庚荫、沈曾荫、黄复、萧劳、黄君坦等在丰泽园公宴章士钊，二时散。众人又至诸季迟宅唱诗钟，掷升官图，晚十时散。

《许宝蘅日记》：

　　十二时到丰泽园，与季迟、筱牧、仰放、娄生、稼庵、钟美、伯驹、君坦公局，酹宴孤桐。二时散后同到季迟寓唱诗钟，又掷升官图，至夜十时方归。

4月7日

《许宝蘅日记》：

　　伯驹新自桂林游归，前日询以桂林阳朔山水，谓阳朔诸山皆如石笋林立，不生树木，全为海水淘洗，故皆玲珑剔透，无甚可取，且无矿产、无林木，较之峨眉、终南、黄山气体磅礴，相差甚远，惟黔湘交界之山水甚佳。

4月13日（丙申上巳）

张伯驹在宅中举办修禊聚会，许宝蘅、惠孝同等参加。

《许宝蘅日记》：

　　十一时赴丛碧修禊之约，集者十三人，周华章治肴，遇惠孝同，夜十时归。

4月20日

《许宝蘅日记》：

　　十时半出前门，买红茶，自廊房二条步至煤市街新馨食堂，周华章所设肆，与张、胡、衡、恽、章五君聚餐，二时散。

　　编者谨按：此处之"张"，疑为伯驹。

4月

中共中央政治局明确以"百花齐放,百家争鸣"作为发展我国科学和文化工作的重要方针。

4月至5月

浙江昆苏剧团改编的昆曲《十五贯》在京演出引起巨大轰动,得到毛泽东、周恩来等人的热情称赞。5月18日《人民日报》发表社论《从"一出戏救活了一个剧种"谈起》。

5月4日

阴雨。

《许宝蘅日记》:

十一时冒雨出门,到同春园,张、衡、恽三君已先至,胡、章不至,十二时聚餐,座间谈端匋斋轶事,一时四十分归,雨止。

编者谨按:此处之"张",疑即伯驹。

5月8日

《许宝蘅日记》:

仰放来,不值,留诗钟卷托评阅,约十日下午丛碧寓唱诗。

5月9日

《许宝蘅日记》:

评阅诗钟卷。

5月10日

午后二时伯驹在宅中举办聚会,诸季迟、许宝蘅、陈云诰、章士钊、宋庚荫、沈曾荫、黄复、谢良佐、萧劳、黄君坦等至,唱诗钟,掷彩选,晚十时散。

《许宝蘅日记》:

> 二时赴丛碧寓,集者诸季迟、陈紫纶、章行严、宋筱牧、沈仰放、黄娄生、谢稼庵、萧钟美、黄君坦,六时唱毕,晚饭后掷彩选,十时归。

5月26日

中宣部长陆定一在中南海怀仁堂作《百花齐放,百家争鸣》报告。后于6月13日发表在《人民日报》。

梅兰芳率团访问日本演出,至7月17日返回广州。

7月18日

九时民革北京市委员会举行座谈会,许宝蘅等三十余人参加。伯驹是否出席待考。

《许宝蘅日记》:

> 九时到东皇城根民革市委会,集者约卅人,仅王琴希、沈仰放两熟人,余皆不知姓名者,主持座谈会者姓张,发言者约有十余人,十一时散座即归。

朱经畲《张伯驹生平事略》:

北京京剧基本艺术研究社在7月18日举行第三届社员大会，改选结果，载涛任主任委员，伯驹任副主任委员。王福山、李体扬、张琦翔、叶仰曦、刘曾复等为常务委员，于连泉、王少楼、白云生、阿甲、徐兰沅、侯永奎、陈少霖、童曼秋、傅雪漪、孙毓堃、张君秋、钱宝森、韩世昌等为委员。另有侯喜瑞、刘砚芳、佟志贤等为特邀委员。社内分设秘书组、编研组、京剧组、音乐组，伯驹任编研组长。

7月

张伯驹、潘素夫妇将所藏书画晋陆机《平复帖》卷、唐杜牧之《张好好诗》卷、宋范仲淹《道服赞》卷、蔡襄自书诗册、黄庭坚草书卷、宋吴琚杂书诗帖、元赵孟𫖯章草千字文、元俞和楷书等八件珍品捐献给国家，另将李白《上阳台帖》，通过中央统战部徐冰，赠送给毛泽东主席。并在附信中写道："现将李白仅存于世的书法墨迹《上阳台帖》呈献毛主席，谨供观赏……"毛泽东收到此帖后，观赏数日，就嘱中共中央办公厅转交故宫博物院珍藏，还嘱托中共中央办公厅代为给张伯驹写了一封感谢信，并附寄一万元人民币。

文化部以部长沈雁冰名义颁发了褒奖状及奖金三万元。伯驹夫妇以此三万元购买了公债。

褒奖状全文为：

张伯驹、潘素先生将所藏《晋陆机平复帖卷》《唐杜牧之张好好诗卷》《宋范仲淹道服赞卷》《蔡襄自书诗册》《黄庭坚草书卷》等珍贵法书等共八件捐献国家，化私为公，足资楷式，特予褒扬。

部长　沈雁冰
1956年7月

张伯驹《沧桑几度平复帖》：

1956年初，北京市人民政府动员购买公债，当时邀我出席。我在会上表示，愿把珍藏的文物出售国家，以所得款项购买公债，国家文物局当时对我藏的《平复帖》等作价二十万元左右。我同室人潘素商量结果，认为以文物钱买公债，不如将收藏捐献给党和国家。于是我们将西晋陆机书《平复帖》、唐杜牧书《赠张好好诗》、宋范仲淹书《道服赞》、宋蔡襄书《自作诗册》、宋黄庭坚书《诸上座帖》、宋吴琚书《杂诗帖》、元赵孟頫章草《千字文》等真迹珍品献给了国家。以上诸件，现均藏故宫博物院。当时，我给毛主席写一报告，交当时的中央统战部长徐冰同志上呈。同时，把另一件珍品唐李白的《上阳台帖》赠给毛主席。听说此件现在也存故宫博物院。

潘素《忆伯驹》：

解放后，在1956年经毛主席的亲自关怀，又有不少人的动员，伯驹毅然将家藏的最珍贵的几幅书画，捐献国家。（中略）以上这些珍品，在1955年国家发行公债时，由北京市民政局召集一些人开会（当时由民政局长邢赞庭同志主持这个会），伯驹也参加了。他回家后和我商量捐献珍贵文物的事。我完全同意捐献给国家，不取分文。后来他们愿以二十万元现款购买，伯驹与我坚决不要，最后无条件捐赠给国家，于此可见他热爱新社会的衷情。后来，毛主席得知又亲自派人送来他亲手积攒的人民币零票一万元，以表示赞助的心意。

8月19日

北京昆曲研习社成立，俞平伯任主任委员，社址即在俞宅。

9月1日

午后二时民革宣传部副部长甘润森在长安戏院作关于民革对于统一战线之作用及任务报告，许宝蘅等参加。伯驹是否出席待考。

《许宝蘅日记》：

> 二时到长安戏院听民革宣传部副部长甘润森关于民革对于统一战线之作用及任务报告，至五时半毕，遂归。

9月6日

午后，伯驹约许宝蘅来谈至六时，同至恩成居晚餐，九时余散。许宝蘅在伯驹处得识叶仰曦。

《许宝蘅日记》：

> 又赴伯驹约，谈至六时，同至恩成居聚餐，九时余归。（中略）在伯驹处新识君仰曦，谈及其弟为经五之婿。

9月7日

上午许宝蘅访伯驹不遇。

《许宝蘅日记》：

　　九时半访云汀，又访伯驹，不值。

9月8日

午后二时半民革北京市委举行座谈会，许宝蘅出席。

《许宝蘅日记》：

　　二时半拟赴民革市委会座谈组，行至北海已三时，遂到北海一转，独行又无兴趣，到白塔寺看棋，六时归。

编者谨按：伯驹是否参加待考。

9月16日

中国书法研究社在中山公园来今雨轩成立。创始人为陈云浩、章士钊、郭风惠、许宝蘅、赵质伯、叶恭绰、溥雪斋、张伯驹、徐石雪、郑诵先等。推举陈云浩为社长，溥雪斋、张伯驹、徐石雪为副社长，郑诵先、王传恭为秘书。研究社挂靠北京市文化局，社址为伯驹宅。

《张伯驹自述》：

　　五六年，我及溥雪斋成立北京中国书法研究社，我任副主席。

9月17日

民革组织参观官厅水库，伯驹是否参加待考。

《许宝蘅日记》：

　　早食后乘三轮到西直门火车站，参加民革组织参观官厅水库队,分四队,约四百余人,余列第二队。

9月24日

十一时谢良佐在前赵家楼五号新居举办聚会,伯驹与许宝蘅、诸季迟、王耒、廖旭人、郑诵先、黄复、沈曾荫、萧劳、黄君坦等参加,饭后猜诗谜,午后五时散。

《许宝蘅日记》:

十一时赴稼庵约,新居在前赵家楼五号,同座有季迟、耕木、旭人、诵先、娄生、仰放、钟美、叔明、伯驹、君坦,午饭后猜诗谜,至五时散归。

10月5日

中午,在部机关外篮球场,张伯驹说的话,后来被称为"右派"言论。

张恩岭《张伯驹传》:

张伯驹对秘书处的赵文中说:"既然讲了民主党派和共产党要长期共存、互相监督,就要有个互相的样子,不能只走形式,伸手算一票。从法律上便要有保证。否则,干脆取消,反倒痛痛快快,直截了当。"

10月8日

午后二时民革北京市委举行学习八大文件讨论小组会。

《许宝蘅日记》:

二时到民革市委会，参加学习八大文件讨论小组会，全组二十余人，大都不知从何讨论起，虽有二三人发言，亦不得要领，余亦无可说，随众静听而已，五时散归。

编者谨按：伯驹是否出席待考。

10月22日

午后二时民革北京市委举办小组学习会，谈无产阶级领导问题。

《许宝蘅日记》：

二时到民革市委会参加小组学习会，谈无产阶级领导问题，五时半散，归已曛黑。

编者谨按：伯驹是否出席待考。

许宝蘅受聘为中央文史研究馆馆员。

《许宝蘅日记》：

文史馆任义如送来国务院聘书，并本月薪资八十八元。此事自五二年提起，迄今四年，初因满洲国关系被否决，仅由市劳动局给予补助，近因满洲问题认为日本所制造，非本身之行为，又由李任潮之推荐，与云汀同发表，在我个人生活上可以较为宽裕，而为我谋者，如冕之、季迟、涵青、伯驹、誉虎诸人，至可感也。

10月25日

《许宝蘅日记》：

二时余到伯驹处，五时归。

10月28日

《许宝蘅日记》：

二时到政协礼堂，民革京剧组演《连环套》与《探母回令》两剧，五时余归。

11月2日—3日

北京市各团体数十万人集会游行，抗议英法侵略埃及。

11月前后

伯驹组织"名演员、老艺人支援埃及义演"。

安毓恒《对北京京剧基本艺术研究社的回忆》：

就我见到的，他到处奔走、游说。终于在中和戏院上演了四出戏。第一出是雷喜福、侯喜瑞的《打严嵩》，第二出是李洪春的《秦琼表功》，第三出是姜妙香、王泉奎的《飞虎山》，第四出是李万春、景荣庆、王福山、陈金彪的《青石山》。演出前由我们音乐组演奏十番乐《喜遇元宵》。雷、侯二位喜字科的老先生演得非常精彩，老哥俩卖足了力气，最后侯先生的严嵩冲雷先生的邹应龙深施一礼，说道："雷喜福大师哥！劳您驾！"得了满堂的笑声和彩声。李洪春先生的《秦琼表功》我只看过这一次，再没听说谁演过，前面连舞带做加念白，紧接着是段原板，难度太大了。姜妙香先生当时已七十多岁，和王泉奎这两条一流的好嗓子,在《飞虎山》一剧中都铆上了,让人听了那叫过瘾。我联想到现在的京剧演员都用"胸麦",比起这些前辈老先生差得太多了。《青石山》中最精彩的要算陈金彪的妖精和景荣庆的周仓了。总之,这次义演获得了极大成功。

11月5日

午后二时许宝蘅参加民革北京市委小组学习会。伯驹是否出席待考。

《许宝蘅日记》:

二时到民革市委会小组学习会,五时散归。

11月9日

《许宝蘅日记》:

十一时到同和居聚餐,集者姚、张、王、章及余五人,余均不至,二时散。

编者谨按:此处之"张",疑即伯驹。

11月19日

午后二时许宝蘅参加民革北京市委小组会。

《许宝蘅日记》:

二时到民革市委会小组会,五时余归。

编者谨按:伯驹是否出席待考。

11月22日

《许宝蘅日记》：

十时到公孚寓，又对校《方集》数卷，十一时余同到西单商场西餐部，公祝涵青八十生日，主客十六人，诸、姚、张、衡、二王、二龚、白、金、郑、庄、恽、章、林、许，惟郑未至，二时余散。又赴稼庵寓蝴蝶会，集者十人，郑、沈、谢、叶、二黄、郭、张、溥、许，夜九时归。

编者谨按：此处之"张"，疑即伯驹。

11月28日

九时半北京市政协在中山公园举行书法、古典文学座谈会，伯驹与陈半丁一起主持，许宝蘅等二十余人参加，十二时半散。

《许宝蘅日记》：

九时半到中山公园，市政协开书法、古典文学座谈会，张伯驹、陈半丁主持，集者二十余人，十二时半散，到西单商场午饭。

11月29日

《许宝蘅日记》：

午饭后小睡，二时半到稼庵寓，集者二黄、张、郑、萧、溥，五时半同到东单新华饭馆醵餐，八时散归。

编者谨按：此处之"张"，疑即伯驹。

12月1日

午后一时许宝蘅访伯驹。

《许宝蘅日记》：

> 一时到伯驹寓。

12月6日

谢良佐约聚会。

《许宝蘅日记》：

> 今晚原有稼庵家之约，畏风不敢出。

编者谨按：伯驹是否参加待考。

12月13日

午后二时半伯驹约许宝蘅等诸友聚会，晚八时散。

《许宝蘅日记》：

> 二时半赴伯驹约，夜八时半归。

12月20日

《许宝蘅日记》：

> 十一时到沙锅居，与郑、沈、萧、谢、萧、张、溥诸君醵餐，散后同至仰放家闲话，仰放备晚食饼粥，八时散归。

编者谨按：此处之"张"，疑即伯驹。

12月21日

《许宝蘅日记》：

　　十时简斋来，同往森隆午餐，俞、姚、张、衡、恽、王、言、林、章九君为余作生日。

编者谨按：此处之"张"，疑即伯驹。

12月25日

　　十一时伯驹与诸季迟、衡亮生、沈曾荫、黄复、谢稼庵、郑诵先、黄君坦等在同和居聚会，公祝许宝蘅生日。

《许宝蘅日记》：

　　十一时到同和居，季迟、彦和、亮生、仰放、娄生、稼庵、诵先、伯驹、君坦、叔明诸君为余公祝，二时归。

12月28日

　　晚七时民革在政协礼堂举办联欢会，演剧，十时散。伯驹是否参加待考。

《许宝蘅日记》：

　　七时到政协礼堂，民革联欢会，演剧三出，并有跳舞、灯谜等，十时余散归。

本年

朱家溍《我与张伯驹道兄》：

　　当他手头富裕的年代，对于认识的人，如果有困难，他常常解囊相助。这种习惯一直继续到自己已经不是有钱的人了，但遇年节如果有他认为应该帮助的人，他还是勉强地点缀点缀。1956年他有一次向我借四百元，说有急用，可巧我又亲眼见到他的用途，就是开发帮助几个人。这种性格很像《儒林外史》中的杜少卿，杜十七爷。

楼宇栋、郑重《中国文博名家画传：张伯驹》：
　　本年初夏，伯驹先后组织在北海公园举办"明清书画作品展览会"和"现代书法展览会"。后还在济南、青岛先后举办"现代书法展览会"。（中略）伯驹本年加入中国国民党革命委员会。（中略）伯驹与叶恭绰、郑诵先等发起成立北京中国书法研究社，任副主席。

年末中央文史研究馆馆员王耒在京病逝。

一九五七年（丁酉）六十岁

1月3日

午后二时众人至伯驹宅诗钟聚会并晚餐，晚八时散。

《许宝蘅日记》：
　　二时放晴，到丛碧寓唱诗钟，代靳仲云评阅一卷，聚餐，八时半归。

1月9日

十时书法研究社十余人在伯驹宅聚会，评选书法作品，选出二百余件参展。许宝蘅、邢端、黄复、萧劳、郑诵先、溥雪斋、郭风惠、钟子年、吴世璜等参加。午饭后叶恭绰至，谈与日本交流事。伯驹又留众人晚餐，晚八时散。

《许宝蘅日记》：

十时到丛碧寓，书法研究评选各书家写件，集者十余人，邢冕之、钟子年、黄娄生、萧钟美、郑诵先、溥雪斋、郭风惠，余多不识者，有吴稚鹤（原注：世璜）言昔年在洮南曾相识，工隶书。选出二百余件预备展览，社中备有午饭，饭后遐庵至，谈日本交换书件事，丛碧又留晚饭，八时归。

1月23日

午后二时北京市政协秘书长崔月犁在首都剧场作报告，伯驹夫妇、许宝蘅等参加，五时散。

《许宝蘅日记》：

二时到首都剧院听崔月犁报告，五时余归。遇龚二、丛碧、潘素、二彭，同坐一人甚熟而不知其姓名，住官监胡同，俟晤涵青时询之。

1月24日

午后二时谢良佐宅诗钟聚会，七时在和平餐厅聚餐，伯驹是否参加待考。

《许宝蘅日记》：

二时到稼庵寓唱诗钟，七时到和平餐厅聚餐，九时归。

1月25日

晚北京市政协在政协礼堂举办联欢会，演出京剧三出，十时半散。

《许宝蘅日记》：

晚饭后到政协礼堂联欢会，演京剧三出，十时半归。

编者谨按：伯驹是否参加待考。

1月

《诗刊》杂志发表毛泽东《旧体诗词十八首》，毛泽东指出："旧诗可以写一些，但不宜在青年中提倡。"

2月7日

午后二时伯驹宅聚会，许宝蘅、黄复、谢良佐、萧劳、沈曾荫、溥叔明、冯慕瑗至，六时在同和堂聚餐，八时半散。

《许宝蘅日记》：

二时到丛碧处，娄生、稼庵、钟美、仰放、叔明、冯慕瑗均至，六时到同和堂聚餐，八时半归。

2月9日

《许宝蘅日记》：

原与丛碧诸人约在召温午食，二时有中山堂报告会，因畏寒不敢出，夜八时余即睡。

2月14日（丁酉元宵）

十二时许宝蘅等三十余人在同和居聚餐，公祝伯驹六十岁生日。午后二时散。

《许宝蘅日记》：

十二时到同和居，为丛碧六十岁公祝，宾主卅人，坐三席。晤陶心如，知陶伯明年前猝死于汽车中。二时余散，即归。

2月16日

十一时伯驹夫妇在恩成居设宴答谢，许宝蘅等三十余人参加。餐后许宝蘅等部分友人至伯驹宅掷彩选二局，六时后散。

《许宝蘅日记》：

十一时到恩成居，丛碧夫妇答席，仍三席，二时余散，同黄、王、沈、蔡、金、冯、二郑到丛碧家掷彩选二局，六时余归。

2月28日

民革组织参观农业展览。

《许宝蘅日记》：

民革约参观农业展览会，未往。

编者谨按：伯驹是否参加待考。

3月3日

书法研究社在北海悦心殿庆霄楼举办展览会。

3月8日

午后,书法研究社北海展览会闭幕,伯驹与许宝蘅、郑诵先、黄复等至。此次书展观者达到八九千人次。

《许宝蘅日记》:

> 到北海悦心殿庆霄楼书法展览会,伯驹、诵先、重梅、娄生诸人均在,自三日始至今日,参观者约八九千人,闻上海、广州亦将举办。

3月14日

午后三时伯驹与黄复、萧劳、许宝蘅、沈曾荫、谢良佐、溥叔明等在中山公园来今雨轩聚会。五时至北京饭店晚餐,晚餐后郑诵先来,谈至八时余散。

《许宝蘅日记》:

> 三时到来今雨轩,娄生、钟美先到,仰放、稼庵、伯驹、叔明后至,又遇彦和,五时同到北京餐厅聚餐,餐毕诵先始至,谈至八时余散。

3月21日

午后三时谢良佐宅聚会,伯驹与黄复、溥叔明、许宝蘅、郑诵先、萧劳、沈曾荫等至。六时和平餐厅聚餐,九时余散。

《许宝蘅日记》：

　　三时到稼庵寓，叔明、娄生先在，稼庵、叔明有新词二首，为之琢磨一二，仰放、伯驹、诵先，钟美续至，六时到和平餐厅聚餐，九时余归。

3月27日

因符定一久病，叶恭绰代理中央文史研究馆馆长。

《许宝蘅日记》：

　　二时到文史馆，叶誉虎代理馆长，今日到馆。因符定一久病，馆事无人领导，故国务院令誉虎代理，实际因各省文史馆馆员有昌邑修志书者，有对本省文物工作者，而中央馆员毫无动作，故借符病为词，欲誉虎来作领导，今日也只略为漫谈，不能有具体办法，至四时散。

张允和《昆曲日记》：

　　张伯驹在《北京日报》上的文章，他说昆曲有三派，苏昆、京昆和上昆，那么还有呢？川昆、湘昆、婺昆……这就和八大派哲学有"异曲同工"之妙。

3月29日

午后三时，郑振铎至北海天王殿观看"明清书画展览"，认为"尚佳，惟殊无谓耳"。康生本日亦来观展。

4月2日（丁酉上巳）

十一时半伯驹约友人在丰泽园修禊聚会，夏仁虎、许宝蘅、宋庚荫、诸季迟、谢良佐、邢端、黄复、萧劳、郑诵先、黄君坦、溥叔明等十七人至。夏仁虎即席吟《盲翁鼓儿词》四章，许宝蘅为之笔录。

《许宝蘅日记》：

> 十一时半到丰泽园，应丛碧修禊之约，集者枝巢、季迟、筱牧、仰放、冕之、稼庵、娄生、钟美、诵先、丛碧、金君、君坦、益公、叔明，尚有枝巢之如君、筱牧之女公子，共十七人，散后枝巢即席吟《盲翁鼓儿词》四章，余为笔录，传示同座。

4月3日

十时关赓麟在北海发起修禊之会，冒鹤亭、许宝蘅等四十余人参加，仿膳午餐后照相留念。

《许宝蘅日记》：

> 十时到北海，颖人发起上巳修禊，馆友居多数，稊园社友亦集，共四十余人，冒鹤亭新自上海来，亦参与此会，在仿膳午餐。餐后照相，周旋，乏极，至馆休息，三时半归。

编者谨按：伯驹是否出席待考。

4月5日

午后伯驹与黄复、谢良佐、萧劳茶话，四时余散。

谢良佐诵赵闲闲《青杏儿》：

313

风雨替花愁。风雨罢、花也应休。劝君莫惜花前醉，今年花谢，明年花谢，白了人头。乘兴两三瓯。拣溪山、胜处追游。但须有酒身无事，有花也好，无花也好，选甚春秋。

4月11日

十一时伯驹等在恩成居公宴冒鹤亭。三时散。

《许宝蘅日记》：

十一时三刻到恩成居，公宴冒鹤亭，主人为王彦和、洪铸生、王琴希、邢冕之、戴亮吉、沈仰放、张伯驹、潘素、黄君坦、溥叔明及余，三时散。

4月18日

午后四时诸友在伯驹宅掷彩选。六时在又一顺公宴陶洙八十生日，主人为诸季迟、伯驹夫妇、谢良佐、黄复、黄君坦、溥叔明、沈曾荫、许宝蘅等共十三人，八时余散。

《许宝蘅日记》：

四时到伯驹处掷彩选。六时余到又一顺，公宴陶心如八十生日，主人为诸、俞、沈、谢、黄、萧、黄、溥、张、潘、金、郑共十三人，八时余散归。

4月21日

韵文学研究会筹备会六十余人在中山公园举办，通过会章，推举理事。

《许宝蘅日记》：

午食后领信到中山公园，参加韵文学研究会筹备会，到者六十余人，通过会章，推举理事。

编者谨按：伯驹是否参加待考。

4月24日

民革召集座谈会。

《许宝蘅日记》：

民革召集座谈会，文史馆例期，皆未能去。

编者谨按：伯驹是否参加待考。

张允和《昆曲日记》：

接到俞太太的电话，说昨晚上徐惠如大发牢骚，先说那两位录音同志不恭敬他，后来又扯到社里的工作，李、许的辈分高，不做什么事。张伯驹给他120元，什么事都不叫他做，以后曲社同期、彩排他都不参加了。真是叫一波未平，一波又起。

编者谨按：徐惠如，昆曲笛师。

4月25日

午后诸友至谢良佐宅，六时至和平餐厅晚餐，八时余散。

《许宝蘅日记》：

饭后到稼庵寓，二黄、萧、沈、张、郑、金、溥先后集，彦和亦至，六时余同到和平餐厅晚餐，谈至八时余散归。

编者谨按：此处之"张"，疑即伯驹。

4月27日

中共中央发出《关于整风运动的指示》。

文化部副部长刘芝明在第二次全国戏曲剧目工作会议上作报告《大胆放手，开放戏曲剧目》。

《人民日报》发表社论《大胆放手，开放剧目》。

4月中下旬

河南省安阳市豫剧团进京演出《桃花庵》《三上轿》等剧，主演为崔兰田、渠永杰等。伯驹曾往观剧并赋《风入松》一首。词云：

孩时忆看赵玄郎，风度自昂藏。至今都念中州韵，更何分、北曲南腔。岂畏金元气焰，犹存宣政文章。

《桃花庵》与《对花枪》，无独亦无双。喜闻千里乡亲到，是安阳、不是钱塘。正在百花齐放，好须歌舞逢场。

词未收入《丛碧词》。其后伯驹又写了《看河南家乡戏》一文。

5月4日

伯驹召集北京市文化局所属七个文艺团体开会。

张允和《昆曲日记》：

今天张伯驹召集七个文艺团体开会：北京京剧基本研究会、古琴会、中国画研究会、书法研究会、韵文研究会、昆曲研习社、棋艺研究会。

张伯驹：百家争鸣，百花齐放，社会团体是力量，内中有很多内行。这次视察中提出，应重视社会团体。用座谈方式，先了解情况。

昆曲研习社的情况由许宝騄、张允和报告。京剧研习社由张琦翔报告，1951年京剧艺人、爱好者组织团体训练班、抗美援朝义演。成立研究会、音乐组。1954年研究整理工作。1956年补助后有新计划，四组中有昆曲组，编《京剧概论》（音韵、流派），挖掘昆曲、京戏剧目，记录名演员舞台艺术等。

文化局负责人讲：专家的讲话，丰富了我们的知识，政府已重视。地址问题、刊物问题、演出问题、展览馆问题。经费问题，要发动捐助。

张伯驹最后总结：青年继承问题、活动地址问题。建议，文联大楼可以让各团体放在一起演出。经费问题多少不拘，市文化局没有通盘计划。加强联系辅导，再仔细研究。

晚六时伯驹等在峨嵋酒家聚会纪念亡友王耒。

《许宝蘅日记》：

六时到峨眉酒家聚餐，为耕木纪念，集者彦和、亮吉、仰放、娄生、稼庵、诵先、钟美、丛碧，共九人；期而未至者季迟、叔明、君坦、益公四人。稼庵、钟美、君坦均赋《琐窗寒》词，九时散。遇亮生、叔鸿、子垕,又遇姬传、季黄及畹华,知冯幼伟来京。

5月9日

九时半民革座谈会。伯驹是否出席待考。

《许宝蘅日记》:

　　九时半到民革座谈会,十一时半散。

5月14日

午后一时至五时,中共北京市委统战部副部长贺一平在中山公园音乐堂传达毛主席讲话。

《许宝蘅日记》:

　　一时到音乐堂听贺一平传达毛主席讲话,五时半毕。

编者谨按:伯驹是否参加待考。

北京画院成立。张伯驹应邀与周恩来、李济深、邵力子、陆定一、周扬、茅盾、夏衍、郭沫若、溥雪斋、叶恭绰、郑诵先等一同出席成立大会。

《人民日报》第二版发表文章,标题是《筱翠花说:"我要唱戏!"》,副题是"北京市文化局竟置之不理"。全文如下:

　　本报讯　筱翠花(于连泉)昨天对本报记者说:"我要唱戏!"

昨天晚上，筱翠花打电话到本报编辑部，约记者到他家里去。他对我说："这几天，家里人给我念报，我心里全明白了。党号召'百家争鸣'，就是要我们艺人把心里话全说出来，帮助党整好风。请你把我的心里话也在报上登一登吧：我要唱戏！我知道这几年观众很想念我；我更想念他们，渴望在舞台上同观众见面；我更想的是，要把自己的艺术传授给第二代！"

筱翠花是著名的京剧表演艺术家，与四大名旦齐名，在艺术上独树一帜。他是花旦。解放不久，废止跷工，他的一部分戏随之不能演出；以后，文化部的禁戏和戏曲改革工作中的清规戒律，逼得他离开了舞台。他说："一个演员，不让他演戏，比死还痛苦。从九岁登台起，在舞台上生活了四十多年，这五年闭门在家，心情实在是苦痛之至。"

筱翠花说："我早就想唱戏了。去年12月，一个大冷天，我自个儿跑到文化局去求见局长。没见着局长，连科长也没有见着。一位袁同志接见我，说科长在开会，她一定把我的请求转达给领导上。等了几天，没信息，就叫世文（他的儿子）再去。到文化局办事，跟《十五贯》里'见都'一样的难啊！世文去了二次，跑白趟。第三次，见了一位刘同志，回说：'造册子来！'这不明明是堵我的嘴么？现在人都入了组织，我那去造册子。再说，我正为这困难，才要请求文化局帮助。"

"可我没死心。我相信，毛主席号召'百花齐放'，一定会办到。我把希望放在袁同志身上。她要真往上反映了，局长会掌握党的政策，会帮助我。前不久，遇见了张梦庚副局长。

他见了我，说，他早就要来看我，一直没空。我想，他要往下说了。可是，说完客气话就没词儿了，压根儿没提那事。"

"快半年了，文化局对我的请求置之不理。"

筱翠花认为，如果文化局能帮助他组班，或帮他搭入一个艺术水平相当的剧团合作演出，他立即可以演出的戏，有《马思远》《坐楼杀惜》《活捉三郎》《雁门关》《战宛城》《红梅阁》《翠屏山》《挑帘裁衣》《梅玉配》《花田错》《得意缘》《穆桂英》《胭脂判》《一匹布》《打钢刀》《打樱桃》等大小有五六十出。

他认为《蝴蝶梦》也可以演出。他说这出戏，是敌伪统治时期，被几个旦角演员和《纺棉花》一起唱，加入了色情成分，唱毁了的。那时人称"劈纺"。他说："我愿意将这出戏，在台上与首长、观众见面。请大家评评，是卖弄色情呢，还是艺术。"

5月15日

毛泽东撰写《事情正在起变化》，发给党内高级干部传阅。文章认为"最近这个时期，在民主党派中和高等学校中，右派表现得最坚决最猖狂"。党中央关于整风的指导思想和部署由此发生重大改变，从正确处理人民内部矛盾转向对敌斗争，由党内整风转向反击右派。

5月16日

戏剧家协会在北京文联大楼举办首都昆曲界座谈会。

张允和《昆曲日记》：

孟超任主席，发言者有张伯驹、俞平伯、侯永奎、白云生、傅雪漪、康生、孔昭、刘庵一、梁寿萱、伊克贤、钱一羽、高景池、叶仰曦、袁敏宣、侯长治、张琦翔、沈盘生、金紫光、张允和等。

其中张伯驹发言主要有：

张伯驹："家家收拾起，户户不提防"，是流行的，那是在五十年前。现在衰退，如书法研究会。昆曲在文学史上有地位，应成立昆剧院，多与群众见面。韵文学会与昆曲亦有关系。昆曲是韵文承上启下的。挖掘旧的，要写新的剧本。剧本完全开放，请大家大胆鸣放。

张伯驹：（1）中外不公——外国好中国不好；（2）新旧不公——旧的不好，新的好；（3）老少不公——对年轻的好，对年老的不好（年轻的喜欢反映，老师的反映领导不在意）。

张伯驹：关于徐惠如的问题，可以加入文化局编导委员。

5月18日

诸季迟八十二岁寿，本日十一时伯驹、许宝蘅、陶洙、邢端、黄复、沈曾荫等友人在丰泽园为诸贺寿，宾主共十四人。二时余散。

《许宝蘅日记》：

十一时到丰泽园，公请诸季迟作生日，宾主十四人，季迟（八十二）、季迟之女（六十三）、夬翁（八十三）、彦和（八十二）、蔚文（八十二）、铸生（八十一）、涵清（八十一）、心如（八十）、冕之（七十五）、仰放（七十三）、娄生（七十一）、砺甫（六十八）、伯驹（六十）、卓人（五十八），共一千〇卅九岁，二时余散。

《人民日报》发表通讯《文化部发出通令：禁演戏曲节目全部解禁》《筱翠花昨晚初演〈马思远〉》。

《文化部发出通令：禁演戏曲节目全部解禁》全文如下：

本报讯　文化部已经正式发出通令，将所有原来禁演的戏曲剧目全部解禁。

文化部曾经在1950年到1952年间，陆续禁演了二十多个剧目，京剧有《杀子报》、《海慧寺》（《马思远》）、《双钉记》、《滑油山》、《引狼入室》、《九更天》、《奇冤报》、《探阴山》、《大香山》、《关公显圣》、《双沙河》、《活捉三郎》、《铁公鸡》、《大劈棺》、《全部钟馗》；评剧有《黄氏女游阴》《活捉南三妇》《全部小老妈》《活捉王魁》《僵尸复仇记》《因果美报》《阴魂奇案》；川剧有《兰英思凡》《钟馗送妹》。此外在少数民族地区禁演的有《薛礼征东》《八月十五杀鞑子》等等。

其中《奇冤报》《探阴山》《活捉王魁》等戏已经在这以前解禁。

《筱翠花昨晚初演〈马思远〉》全文如下：

本报讯　京剧著名花旦于连泉（筱翠花）昨天在一个晚会上演出了《马思远》。这个解禁才两天的老戏，日内将在北京舞台上同观众见面。

《马思远》是筱翠花的拿手杰作之一，绝响于舞台已近二十年。这个戏写的是清末在北京轰动一时的一桩奇案，真人真事。筱翠花在戏里饰演荡妇赵玉，旦角身上忌讳的仰脸、挺胸、大步、活胯、翻眼看人等身段、眼神，在这个角色中都有表演。这位优秀的表演艺术家在戏中把这个泼辣、狠毒的女流氓，表演得淋漓尽致。

息影舞台数十年的老艺人雷喜福、王福山、高富远、于永利以及著名老艺人李洪春等参加了这出"群戏"的演出。饰演奸夫贾明的，是得到筱翠花赏识的青年演员田喜秀。

晚会结束以后，文化部副部长钱俊瑞、夏衍及著名演员叶盛兰、杜近芳、新凤霞等曾到后台去看筱翠花，祝贺他的演出。

编者谨按：此篇报道连同《筱翠花说："我要唱戏！"》，均出自《人民日报》记者林钢之手，后林钢亦被划为右派，罪名之一即"恶意攻击党的文艺政策，歪曲宣传'百花齐放'的方针，极力鼓吹筱翠花演出坏戏《马思远》"。其事参见1958年1月6日《人民日报》。

5月20日

中共中央发布《关于加强对当前运动的领导的指示》。

5月22日

午后全国政协文化组座谈会，邀请八十余人，仅到二十余人。郑振铎在《最后十年（1949—1958）》中记，"谈得颇为热闹，也揭发了不少问题"。

5月23日

九时民革小组座谈会。伯驹是否出席待考。

《许宝蘅日记》：

九时到民革小组座谈会，十一时半散。

5月26日

八时中央文史研究馆在政协礼堂举办座谈会，叶恭绰与齐燕铭主持。

《许宝蘅日记》：

二十七日戊戌，八时到政协礼堂，文史馆座谈会。国务院副秘书长齐燕铭与文史馆副馆长叶恭绰主持。

北京昆曲研习社召开社务会议。张允和记俞平伯发言：

以后的发展和困难。青年人学昆曲，一定要教好，工作越好，责任越重。大家业余贴钱工作，要少数人为大家服务。从去年秋天决定要组织起来，到现在有相当的成绩，也有许多困难。内部工作加重，就有矛盾，意见就多；对外，有北昆、张伯驹等，逐渐复杂。是不是大家有决心克服困难，不为困难所灰心。我事忙，请示过文学研究所，现在有一些妨碍。

《文艺报》（1957年第8号）发表记者张葆莘报道《禁戏开禁

记》：

文化部从1950年到1952年，先后禁演了二十四出戏。实际上，这几年来在舞台上绝迹的，还不仅仅是这二十四个剧目。有的是经过刊物的批评，不能演，如《四郎探母》《麻风女》；有的则是受到禁戏的株连，如《纺棉花》则受《大劈棺》之累；也有的是由于某些干部的某种教条主义思想作祟，口头禁了的。总之，一些戏许久不和观众见面，除明令禁止者外，很多都是"不禁自禁"，或称之为艺人"自动停演"了的。

第一次全国剧目工作会议以后，清规戒律稍有破除，使某些"自动停演"的戏重返了舞台。而那些被禁了的戏，则仍深锢冷宫。这时，虽然有些艺人曾积极要求演出其中的某出戏，有些戏也经过了报刊上的讨论，但仍久久未能开禁。问题还不仅仅在于这些禁戏，而是某些禁戏的不能开放，势必会影响很多"不禁自禁"的戏再露舞台。就在去年开放剧目，各地搞得热火朝天的当时，文化部还发过一道通令：各地不得擅自上演文化部的禁戏。据评剧院的同志谈，在开放剧目后，他们曾书面申请开禁过《小老妈》，但未获批准。（原注：从去年第一次剧目工作会议，直到今年的第二次剧目工作会议，只开放了《奇冤报》一出。）

在第二次全国戏曲剧目工作会议上，也有人提出了开禁的问题（原注：见本报第五期《放，才能带来繁荣》）。周扬同志也提出了"禁止禁戏"的意见。但是，文化部仍以"迎风户半开"的姿态，未将禁令解除，仅在5月10日解禁了《探阴山》一出。

5月10日,《北京日报》登出了筱翠花将在12日公演《马思远》(原注:《海慧寺》)的消息。当天下午,市文化局就给主持演出的"京剧基本研究社"打了个电话,说这出戏是文化部明令禁止过的,现在尚未明令开禁,所以暂时还是不准公演。《北京日报》变被动为主动,紧接着在十二日又登出了《〈马思远〉不能解禁,本报报道没有兑现》的消息。最后并说:"但是不知道为什么《马思远》在今天还是不准演出。"同一天的《人民日报》,也登出了筱翠花"最近受了党的百花齐放、百家争鸣的思想的鼓舞,渴望能重新登台献艺,同观众见面。日内他将要演出一部从前遭禁的戏《马思远》"的消息。第二天,上海《文汇报》也发表了该报驻京记者的《揭开封条》。三家报纸,几乎同时向文化部将了一军。

　　在舆论界的督促之下,文化部才在第二次全国戏曲剧目工作会议闭幕后的第二十天——5月14日,正式发出了解除禁戏的通令。

　　禁戏,是解禁了。但是,就在这个解禁的过程中,我们看到了"解禁令"是怎样的难产啊!

5月31日

　　十一时许宝蘅等友人十一人在东安市场吉士林聚餐。伯驹是否参加待考。

　　《许宝蘅日记》:

　　　　十一时到东安市场吉士林聚餐,集者十一人,子垔未至,散后拟访季迟，忽内急，遂归。

夏

毛泽东约见冒鹤亭。

陈晋《文人毛泽东》：

> 两人谈到词学。冒对三百年来词人提倡填词必墨守四声表示不同意见，认为："拘泥太甚，作茧自缚。宋代是词的鼎盛时期，那时还没有词谱、词律和词韵呢。我作《四声钩沉》即在提倡词体的解放。"毛认为，老一辈人要搞旧体诗词，就要搞得像样，不论平仄，不讲叶韵，还算什么格律诗词？掌握了格律，就觉得自由了。

6月3日—15日

戏曲音乐工作者座谈会在北京召开。夏衍、田汉、梅兰芳、张庚等出席讲话。

6月6日

九时民革座谈会。午后二时中央文史研究馆在政协礼堂举办座谈会。

《许宝蘅日记》：

> 九时到民革座谈会，十时半先退归。二时到政协礼堂，文史馆座谈会，发言者十三人，石钟秀、黄娄生、吴承倪、浦友梧、武郁芳、楚中元、刘放园、阎右甫、宋筱牧、石荩年、罗介丘、

邢赞庭、唐宝潮，六时散归。

6月8日

中共中央发出《关于组织力量准备反击右派分子进攻的指示》。

《人民日报》发表社论《这是为什么？》，标志着反右派运动的开始。

6月11日

午后二时北京市政协在中山公园举办关于诗词曲赋座谈会，出席者二十余人，诸季迟、邢赞庭、张伯驹、臧克家、曾天宇、文怀沙、谢稼庵、刘契园、郑诵先、萧劳等十人发言。六时散后，许宝蘅、黄复、谢良佐、郑诵先、张伯驹至和平餐厅聚餐，八时散。

《许宝蘅日记》：

> 二时到中山公园，市政协召集关于诗词歌赋座谈会，到者二十余人，发言者诸季迟、邢赞庭、张伯驹、臧克家、曾天宇、文怀沙、谢稼庵、刘契园、郑诵先、萧钟美十人。臧克家、文怀沙皆新诗作家，六时散。同娄生、稼庵、诵先、伯驹到和平餐厅聚餐，八时余归。

6月14日

本日阴雨。

《许宝蘅日记》：

十一时到同和居聚餐，集者张、姚、恽、林、言、李、王及博施之侄，共九人，二时散归，雨止。

编者谨按：此处之"张"，疑即伯驹。

6月15日

《人民日报》发表白云生文章《我对〈杀子报〉和〈马思远〉两剧的看法》。

6月16日

午后二时许宝蘅访伯驹，遇郑诵先，同阅郑所写《书法要诀》。五时散。

《许宝蘅日记》：

二时余到伯驹处，晤郑诵先，阅其所写《书法要诀》，并借《皇甫君碑》，五时归。

6月19日

午后三时伯驹约友人猜诗谜，冒鹤亭、诸季迟、黄复、沈仰放、郑诵先、谢良佐、黄君坦、溥叔明等共十一人参加。潘素治肴，九时后散。

《许宝蘅日记》：

三时赴伯驹约猜诗谜，同座有鹤亭、季迟、娄生、仰放、诵先、稼庵、散木、君坦、叔明，共十一人，潘素治肴，九时后散归。

6月20日

九时民革小组会。

《许宝蘅日记》：

九时到民革小组会，十二时归。

6月21日

十一时伯驹等在康乐餐厅聚餐，伯驹与冒鹤亭、黄复、谢良佐、溥叔明、许宝蘅等参加。

《许宝蘅日记》：

十一时到康乐，与鹤亭、云沛、彦和、孟庚、诵昭、琴希、娄生、稼庵、仰放、伯驹、叔明聚餐。

6月22日

北方昆曲剧院举行成立典礼。

《郑振铎日记》：

九时半，回部，参加北方昆曲剧院的成立典礼。周扬在会上讲"百花齐放，推陈出新"，甚为精辟。他说："保存传统，要最大的谨慎；改革创新，要最大的勇气。"陈毅副总理对近来右倾情况，大加批评，他说："我们是革命者，一切都需要革命。过去过左，今则过右了。"会毕，摄影。（中略）同到西单剧场，看北方昆曲剧院的招待演出。演的是《小宴·惊变》、

《棋盘会》、《乔醋》和《别母乱箭》。以《铁冠图》压轴，观众意见不小！演毕，我们登台慰劳之。

6月23日

北方昆曲剧院在人民剧场举行庆祝成立演出。

《郑振铎日记》：

> 下午七时半，到人民剧场看北方昆曲剧院的庆祝建院大会。梅兰芳也参加《游园惊梦》的演出。演的是：《昭君出塞》、《单刀会》、《书馆》和《游园惊梦》，比昨夜的好得多了。十一时半，散。

6月29日

上午，全国人大举行小组会议批判章伯钧、罗隆基等右派言论。

7月15日

十一时半在同和居聚餐为冒鹤亭送行，冒鹤亭、许宝蘅、诸季迟、邢端、沈曾荫、黄复、谢良佐、溥叔明、潘素、谢无量等十二人参加。

《许宝蘅日记》：

> 十一时半到同和居聚餐，为鹤亭饯行，集者十二人，鹤亭、季迟、铸生、亮吉、冕之、仰放、娄生、稼庵、叔明、潘素，另有谢无量（川人，人民大学讲师，七十四），三时散。又到仰放寓，钟美亦至，谈至六时散归。

编者谨按：伯驹似未参加本日聚会。

7月24日

《人民日报》第一版刊登文章《梅兰芳、周信芳、程砚秋、袁雪芬、常香玉、陈书舫、郎咸芬建议戏曲界不演坏戏》。

7月25日

《人民日报》发表社论《有毒草就得进行斗争》。

中国作家协会召开会议，再次批判丁玲、陈企霞"反党小集团"。

7月28日

《郑振铎日记》：

七时许，张奚若来谈，问起故宫旧藏范仲淹写的《道服赞》事。

7月30日

九时潘素与郑诵先访许宝蘅、陈云诰，同至文化宫参观建军三十周年展览会。遇叶恭绰、陈半丁。

《许宝蘅日记》：

九时潘素，诵先来，约赴文化宫参观解放军建军卅周年展览会，并往迎紫仑同往，十时剪彩开始，有油画，各次战绩，有雕塑，有水彩画，有国画，正殿及东西庑展出四百余品，余仅在正殿、东庑巡视一周，遇半丁、誉虎，十二时归。

8月8日—9日

中国戏剧家协会和中国电影工作者联谊会联合举行"批判吴祖光"座谈会,老舍、夏衍、钱俊瑞、梅兰芳、新凤霞、汪洋、丁里、金山、田庄等出席并发言。

8月9日

八时半民革座谈会。

《许宝蘅日记》:

> 八时半到民革座谈会,十一时半散,到文化餐厅聚餐,集者十一人,三时余散归,到西单商场买物。

编者谨按:伯驹是否参加待考。

8月19日

伯驹与许宝蘅、黄复、谢良佐、萧劳至文化餐厅午餐,餐后至中山公园茶话,午后六时散。

《许宝蘅日记》:

> 九时半到书社,摄电影,与紫仓、冕之各书一件,十二时毕事,同伯驹、娄生、稼庵、钟美到文化餐厅午食,又到中山公园茶话,至六时后归。

8月23日

午前民革小组座谈会。中午许宝蘅等友人共十三人在同和居聚餐。

《许宝蘅日记》：

民革小组座谈会，未赴。十一时到同和居聚餐，集者十三人，二时散。

编者谨按：伯驹是否参加待考。

8月30日—31日

北京戏曲和艺术界召开张伯驹批判会。

9月2日

《人民日报》发表文章《强迫筱翠花演坏戏〈马思远〉：张伯驹是文化艺术界的绊脚石》。全文如下：

本报讯　严重破坏和危害人民艺术事业的右派分子张伯驹，在8月30和31日两天戏曲和艺术界举行的反右派大会上，他的一系列的反共反社会主义活动已被彻底揭穿。

在鸣放期间，张伯驹到处放火。不仅在戏曲界放了大火，在国画界、书法界也进行了许多活动。特别是戏曲界这场大火，殃及许多城市——前一个时期各地一度上演坏戏，使剧目混乱的祸根就是张伯驹。

在鸣放期间，仅在京剧一团内，他就开过七次老艺人座谈会，进行放火。大力攻击文化部的戏改政策，硬说过去禁的一部分戏禁错了。他利用他把持的"京剧基本艺术研究会"组织，主张复古，组织演出坏戏。最恶劣的是：他强迫筱翠花上演坏戏《马思远》。当筱翠花以为这是禁戏，并有二十年没有演出了，既无服装，又无人，不肯演时，张伯驹却从中硬拉，说一切由他负责，谎称他已经和文化部门接洽好了；而对文化部门说，不让筱翠花演《马思远》，筱有情绪，两头扯谎。

张伯驹在国画界也进行放火。张伯驹积极参与了国画界右派分子徐燕荪、王雪涛等6月间在北京荣宝斋召开的向共产党进攻的座谈会，企图和他的同谋者篡夺党在国画方面的领导权。他们这些活动曾接受章伯钧、李伯球的指使。在书法界他也发起组织座谈会放火。

程砚秋等揭发张伯驹在1952年盗用齐白石、梅兰芳、程砚秋等近百位艺术家的名义，联名上书中央负责人，假借"发扬国粹"的幌子，对文化部大加攻击，并要胁中央负责人支持他成立京剧、书画等组织。当时，他的阴谋企图未能实现，就拉拢老艺人组成北京京剧基本艺术研究会，用"团结新委员""发掘和研究老戏"等名义，积极发展组织，以极卑鄙的欺骗手段，笼络北京戏曲界的老艺人。在这些组织中，他散布流言蜚语，破坏国家艺术政策。章伯钧、罗隆基、黄绍竑、张云川等，都是这些组织的赞助人。民盟北京市委负责人揭发，在鸣放期间，张伯驹参加过章伯钧在文化俱乐部召集的秘密会议，并去罗隆基家密谈。

张伯驹在大会上被揭露后，态度仍然十分恶劣，引起了大家的愤怒。会议还要继续进行。

张允和《昆曲日记》：

晚去文化馆，到了十来个人。今日报上发表张伯驹是个右派分子，吴南青参加了30、31日的会，要他收集资料。那一次张伯驹召集的座谈会实在是点火。

编者谨按：伯驹《红毹纪梦诗注》记述此事："旧历史一朝天子则有一朝之臣，一艺之兴衰亦如是也，非天不变而道亦不变者。《马思远》为清代戏，余以支持于连泉演出而受牵误，世换景迁，不应再谈戏曲矣。"伯驹又有诗题之：

一朝天子一朝臣，

舞榭歌台梦已陈。

啼笑皆非马思远，

中州断送老词人。

9月16日

中央文史研究馆馆员、中国美术家协会主席、北京中国画院名誉院长齐白石在北京病逝。22日在北京嘉兴寺举行公祭，郭沫若主祭，周恩来等参加。

9月

张伯驹在整风小组会后说的话，后来被称为"右派"言论。

张恩岭《张伯驹传》：

1957年9月，在整风小组会后，他还说："丁玲、陈企霞她们那样讲，也是未可厚非。提意见，就有可能对，有可能不对，用心是好的就行。"

10月8日

午后四时许宝蘅等友人至伯驹宅掷彩选,晚餐,九时余散。

《许宝蘅日记》:

> 四时到丛碧寓掷彩选,留晚饭,九时余归。

10月26日

午后,谢良佐宅猜诗谜,伯驹与沈曾荫、黄复、许宝蘅、溥叔明等参加。六时同至文化餐厅聚餐,为谢良佐贺寿,九时散。

《许宝蘅日记》:

> 午饭后到后泥洼候志可,嘱南羽、宠儿到家晚饭。到季迟寓,以复卓人信交蕙英带去。到稼庵寓,与伯驹、仰放、娄生、叔明猜诗谜,六时同到文化餐厅聚餐,为稼庵作生日,九时归。

10月30日

潘素访许宝蘅,请许题画。

《许宝蘅日记》:

> 潘素来,乞题画款。

11月1日

民革在政协礼堂举办庆祝十月社会主义革命四十周年晚会。

《许宝蘅日记》:

> 晚六时半到政协礼堂,民革为庆祝十月社会主义革命四十周年举行晚会,有杂技、京剧、跳舞等节目,九时余先散归。

编者谨按：伯驹是否参加待考。

11月12日

八时四十分中央文史研究馆在政协礼堂举办录音报告会。

午后二时许宝蘅访谢良佐，遇伯驹、黄复、沈曾荫、萧劳、溥叔明等，约重阳登高之会。六时至森隆餐厅聚餐，八时散。

《许宝蘅日记》：

八时三刻政协礼堂听录音报告，十一时三刻归。公孚来，不值。二时余到稼庵寓，娄生、仰放、莲痕、钟美、伯驹、叔明均在，诸人有九日登高及昆明湖秋泛诗词，六时到森隆聚餐，八时归。

11月14日

午后民革举行反右大会。

《许宝蘅日记》：

民革午前小组座谈会，午后星侨礼堂反右大会，均未往。

11月16日

十二时伯驹与夏仁虎、诸季迟、沈曾荫、黄复、谢良佐、郑诵先、溥叔明等十一人在丰泽园聚餐。

《许宝蘅日记》：

十二时到丰泽园聚餐，集者蔚如、季迟、彦和、仰放、娄生、稼庵、诵先、叔明、伯驹及蔚如之如君，共十一人，散后同仰放到中山公园与二王、水、戴、彭、杨（原注：文轩）、赵诸君对诗，五时散归。

11月17日

彭主匎在北京病逝。

《许宝蘅日记》：

得彭主匎讣，今晨三时去世，年九十一。

11月20日

十一时伯驹与夏仁虎、诸季迟、宋庚荫、沈曾荫、黄复、谢良佐、郑诵先、萧劳、吴玉如、溥叔明、潘素等十四人在恩成居聚餐。午后二时余散。

《许宝蘅日记》：

十一时到恩成居聚餐，集者夏蔚如、诸季迟、宋筱牧、沈仰放、黄娄生、谢稼庵、郑诵先、萧钟美、张伯驹、吴玉如、溥叔明及潘素与夏如君，共十四人，二时余散归。

11月25日

十一时潘素在前门全聚德宴沈曾荫、黄复、谢良佐、萧劳、伯驹等。餐后同至伯驹宅掷彩选，晚九时散。

《许宝蘅日记》：

十一时到肉市全聚德吃烤鸭，潘素作主人，集者沈、黄、谢、金、萧、溥及丛碧，散后到丛碧处掷彩选，夜九时半归。

12月1日

北京市民开始凭证购肉。

《许宝蘅日记》：

京市自今日始居民每日凭证购肉每户以一元为限，以一次为限（原注：证由北京市副食品商业局制，经区委会派出所发给）。又今日始发现一分、二分、五分硬币。

12月3日

《许宝蘅日记》：

四时到仰放寓，黄、谢、萧、张、溥诸君先后集，谈至六时归。

编者谨按： 此处之"张"，疑即伯驹。

12月6日

《许宝蘅日记》：

公孚来，十一时到文化餐厅聚餐，集者蔚文、彦和、铸生、孟庚、王硕甫、周诒春、戴亮吉、沈仰放、谢稼庵、彬敬斋、赵仁甫、祝叔平，共十三人，二时散。到丛碧家，夜九时余归。

12月14日

午后二时民革批判谭惕吾右派行为大会。

《许宝蘅日记》：

二时到新侨礼堂，民革批判谭惕吾右派行为大会，四时先退，路遇邵怀民，立谈片刻，知其现在下放南苑农村。

12月16日

十一时半同和居诸友公祝沈曾荫、萧劳生日，主宾十四人。二时散。

《许宝蘅日记》：

十一时半到同和居聚餐，为仰放（原注：十七）、钟美（原注：初八）补作生日，集者主宾十四人，二时散归。

编者谨按：伯驹是否参加待考。

12月22日（丁酉冬至）

午后许宝蘅、沈曾荫、黄复、谢良佐、郑诵先、萧劳等至伯驹宅，晚餐，掷彩选，晚九时余散。

《许宝蘅日记》：

十一时到肉市全聚德，何燮侯之子荣羲（原注：现在重工业部某工厂，年三十七约），同座有铸生、冕之、子年、稻孙、琴希、二张君及铸生二女、荣羲之妻，因燮侯八十生日，诸人曾有诗祝贺，故命荣羲设宴为酬，二时散。又赴丛碧家，因今日冬至，治肴约集，有仰放、娄生、稼庵、诵先、砺甫、钟美，为彩选之戏，夜九时余散归。

本年

张伯驹《素月楼联语》：

丁酉岁饭后诗钟集，分咏题《医生八字》。余集工部、义山诗句云："新鬼烦冤旧鬼哭，他生未卜此生休。"后阅《楹联丛话》，方知已有人嘲医生集此联矣。

楼宇栋、郑重《中国文博名家画传：张伯驹》：

本年伯驹与章士钊、叶恭绰致书总理周恩来，对古典诗歌的创作和研究，提出了看法，倡议成立北京韵文学会，得到了周总理的关注和肯定。不久，因"反右"运动开始，遂告中止。（中略）本年伯驹积极投入文化部组织的传统剧目整理工作，并将老艺人们组织起来，成立了"老艺人演出委员会"。（中略）本年北京京剧基本艺术研究社被迫结束。

朱经畲《张伯驹生平事略》：

本年6月，北方昆曲剧院在北京成立，韩世昌任院长，白云生等任副院长。伯驹与北昆演出于清华园，侯永奎演《夜奔》，伯驹演《别母乱箭》，韩世昌、白云生演《游园惊梦》。

编者谨按：伯驹《红毹纪梦诗注》云："文艺百花齐放时期，提倡昆曲，南昆、北昆各成立剧团剧院。余与北昆演出于清华园，侯永奎演《夜奔》，余演《别母乱箭》，韩世昌、白云生演《游园惊梦》，回首忽已十年。"伯驹有诗：

宫墙偷笛只空吹，

旧曲无闻白纻辞。

惊梦至今真一梦，

名园忆共上场时。

安毓恒《对北京京剧基本艺术研究社的回忆》：

1957年5月，张先生到处奔走，为三出戏的重新上演忙碌着。这三出戏是李万春、钱宝森的《宁武关》，王福山、钱宝森的《祥梅寺》和于连泉的《马思远》。这三出戏都有绝活，尤其是《祥梅寺》，王福山先生得其父王长林老先生真传，是一出难度很大的戏。我们研究社也全力准备。《祥梅寺》的了空和尚有一段连做带舞的表演，用丝竹乐《柳摇金》伴奏，这出戏最后有黄巢斩了空的情节，为了不损坏农民起义领导黄巢的"英雄形象"，张先生把剧本改成黄巢放了空逃走。这出戏只在长安戏院演了一场。《宁武关》则没有公开演出。《马思远》演了几场。除于连泉先生出演赵玉外，还有雷喜福、王福山、田喜秀参加演出（马富禄后加入）。

57年8月，报纸批判张伯驹的文章铺天盖地而来，张先生被划为右派，京剧基本艺术研究社随之解散。（中略）我们最后一次活动还是在张先生的客厅内，张先生在后面没出来，一位姓徐的先生说："张先生犯了右倾的错误，正在后面闭门思过，我们讨论一下,音乐组今后怎么办？"这时有一位南方人大声吼道："什么右倾错误？张伯驹是右派！你这么说是立场问题！"徐先生不再说话了，别人也不说话了，我是小孩儿，更不能说什么。但是我在想，这个人怎么变得这么快，这就是人与人的关系吗？

叶盛长《梨园一叶》：

　　1957年春天，党中央发起了整风运动，号召各民主党派人士和广大群众大鸣大放，都来给党提意见。作为一名新加入中国农工民主党的党员，我没有什么政治上的经验，而只是一股年轻人坦诚的热情。当时我只是想：既然是党号召我们提意见，我们就应当积极响应这个号召，义不容辞地帮助党整好风。基于这样一个单纯的动机，我便经常陪同知名人士张伯驹先生参加各种类型的座谈会、鸣放会，并在会上畅抒己见。我满以为自己是在做着一件天经地义的壮举，却何曾料到一场政治上的灭顶之灾，竟会以迅雷不及掩耳之势降临在我的头上，使我在几个昼夜之后，由一个革命队伍中的成员，沦为一名"反党反社会主义的右派分子"！

李克非《张伯驹二三事》：

　　1957年因京剧基本艺术研究社在新侨饭店礼堂组织由筱翠花主演之《马思远》牵误，丛碧被诬为戏剧界复旧派之遗老（吴祖光被称为遗少），遭到错划的不公平待遇。

张恩岭《张伯驹传》：

　　张伯驹还认为自己被划为"右派"的一个重要原因是"北京市文化局认为我是章罗联盟的人物，才给我戴上'右派'帽子的"。

张伯驹读王世襄有《〈平复帖〉流传考略》。

《春游社琐谈·陆士衡平复帖》：

王世襄有《〈平复帖〉流传考略》一文，颇为详尽，载1957年第1期《文物参考资料》中。而对余得此帖之一段经过，尚付阙如，今为录之。

张伯驹年谱卷六
（1958年—1971年）

一九五八年（戊戌）六十一岁

1月15日

许宝蘅寿日。张伯驹夫妇与郑诵先、萧劳、黄复、沈曾荫、衡永、谢良佐、金砺甫等宾主十四人在丰泽园聚餐，为许宝蘅贺寿。

《许宝蘅日记》：

> 严寒。十一时半到丰泽园，集者彦和、铸生、仰放及如君、娄生、钟美、诵先、亮吉、丛碧及潘素、砺甫、稼庵，为余作生日，主宾十四人，二时半散归。

1月13日

中央文史研究馆馆员、书法家陆和九在京病逝。

1月26日

张伯驹夫妇与黄复、郑诵先、许宝蘅、金砺甫等在峨嵋酒家聚餐。

《许宝蘅日记》：

　　十一时到峨嵋酒家，与娄生、砺甫、诵先、丛碧、潘素聚餐。

编者谨按：餐后郑诵先、许宝蘅曾至嘉兴寺吊祭陆和九，伯驹夫妇是否同往，未详。

2月12日

张伯驹与黄复、王彦和、萧劳、溥偲、谢良佐、金砺甫、郑诵先、许宝蘅等十人在全聚德聚餐。

《许宝蘅日记》：

　　仍有风。十一时半到全聚德聚餐，集者十人，彦和、娄生、砺甫、诵先、钟美、丛碧、叔明及蔚如如君。

3月9日

京剧艺术家程砚秋在北京病逝。

3月14日

首都各界八百余人在北京嘉兴寺公祭程砚秋，郭沫若致悼词，国务院副总理贺龙、陈毅等参加。公祭结束后，程砚秋灵柩由周恩来总理及陈毅副总理执绋出殡，安葬于八宝山革命公墓。

3月15日

金砺甫寿日。张伯驹与夏仁虎、许宝蘅、黄复、沈曾荫、谢良佐等在丰泽园聚餐,为金贺寿。

《许宝蘅日记》:

十二时到丰泽园聚餐,为金砺甫作生日,集者枝巢及如君、娄生、仰放、稼庵、丛碧,未至者彦和、诵先、钟美、叔明。散后同访钟美,不值。

4月21日(戊戌上巳)

郑诵先约集在鸿宾楼上巳修禊,张伯驹与许宝蘅、沈曾荫、金砺甫、谢良佐、萧劳等赴会,餐后至陶然亭公园茗话。

《许宝蘅日记》:

十一时半到鸿宾楼聚餐,集者九人,仰放、稼庵、砺甫、诵先、莲痕、钟美、伯驹、慕瑷,散后游陶然亭公园茗话,娄生亦至。

5月5日—23日

中共第八次全国代表大会第二次会议在北京召开,会后全国范围内开始"大跃进"运动。

5月9日

陶洙寿日。张伯驹夫妇与许宝蘅、王彦和、俞涵清、沈曾荫、郑诵先、黄君坦等在恩成居聚餐,为陶洙贺寿。

《许宝蘅日记》:

阴雨竟日。十一时到恩成居聚餐,为陶心如作生日,集者彦和、涵清、叔平、仰放、诵先、丛碧、君坦、潘素，主客十人，二时余散即归。

5月26日

夏仁虎寿日。张伯驹夫妇与邢端、沈曾荫、黄复、许宝蘅、黄君坦、陶洙、谢良佐、郑诵先等在恩成居聚餐，为夏仁虎祝寿。

《许宝蘅日记》：

> 娄生来，十一时半到恩成居，为枝巢作生日，集者冕之、旭人、仰放、娄生、心如、稼庵、君坦、伯驹、潘素、诵先。

6月7日

午前，张伯驹至政协礼堂参加报告会。

《许宝蘅日记》：

> 九时到政协礼堂报告会，已满坐，在外间听不清，遇遐庵、伯驹、仲兰，略坐即归。

6月15日

北京中国书法研究社召开理事会，张伯驹未能与会。

《许宝蘅日记》：

> 九时到刚察胡同开画会书法研究社理事会，(溥)雪斋主持，决定组织一整理会，有于非闇、胡佩衡、张简夫、赵枫川诸人发言，十一时余散。

编者谨按：张伯驹原系北京中国书法研究社发起人之一、副社长,且社址即在伯驹寓所。而此时应系因其"右派"问题,已被书社排斥在外。

10月18日

郑振铎率中国文化代表团出访途中,因飞机失事遇难。

12月27日

张伯驹与许宝蘅、恽宝惠、黄复等在同和居聚餐。

《许宝蘅日记》:

> 十一时到同和居聚餐,有公孚、娄生、丛碧、挹霏,尚有六人不省姓名,十二时散归。

编者谨按:《许宝蘅日记》本年下半尚记有聚餐若干次,惜未能一一列出参加者。张伯驹夫妇或亦在其中,但因无确凿证据,暂不收入本谱。

本年

袁克定在北京病逝,张伯驹为其料理后事。

袁家宾《我的大伯父袁克定》:

> 1958年我大伯父病死在张伯驹家中,终年八十岁。当时只有次妻马彩凤在他身边照料,丧事全由张伯驹代为料理。

叶恭绰被划为"右派分子",停止全国政协常委职务,解聘中央文史研究馆代理馆长。

张伯驹收藏宋杨婕妤《百花图卷》。

张伯驹《丛碧书画录》：

宋杨婕妤百花图卷

绢本，着色。凡十七段，每段楷书标花名，并纪年题诗。前题是，今上御制中殿生辰诗，下注四月八日。第一段寿春花，下注己亥庚戌。第二段长春花，下注庚子甲辰乙未。第三段荷花，下注辛丑癸卯丁未。第四段西施莲，下注丁未。第五段兰，下注壬寅。第六段望仙花，下注乙巳。第七段蜀葵，下注丙午。第八段黄蜀葵，下注己酉。第九段胡蜀葵，下注辛亥。第十段阇提花，下注戊申。第十一段玉李花，下注乙卯。第十二段槐，上注壬子。第十三段三星在天，上注癸丑。第十四段旭日初升，上注丙辰。第十五段桃实荷花，上注丁巳。第十六段海水，上注戊午。第十七段瑞芝，上注庚申。

画极娟秀鲜丽，书宗晋唐，颇似宋高宗体。后明藩三城王跋，谓得于吴中好事家，今逢唐贤妃千秋令节，敬献以祝无疆之寿云。

婕子为宋宁宗皇后妹。凡御府马远画，多命题咏。有题马远"松院鸣琴诉衷情"词。昔见马远山水小卷有婕子题。又马远《山水图》为婕子题，下钤"杨娃"小长方章，然其画殊未见。明清书画著录，亦未载其画。唐宋以来，女子画此卷为孤本矣。

张伯驹《春游社琐谈·宋杨婕妤百花图卷》：

（前略）戊戌岁，宝古斋于东北收得此卷，故宫博物院未购留，余遂收之。余所藏晋唐宋元名迹尽归公家，此卷欲自怡以娱老景。余《瑞鹧鸪》词结句"白头赢得对杨花"即指此卷也。复欲丐善治印者为治一印，文曰"杨花馆"。会吉林省博物馆编印藏画集，而内无宋画，因让与之，此印亦不复更治矣。

一九五九年（己亥）六十二岁

2月22日（己亥元宵）

潘素寿日。许宝蘅、王彦和、陶洙、沈曾荫、黄复、祝叔平、郑诵先、冯梦园、陈莲痕、谢良佐、萧劳、黄君坦、溥儦、张一飞等在同和居聚餐，为潘素贺寿。张伯驹、潘素及女儿张传綵参加。

《许宝蘅日记》：

十一时余到同和居为丛碧作生日，集者彦和、心如、仰放、娄生、祝叔平、郑诵先、冯梦园、陈莲痕、谢稼庵、萧钟美、黄君坦、溥叔明、张一飞及枝巢之如君，凡十五人作主人，丛碧、潘素及其女传綵作客。二时散。

编者谨按：许宝蘅误记，本日应是潘素寿日，非伯驹寿日也。

3月21日（己亥春分）

张伯驹与许宝蘅、恽宝惠等在同和居聚餐。

《许宝蘅日记》：

十一时到同和居聚餐,有公孚、伯驹、挹霏诸人,一时半散归。

3月31日

中央文史研究馆馆员、书法家、诗人邢端在北京病逝。

4月20日

稊园诗社在北海仿膳聚会。伯驹是否出席,待考。

《许宝蘅日记》:

十一时余到北海仿膳,稊园展禊之约,集者二十四人,不相识者九人,聚餐后照相。

4月27日

夏仁虎约集张伯驹与关赓麟、许宝蘅、溥偘、沈曾荫、黄复、谢良佐、王彦和等在玉华食堂聚餐。

《许宝蘅日记》:

十一时到玉华食堂聚餐,枝巢发起,集者彦和、铸生、琴希、颖人、仰放、娄生、稼庵、伯驹、叔明、挹霏,尚有一李君,为娄生之友,共十四人,散已三时矣,即归。甚倦。

5月16日

夏仁虎寿日。张伯驹夫妇与王彦和、许宝蘅、关赓麟、沈曾荫、黄复等丰泽园聚餐,为夏仁虎贺寿。

《许宝蘅日记》：

十一时到丰泽园，为枝巢作生日，集者彦和、铸生、琴希、颖人、仰放、娄生、丛碧、潘素，二时余散。

中央文史研究馆馆员诸季迟在北京病逝。

7月16日

张伯驹、夏仁虎、沈曾荫等在丰泽园聚餐。

《许宝蘅日记》：

仰放来，约明日到丰泽园聚餐，有枝巢、丛碧诸人，以明日须到森隆谢却。为源来写墓碣。阅《晋书》。

7月29日

黄复寿日。

《许宝蘅日记》：

十一时同亮吉、仰放到丰泽园，为黄娄生作生日，集者十人，有二人不相识，二时余散归。归后大雷雨，解凉。

编者谨按：此条虽未明确提及伯驹，但以伯驹与黄复之谊，则应在其内。

8月10日

诗人冒鹤亭在上海病逝。

同月

中共八届八中全会在庐山召开，彭德怀受到严厉批判，被免去国防部长职务。国内政治形势再次转向"反右倾"斗争。

8月17日

张伯驹、谢良佐、许宝蘅等至溥僡宅吊祭其夫人。

《许宝蘅日记》：

> 前日闻娄生言叔明悼亡，约今日往慰，九时往访，知其夫人原因胃病割治后，不满百日忽大便血，二日而亡，稼庵、伯驹亦至，十二时同到玉华食堂，客满不得坐，又至和平厅午食，二时余归。闻叔明言，冒鹤亭去世，月日不详。

张伯驹《素月楼联语》：

> 清近支宗室皆好习戏曲，（中略）惟恭王一支习诗词、书画、鉴赏、考据之学。溥心畬精绘事，与蜀人张大千有"南张北溥"之称，诗词并佳。其弟溥叔明，治考订、经义、音韵，诗宗盛唐，词承五代、北宋，时与余论词，以清空为主，字句声律每相斟酌。其夫人亦能诗词，己亥秋病逝，叔明作悼亡词《浣溪沙》十阕寄示于余，悱哀幽郁，不忍卒读。余回书慰之，并谓词何酷似纳兰容若？后相见，叔明曰：君真知词者，日来因独夜不眠，读《饮水词》，有同病相怜之感，遂不觉似之耳。

张伯驹《春游社琐谈·琼林宴》：

> 余友溥叔明曾言其结婚时入宫赐宴情况，行礼后衣冠入席，止一人，肴馔满前，但例不能举箸，少坐起，谢恩出。

9月9日

《许宝蘅日记》：

十一时余到恩成居，与二王、四林、谢、二陈聚餐，皆闽人也。仰放与夏、张、谢、戴、祝、赵诸君亦集于此。

编者谨按：此处之"张"，疑即伯驹。

9月21日

张伯驹夫妇与许宝蘅、王彦和、衡永、沈曾荫、谢良佐、溥儇等在恩成居聚餐。

《许宝蘅日记》：

十一时余到恩成居聚餐，集者彦和及其弟、亮吉、仰放、稼庵、仁甫、叔明、丛碧、潘素。叔明示《瑞鹧鸪·中秋夜望月》词。

国庆节前

彭德怀搬至吴家花园居住。

编者谨按：吴家花园与伯驹之展春园仅一墙之隔，但此时伯驹已移居什刹海。

10月2日

张伯驹夫妇与友人一起在文化餐厅用餐。

《许宝蘅日记》：

十一时同白圭到文化餐厅，约史立之午餐，遇赵仁甫夫妇、丛碧夫妇及黄开文之女，一时余散。

10月15日

应沈曾荫约请，张伯驹与许宝蘅等友人在恩成居聚餐。

《许宝蘅日记》：

> 十一时半到恩成居，与夏、谢、戴、沈、杨、杨、祝、溥、张、赵聚餐。

10月

章士钊出任中央文史研究馆馆长。

11月5日

关赓麟八十寿日。张伯驹与夏仁虎、许宝蘅、李澣卿、田明志、水钧韶、戴亮吉、谢良佐、黄复、沈曾荫、祝叔平、溥儇等在恩成居聚餐，为关赓麟贺八十寿。

《许宝蘅日记》：

> 十一时半到恩成居，为关颖人作八十生日，集者夏枝巢、李澣卿、田明志、水梦庚、戴亮吉、谢稼庵、黄娄生、沈仰放、祝叔平、张伯驹、溥叔明，二时余散归。

11月16日

张伯驹约诸友聚餐，共贺沈曾荫寿。

本年

叶恭绰摘掉"右派分子"帽子。

张伯驹编撰完成《丛碧书画录》。其序云：

东坡为王驸马晋卿作《宝绘堂序》（编者注：应为《宝绘堂记》），以烟云过眼喻之。然虽烟云过眼，而烟云固长郁于胸中也。予生逢离乱，恨少读书；三十以后，嗜书画成癖，见名迹巨制，虽节用举债，犹事收蓄。人或有訾，笑焉不悔，多年所聚，蔚然可观。每于明窗净几，展卷自怡，退藏天地之大于咫尺之间，应接人物之盛于晷刻之内。陶镕气质，洗涤心胸，是烟云已与我相合矣。高士奇有云：世人嗜好法书名画，至竭资力以事收蓄，与决性命以饕富贵，纵嗜欲以戕生者何异？鄙哉斯言，直市侩耳。不同于予之烟云过眼，观斯今与昔异。自鼎革以还，内府散失，辗转多入外邦。自宝其宝，犹不及麝脐翟尾，良可慨已。予之烟云过眼，所获已多，故予之收蓄，不必终予身为予有，但使永存吾土，世传有绪，是则予为是录之所愿也。

一九六〇年（庚子）六十三岁

1月2日

《许宝蘅日记》：

市面情形无物不有票，无物不排队，所不足者仍是粮食，乡人私售之物须有粮票可买。

4月12日

张伯驹夫妇与许宝蘅、黄复、沈曾荫、赵仁甫等在丰泽园聚餐。

《许宝蘅日记》：

> 十二时到丰泽园聚餐，集者仰放、娄生、仁甫、伯驹、潘素，共十三人，有不识者，二时余散归。夜微雨。

春

溥儒病，张伯驹作词慰问，两人以《鹧鸪天》唱和，各至八首方止。

张伯驹《素月楼联语》：

> 叔明卧病，余寄《鹧鸪天》词问之，往返各至八阕。每余词到，叔明则曰：鹧鸪又叫矣。余词末阕结句云："寸寸柔肠谁会得，眼前唯有鹧鸪啼。"叔明末阕结句云："听到鹧鸪愁已惯，不妨楼外尽情啼。"

5月25日

中国登山运动员王富洲、屈银华、贡布首次登上珠穆朗玛峰。伯驹作词《高阳台》。

6月6日

中央文史研究馆馆员宋庚荫在北京病逝。

6月26日

中央文史研究馆馆员祝先棻在北京病逝。

8月8日

张伯驹与黄复、谢良佐游中山公园,邂逅许宝蘅。

《许宝蘅日记》:

九时到中山公园看水榭荷花,到来今雨轩,遇娄生、稼庵、丛碧,吃茶,十二时归。

8月15日

夏仁虎约集丰泽园聚餐。张伯驹、沈曾荫、黄复、谢良佐、赵仁甫、许宝蘅等参加。

《许宝蘅日记》:

昨夜甚凉,睡眠甚适,精神较振。十一时乘七路车到前门车站,步行经珠宝市,得一三轮至丰泽园,蔚如、仰放、娄生、稼庵、伯驹、仁甫诸人均已集,入座十三人,每人酿分二元。闻自明日始各饭馆均收粮票,高级馆子不收粮票,却每人食品以四元八角为度,如两餐之定食。蔚如有《瑞鹤仙》词,又有《穷八家》俳体一首。

10月21日

张伯驹与许宝蘅、谢良佐、萧劳、黄君坦等在康乐餐馆聚餐。

《许宝蘅日记》:

晴。十一时到康乐餐馆，稼庵、钟美、丛碧先至，病树、君坦后至，病树与谢、张初识，萧、黄则旧友也。一时余餐毕到东安市场一转，无所买，遂归。自上月十三至文史馆一转，四十日未远出，今日尚不觉累。

10月28日（庚子重阳）

沈曾荫约至康乐聚餐。张伯驹与夏仁虎、王彦和、谢良佐、彬敬斋、祝叔平、李子才、章仲明、许宝蘅等赴会。餐后至北海登高。

《许宝蘅日记》：

十一时到康乐聚餐，有枝巢、彦和、仰放、谢良佐、彬敬斋、祝叔平、李子才、章仲明、彭君、丛碧共十二人，三时余散。丛碧等到北海登揽翠轩，老人无此勇气，遂到双红榭小坐，遇张某某、恽公孚、何九、息尘诸人，又与紫纶、似楼、虚谷共坐谈，至四时余始归，并不觉累。

11月29日

中央文史研究馆馆员商衍瀛病逝。

12月4日

中央文史研究馆馆员沈蕃病逝。

12月

陈毅创作《冬夜杂咏》组诗。

本年至次年初

张伯驹完成《丛碧书画录》补遗。

一九六一年（辛丑）六十四岁

2月中旬—3月中旬

清宗室、诗人溥儒在北京病逝。张伯驹作挽联追悼。

张伯驹《素月楼联语》：

今春正月，叔明病竟不起。追祭日，余挽以联云：

地下镜重圆，终古不分鹣鲽影；

人间琴已碎，从今休叫鹧鸪声。

4月17日（辛丑上巳）

张伯驹参加稊园社聚会，作词《玉楼春·展春旧地谁为主》。

编者谨按：伯驹词中有"今日何人怜小杜"句，可见其内心之落寞。

8月8日

京剧艺术家梅兰芳在北京病逝。

8月10日

梅兰芳追悼大会在北京首都剧场隆重举行，两千余人参加了悼念活动。国务院副总理陈毅主祭，文化部副部长齐燕铭致悼词。

9月24日（辛丑中秋）

伯驹作词《人月圆·辛丑中秋独赏月》《人月圆·玉街踏去疑空水》。

冬

中共吉林省委宣传部长宋振庭邀请伯驹夫妇赴吉林工作。据说行前陈毅在家中设便宴为伯驹夫妇送行，并赠伯驹手书《冬夜杂咏·青松》诗作。

楼宇栋、郑重《中国文博名家画传：张伯驹》录当时通信：

《宋振庭致张伯驹夫妇函》

伯驹先生并慧素女士：

吉林地处东北腹地，物阜民丰，百业待举。现省博物馆急需要有经验的人才。若伯驹先生身体允许，可否考虑来吉林工作。

翘盼赐复。

又：慧素女士可一同调来吉林，在省艺术专科学校任职。

中共吉林省委宣传部

宋振庭

《张伯驹复宋振庭函》

宋先生振庭足下台鉴：

捧读来书，不胜惶恐。我因齿落唇钝，多有养错，名列右派，实非所志。若能为国家工作，赎过万一，自荣幸万分，若有不便，亦盼函告。

张伯驹

《宋振庭复张伯驹函》

伯驹先生并慧素女士：

关于聘请二位来吉林任职事，已经有关部门批复。若无不妥，希能尽速来吉。一应调转手续，以后再办。

中共吉林省委宣传部
宋振庭

11月

张伯驹初到吉林不久，在吉林戏校与贾多才合演了京剧《问樵》。

12月28日

中央文史研究馆馆员、书法家、庚寅社词友许宝蘅在北京病逝。

本年

张伯驹夫妇赴吉林长春工作。

张伯驹作词《浣溪沙》四首：

浣溪沙

将有鸡塞之行,题《秋风别意图》。

其一

野草闲花半夕阳,旧时人散郁金堂。如今只剩燕双双。
明月仍留桃叶渡,春风不过牡丹江。夜来有梦怕还乡。

其二

马后马前判暖寒,一重关似百重关。雪花飞不到长安。
极目塞榆连渤海,回头亭杏望燕山。归心争羡雁先还。

其三

自把金尊劝酒频,骊歌一曲镇销魂。回思万事乱纷纷。
镜里相看仍故我,人间那信有长春。柳絮如雪对朝云。

其四

时盼南云到雁鸿,还将离恨寄重重。孟婆何日转东风。
万里边关鸡塞远,百年世事蜃楼空。天涯人影月明中。

编者谨按:真以性命填词者也,字字血泪!观伯驹之《浣溪沙》,则已作不复还之想矣。

夏慧远《近五十年北京词人社集之梗概》:

辛丑之秋,丛碧应聘出关。壬寅之春,颖人遽归道山。于是坛坫萧条,词客星散。回忆前尘,不能无慨。

张镇芳夫人(续弦)病逝。

画家陶洙在北京病逝。

中央文史研究馆馆员水钧韶在北京病逝。

张伯驹编《素月楼联语》。

张伯驹作词《玉楼春·展春旧地谁为主》。

一九六二年（壬寅）六十五岁

1月1日

张伯驹夫妻到东北后，受宋振庭邀，在宋家设便筵共度元旦节。

1月11日—2月7日

中共中央在北京召开扩大会议，即"七千人大会"，中央各项政策全面调整。

2月4日（辛丑除夕）

张伯驹作词《定风波·辛丑除夕》。另，《鹧鸪天·一对征人客里程》《定风波·和正刚纪梦词》亦为此前数日作。

张恩岭《张伯驹传》：

1962年年初，张伯驹与夫人潘素回北京过春节，他给陈毅带了东北的特产四瓶鹿茸酒和两盒人参糖。陈毅收到后，约酒叙，并要代邀陪客数人。张伯驹邀请了中央文史馆馆员陈云诰、黄娄生，吉林文史研究所研究员恽宝惠、吉林省艺专音乐教师李廷松，席间还有齐燕铭作陪。可是万没料到，这竟是与知己者陈老总的最后一次晤面，张伯驹每每思之，深感痛惜。

2月19日（壬寅元宵）

张伯驹作词《临江仙·壬寅元宵和正刚》。

2月

民盟北京市委宣布为张伯驹摘掉右派帽子。

楼宇栋、郑重《张伯驹生平简表》：

> 同夫人潘素回京过春节，一个月后返长春。2月，由北京市民盟宣布摘掉右派帽子。任吉林省博物馆副研究员，并多次进京为博物馆购买古代书画珍品。

张恩岭《张伯驹传》：

> 1962年2月，根据中央指示，经过甄别，全国各地都先后摘掉了一批"右派分子"的"帽子"，张伯驹的"帽子"也被摘了。
>
> 张伯驹被摘掉了"右派帽子"，并担任了吉林省博物馆第一副馆长（其时馆内没有馆长），可谓是一件令人欣慰的事情。

3月2日

周恩来在广州向出席全国科学工作会议及全国话剧、歌剧和儿童剧创作座谈会的代表作《论知识分子问题》的报告。

4月

张伯驹夫妇在长春与宋振庭、裘伯弓、于省吾、罗继祖、阮鸿仪、孙天牧等人聚会。

裘文若《春游社琐谈·春集纪事》：

壬寅清明后数日，集吉林博物馆。是日有王度淮、潘素、孙天牧诸君，各写松竹梅石，思泊、继祖、威伯诸君各作书，星公、继祖、丛碧诸君各写联，丛碧又歌京剧一曲，李延松君弹琵琶《十面埋伏》。是日尽欢而归，觉山阴之会未有今日之乐。因得四绝句：

雪后初晴雅会开，新知旧雨不期来。
时贤各擅诗书画，此是长春第几会。

恨无曲水与流觞，窗外风沙竟日狂。
赖有胡琴当羯鼓，催花促柳转春阳。

高歌直上遏行云，余派声歌回出群。
人在管弦丝竹里，风流不数右将军。

琵琶古调换新声，埋伏疑是十万兵。

一洗浔阳商妇怨，金戈铁马话长征。

编者谨按：星公即宋振庭笔名。

4月15日

张伯驹夫妇在长春与于省吾、阮鸿仪、罗继祖、裘文若聚会于单庆麟宅，"品玩书画，并观日本刀"。参见裘文若《春游社琐谈·春暮小集纪诗》。

编者谨按：本日聚会，张伯驹似携所藏明王谷祥《写生卷》，邀众友同赏。裘文若诗：

中州张老富收藏，不惜兼金质二王。

脱手明珠莫惆怅，山河大地有兴亡。

丛碧携来王谷祥，一花一鸟耐平章。

上承没骨徐熙法，下启瓯香画派长。

张伯驹《丛碧书画录》：

明王谷祥写生卷

纸本，着色。写桃花柳枝，燕子萱草，石榴绶带，蜜蜂残荷，蓼花水雀，蝴蝶梅花，竹枝麻雀，各有乾隆题诗。载《石渠宝笈续编》。

5月

筱翠花口述，柳以真整理《京剧花旦表演艺术》由北京出版社出版。

张伯驹出任吉林省博物馆副馆长。

马明捷《张伯驹论剧》：

原来张先生当了"右派"后，在陈毅元帅的关照下，带着平杰三（当时的中共中央统战部副部长）写给吴德（当时的中共吉林省委第一书记）的亲笔信，从北京到了吉林，在省博物馆挂了个副馆长的职务，做鉴定文物的工作。夫人潘素，是有名的女画家，画宋元金碧山水的，被安排在吉林艺术专科学校任教。据博物馆的同志说，张伯驹毕竟是张伯驹，一双法眼是无人能比的，多么复杂难辨、争议不休的东西，是真迹还是赝品，皆待他一言而定。不过他1957年吃了大亏，也不汲取教训，戏瘾还这么大，对传统京剧批判之风已经刮起来了，他还唱《游龙戏凤》，真叫人不好理解。

我那时二十岁刚过，还不大知道"阶级斗争"的利害，又想学东西，于是通过博物馆的人认识了张先生，在他家又认识了潘素老师。张先生说一口河南话，潘素老师说的是江浙普通话，张先生老是正襟危坐，不苟言笑，潘素老师则极善应对客人。老夫妻做人做事处处依礼而行，并不因为是"大右派"而谦卑，也不以门第、名望而骄人，因此，门庭并不冷落，再说他们家的茶叶都是顶好的，潘素老师沏茶又特别讲究。

我去张先生那儿为的是向他请教京剧音韵，有时也谈点梨园掌故。头两次去我足侃一气，总觉得我在北京见过好戏、好角儿，有说话的本钱。后来，就只有我听的，没有我说的了，我知道那点东西，在老先生面前，实在太微不足道了。比如，我说叶盛兰的小生戏有多么精绝，张先生就给我讲程继先，说程的翎子小生、冠生、扇子小生戏都好，而叶盛兰虽然拜了程继先，但很多东西并没学到，也只有翎子小生戏有些程的意思，文小生就差多了。程继先《贩马记》的赵宠是一绝，演的是少年书生、少年县令、少年夫婿，面面俱到，叶盛兰就失之浮躁浅薄了。我若说高盛麟、厉慧良的武生戏如何精彩，张先生必定讲杨小楼，说杨小楼被称"活赵云""活天霸"的道理，他还从椅子上（家里并无沙发）站起来，"表演"《长坂坡》中赵云对刘备、对张飞、对糜夫人等的不同礼节，不同态度，虽说嗓子不大好，但念那句"主公且免愁怅，保重要紧"还真有声有色，能叫人联想杨小楼当年的神情。他给我讲了杨小楼在《连环套》中演黄天霸见巴永泰、见彭朋、见窦尔敦、见御马时，脸上怎么样，身上怎么样，声调怎么样，我觉得和我在北京展览馆看的高盛麟、裘盛戎演的基本一样，张先生说高形具而神不及。我请教张先生"武戏文唱"究竟应当如何理解？张先生说："文，就是书文戏文，也就是一出戏的戏理，唱戏唱的是文和理，武戏也一样，光卖武功不行，看练武上天桥，上戏园子为的是听戏。小楼唱武生唱的是文、理二字，《长坂坡》《连环套》也不是就他一个人会唱，别人怎么不是'活赵云''活天霸'？"

有一次，在省博物馆张先生的办公室里，记不清什么由头，我和他谈起了李少春。我说最佩服李少春，他唱武生戏就是武生，唱老生戏就是老生，而有几位名武生自恃有嗓子，老想露一露文戏，但扮出老生来怎么也不像。张先生听了点头，对我说：“你还算是个会听戏的，现在也就一个李少春罢了。余叔岩的徒弟里，他最中意的是李少春，对少春，他寄托了很大希望，真心诚意想把他栽培成自己的继承人，可惜少春没能在余家坚持学下去，严格说起来，文戏还是不如孟小冬。”我问缘故，张先生接着说：“叔岩觉得少春戏路子太杂，心想你拜了我，就得照着我的路子走。于是，不准他唱猴戏，不准他文武双出一块唱，文戏也得经他指点过才能唱。在叔岩，也是好意，想对少春精雕细刻，让内、外行都承认少春是真正的余派。可是，他也得想一想人家一大家子，连带傍角儿的指着他唱戏吃饭哪，等他教一出唱一出，人家吃什么？少春托人让我和叔岩谈过这件事，叔岩说：'他爸爸胡唱了那么多年，钱早挣足了，在天津大楼都盖了，你放心，几年不唱戏饿不死他。想胡唱挣钱，跟他爸爸学，找我干什么！'叔岩就这么个脾气。有一件事，并不大，却弄得他们师徒后来不大来往了。小达子（李桂春）从天津到北京，在马路上让余家的人（张先生说了那个人的名字以及和余的关系，我没记住）见到了，回家告诉了叔岩，第二天少春上余家学戏，叔岩问起此事，少春想父亲到京没上老师家拜望，怕老师挑理儿，就说没来。叔岩一听少春说谎，马上火冒三丈，破口大骂，把少春轰了出去，从这以后，再没给少春说过戏。”我问张先生李少春得余叔岩亲授几出戏？张先生说：“整出学的就两出，一出《战太平》，一出《洗浮山》，其余就是问什么说什么了。叔岩教徒弟算是认真的了，好角儿收徒弟有几个真教的？他们自己还得唱戏，哪有精力教徒弟？

少春对他老师的艺术是真想学，曾经托朋友找我要跟我学戏。以我和叔岩的交情，我怎么能答应。抗战胜利后，我和少春在上海见面了，他重提此事，我看他确实够材料，又念他这份诚意，再说叔岩也去世了，就教了他一出《战樊城》，又给他说余派的唱和念，在音韵上，少春知道的太少，我也讲给他听。"

张先生和我谈戏讲的最多的是三个人，即杨小楼、余叔岩、梅兰芳。有一次，我在他家向他请教杨、余、梅三大贤的艺术特点，张先生说："你怎么老问特点特点的，我听了一辈子戏，也不知道什么是特点，你给我说说。"我把我知道的那点东西说了一通，并且举了言派演唱特点的例子。张先生面无表情，半晌无语，突然来了一句："这就是特点？我看你说的都是毛病。"我愕然，想问，他已闭目养神，不说话了。我一看大爷脾气犯了，赶紧告辞，潘素老师送我出了门。

过了一段时间，张先生还是谈了他对京剧流派特点的见解，他先问我："梅兰芳是你的院长，你是他的学生，你先说说他唱戏的特点是什么？"这一问，倒把我问住了，平时我似乎很能说出梅派艺术的特点，怎么好像又说不大明白了。说不明白也得说，我首先说梅先生在舞台上雍容华贵，张先生冷冷地插了一句："他唱《生死恨》也雍容华贵吗？"我无言，额上出汗。张先生喝了口茶，慢条斯理地说："凡事，以中正平和为上，不中则偏，不正则邪，不平则险，不和则怪。唱戏也同此理。你也知道唱戏的最讲究一个圆字，唱、念要字正腔圆，使身段，打把子也看的是圆，圆就是中正平和。什么戏有什么戏的规矩、尺寸，照着规矩、尺寸唱，就没有什么'特点'。不照着规矩、尺寸唱，才能叫人家看出'特点'来。上次你说言菊朋，他嗓子好的时候和余叔岩一样，都学老谭（鑫培），规规矩矩，没什么特点。后来嗓子不行了，下了海指着唱戏吃饭了，只好编出些怪腔怪调来对付着唱，所以你说是特点，我说是毛病。唱戏的最讲规矩的三个人是杨小楼、余叔岩、梅兰芳，要说特点，中正平和就是他们的特点。你说他们的戏哪儿好？哪儿都好，你说他们的戏哪儿不好？没哪儿不好。听戏的人有的爱听这一派，有的不爱听那一派，我没听说有不爱听杨小楼、余叔岩、梅兰芳的。学戏的也是，学杨、学余、学梅的绝学不出毛病来。你不是说李少春唱武生是武生，唱老生是老生吗，为什么他行，就因为他武生学杨小楼，老生学余叔岩，学的都是武生和老生最规矩、最根本的东西，要说特点，他父亲唱戏倒是很有特点，为什么不教他儿子，偏花那么多钱让他上北京学戏？"

和张先生经常接触那几年，我才二十几岁，既单纯又浅薄，有时就把从张先生那里听到的东西讲给别人听，不无炫耀之意。不久，领导找我谈话了，满怀善意，告诫我两点：一、我是共青团员，老往一个全国有名的"大右派"那儿跑，还自觉得意，阶级立场哪里去了？二、对帝王将相、才子佳人的批判早已开始，全国都在大演革命现代戏，我整天不是余叔岩就是梅兰芳，是觉悟低还是有意对抗？这当头棒喝般的关怀与爱护，我当时心悦诚服，立即检讨、认错，向领导保证，今后再也不到张家去了。直到1966年"文化大革命"开始，我未与张先生见面。

春

张伯驹征集《春游社琐谈》并作序。序云：

昔余得展子虔《游春图》，因名所居园为展春园，自号春游主人。乃晚岁于役长春，始知"春游"之号，固不止《游春图》也。先后余而来者，有于君思泊、罗君继祖、阮君威伯、裘君伯弓、单君庆麟、恽君公孚，皆春游中人也。旧雨新雨，相见并欢。爰集议每周一会，谈笑之外，无论金石、书画、考证、词章、掌故、轶闻、风俗、游览，各随书一则，录之于册，则积日成书。他年或有聚散，回觅鸿迹，如更面睹。此非惟为一时趣事，不亦多后人之闻知乎。壬寅春中州张伯驹序。

《春游琐谈》初版所列作者名录

姓名	字号	籍贯	年龄
恽宝惠	公孚	江苏常州	七十八岁
黄复	娄生	江苏吴江	七十八岁
裘文若	伯弓	江西新建	七十二岁
于省吾	思泊	辽宁海城	六十八岁
张伯驹	丛碧	河南项城	六十六岁
黄君坦	甦宇	福建闽侯	六十二岁
夏纬明	慧远	江苏江阴	五十七岁
阮洪仪	威伯	江苏淮安	五十七岁
罗继祖	奉高	浙江上虞	五十一岁
单庆麟	致任	辽宁凤城	五十岁

6月27日

中央文史研究馆馆员刘蟄园在北京病逝。

夏

张伯驹一度赴青岛。

张伯驹《素月楼联语》：

济南画家关友声断弦后，壬寅夏在青岛与汉中郑女士结婚。余适去青岛，嘱余为联。余因书嵌字联云：

齐东野叟，关西大汉；

秦州牡丹，郑氏樱桃。

友声身躯丰硕，故以调之。友声甚以相赏。

编者谨按：张伯驹词《八声甘州·题崂山游记》，疑即此时作。

约夏季

张伯驹参加吉林省政治学院集中学习，并在京剧晚会上与梁小鸾同台演出。

梁小鸾《追念张伯驹师长》：

1962年夏天，我们曾在吉林省政治学院集中学习过一段时间，有一次学校举办京剧晚会，张老演《打渔杀家》，我演《玉堂春》。按戏班儿的惯例来说，自然是应把《玉堂春》放在大轴儿。因此，当时张老一个劲儿地坚持让我演大轴儿。可是，尊师是梨园界的美德，作为梅（兰芳）先师的好友，张老既是我的老师，又是我的长辈，所以不管怎么说我都是不能演大轴的。推来推去，还是由我演压轴儿戏，由他演大轴儿戏。演完之后，我曾主动地帮张老卸装擦汗，以表示晚辈对老前辈的尊敬。伯驹老对此颇有感慨，曾写有七言绝句一首，后来收在中华书局出版的《红毹纪梦诗注》。

张伯驹《红毹纪梦诗注》：

> 坤伶梁小鸾师梅兰芳，在长春任吉林省京剧院副院长。余时亦于役长春，比邻。某岁夏，吉林省政协举行晚会，吴某演《捉放曹》，余演《打渔杀家》，小鸾演《玉堂春》。当应《玉堂春》为大轴，但小鸾以余为前辈，坚不肯演大轴，终于演在《打渔杀家》前场。余演完，小鸾为余卸装拭汗，执弟子礼甚恭。内行之对前辈者如此，可风也。诗云：
> 学来梅派亦传人，同客辽西是比邻。
> 礼貌能知前后辈，提前演出玉堂春。

编者谨按：梁小鸾是年四十六岁。

9月13日（壬寅中秋）

张伯驹夫妇在长春度过。伯驹作词《人月圆·征人万里双双影》，寄京中诸友。

初冬

伯驹作词《鹧鸪天·四望迷蒙暝不开》。

本年

由宋振庭推荐，伯驹应邀列席吉林省政协会议，并当选为吉林省文联委员。

楼宇栋、郑重《张伯驹生平简表》：

由宋振庭推荐，受邀列席了吉林省政协扩大会议。同时，加入吉林省文联，并当选为委员。

中央文史研究馆馆员、诗人关赓麟在北京病逝。

一九六三年（癸卯）六十六岁

1月24日（壬寅除夕）

张伯驹夫妇返回北京，与黄复、萧劳、夏慧远一起守岁，作词《鹧鸪天·壬寅除夕》。

1月25日（癸卯春节）

张伯驹从朋友戴亮吉处收得薛素素脂砚，即为吉林博物馆重金收购。其事详见张伯驹《春游社琐谈·脂砚斋所藏薛素素脂砚》。

2月

张伯驹为纪念余叔岩逝世二十周年，增订重印《近代剧韵》，更名《京剧音韵》。

4月5日（癸卯清明）

张伯驹作词《浣溪沙·癸卯清明》。

夏

从鸿逵《回忆张伯驹先生》：

1963年夏季某晚，我和张老友好张金印、演员曹世嘉、季砚农在张问渔大夫家相聚，伯驹和曹世嘉唱的《天雷报》、和季砚农唱的《打渔杀家》，并给大家说了这两出戏的身段动作和脸上的表情，直到深夜才尽兴而散。在我们步行返家时，张氏忽然问我：你会唱《法场换子》么？我说会，是王瑞芝给我说的。他说你唱那段"反二黄"我听听，在我唱完第二句，"命赴泉台"时，他说"别唱了，不对！"又说："你学余三十多年了，怎么对余的唱法也没领会到？这完全是言菊朋的硬山隔岭的唱法，叔岩很详细地给我说过，回家后我给你说以证真与伪、好与坏。"晚上给我说全段"反二黄"，录音毕已凌晨四时。他对艺术研究如此认真，令人钦佩。

7月7日

中央文史研究馆馆员、庚寅社词友夏仁虎在北京病逝。

张伯驹作词《渡江云·挽夏枝巢词人》。

9月3日

中央文史研究馆馆员、庚寅社词友黄复在北京病逝。

张伯驹作词《玲珑玉·挽黄娄生同社》。

编者谨按：其后伯驹又有《鹧鸪天·追念娄生》。

10月2日（癸卯中秋）

伯驹作词《满庭芳·癸卯中秋》。另作有《飞雪满群山·癸卯中秋前后》。

10月25日（癸卯重阳）

伯驹作词《满庭芳·五国城头》。

11月18日

溥儒在台北病逝，年六十八。

本年

张伯驹在长春与梁小鸾合作演出《游龙戏凤》。

张恩岭《张伯驹传》：

1963年3月，为纪念京剧大师余叔岩逝世二十周年，与著名演员梁小鸾在长春演出了《游龙戏凤》，张伯驹饰正德帝。

梁小鸾《追念张伯驹师长》：

在吉林省政校毕业后，我和张先生同时都被选为吉林省政协委员。记得在毕业典礼大会上，我们又举办了一场京剧晚会，剧目中有毛世来的《虹霓关》，张先生和我的《游龙戏凤》，他饰演正德皇帝，我扮李凤姐。他扮的正德皇帝，无论做派和眼神，都能启发我与他主动配合，再加上他唱得也好，因此，这个戏的演出非常成功，使我非常愉快。他扮演的正德还有一个特点，即戏中人物是皇帝假扮的，处处以普通人的姿态出现，却隐约流露出皇帝的尊严,在刻画人物上表现了他的独到之处。为什么他刻画的人物能够这样匠心独运呢?我以为,除了他谙熟京剧艺术的表演程式和技艺之外,另一个主要的原因是他具有高深的文化素养,因此既能唱戏,又能演人,回忆起来,确实令人钦佩之极,怀念之极。(中略)省委宣传部部长宋振庭同志与张伯驹先生是挚交,他们又都是京剧行家,因此经常到省剧院来,同我和我的学生周秀兰一起共同研究京剧艺术,使我们受益良多。记得张先生还说过,他打算开展一个纪念余叔岩先生的活动,计划演出十余出余派代表剧目,其中与我合作的剧目就有六七出,可惜因为种种原因未能实现,使他惋惜之极。

马明捷《张伯驹先生论剧》:

1963年,我从中国戏曲研究院毕业,分配在吉林省文化局戏曲研究室工作。上班后,一位同志告诉我,如果我早些日子来报到,能看到一场好戏,省京剧院的梅派名旦梁小鸾和老生名票张伯驹在省戏校礼堂合演了《游龙戏凤》。同事颇为得意地讲这场戏是多么精彩,简直是"此曲只应天上有,人间能得几回闻"了。我问:"张的老生到底怎样?"同事答:"省京(剧院)和戏校的人都赞不绝口,王省长(原注:吉林省副省长王朶如,票友老生,学言派)说张大爷的王子是纯余派。不过他年纪大了,嗓子音量太小,坐在后面几乎听不见。"听了同事的这番介绍,我后悔不迭,为什么不能早几天报到呢,这样的戏上哪去看得着啊!

编者谨按:马明捷提到的吉林省副省长系王岳如。

编者再按：梁小鸾关于两次演出的回忆，时间、地点皆有所不确，待考。盖梁说的吉林省政协会，应是指吉林省政协第三届委员会第一次会议，其召开时间在1963年12月18日—29日。而张伯驹、梁小鸾在吉林政治学院集中学习时间，似不应早到1962年夏。

楼宇栋、郑重《张伯驹生平简表》：

根据吉林省委宣传部部长宋振庭建议，到（长春）市广播电台录制京剧唱段，有《二进宫》和《洪洋洞》两出戏。

楼宇栋、郑重《张伯驹生平简表》：

向吉林省委宣传部长宋振庭提出辞去吉林省博物馆副馆长一职，未获批准。

张伯驹重新修订《乱弹音韵辑要》。

张伯驹拟组织"十番乐"参加文化部主办的曹雪芹逝世200周年纪念活动，惜未能实现。

周汝昌《什刹海边忆故交——记张伯驹先生轶事》：

那是1963年，有关部门正筹备纪念曹雪芹逝世200周年的盛会，规模宏大。张先生想把一班还能演奏"十番乐"的中华古乐合奏的人聚起来，把众多的吹、弹、拉、敲……的民族器乐的旧曲恢复起来，以贡献于纪芹大会——因为《红楼梦》里也写到了十番乐，后人已很难听到，几乎是濒于绝响了。那次天色已略晚,我与家兄(原注:祜昌)一进客厅,就见满厅都是客人,满地都是钟鼓丝竹乐器。张先生一见是我们来了,面现喜色,立刻对那些座客说:"红学大师来了!请你们特奏一曲,让他评赏。"于是,大家各自拿起擅长的诸般乐器,众音齐奏,又有错综变化。"此曲只应天上有,人间哪得几回闻"!如今追想起来,真是一种"天上"仙乐的境界。张先生让我向筹备会介绍推荐此一"乐班",并愿为大会义务表演,但该会未予重视,张先生的这一愿望不曾实现。我想那些十番音乐家,大概现也都凋零殆尽了吧?

周汝昌邀请潘素为纪念曹雪芹逝世200周年作画《黄叶村著书图》,张伯驹题词一首。词云:

风入松

题《黄叶村著书图》

斜阳衰草暮云昏,黄叶旧时村。东风已了繁华事,忍回头、紫陌红尘。砚水滴残心血,笔花幻出灵魂。

非烟似霰总无痕,知己几钗裙。是真是假都是梦,借后身、来说前身。剩有未干眼泪,痴迷多少情人。

12月12日

何沁主编《中华人民共和国史》:

(毛泽东)在中宣部《文艺情况汇报》116号上的批示,认为文艺界"问题不少,人数很多,社会主义改造在许多部门中，至今收效甚微。许多部门至今还是'死人'统治着。"在这个批示中，虽然也指出不能低估电影、新诗、民歌、美术、小说的成绩，但主要是强调"其中的问题也不少。至于戏剧等部门，问题就更大了"。批示中还批评"许多共产党人热心提倡封建主义和资本主义的艺术，却不热心提倡社会主义的艺术，岂非咄咄怪事"。

一九六四年（甲辰）六十七岁

2月12日（癸卯除夕）

张伯驹作词《探芳信·新岁除夕》《鹧鸪天·癸卯除夕》。

2月13日（甲辰春节）

张伯驹作词《庆宫春·甲辰元旦》。

2月26日

中央文史研究馆馆员朱启钤在北京病逝。

春

张伯驹作词《一枝春·春尽》。

6月14日（甲辰端午）

张伯驹作词《清平乐·甲辰端午》。

6月27日

何沁主编《中华人民共和国史》：

（毛泽东）在江青送来的中宣部《关于全国文联和各协会整风情况的报告》草稿上……写道："这些协会和他们所掌握的刊物的大多数（原注：据说有少数几个好的），十五年来，基本上（原注：不是一切人）不执行党的政策，做官当老爷，不去接近工农兵，不去反映社会主义的革命和建设。最近几年，竟然跌到了修正主义的边缘。如不认真改造，势必在将来的某一天，要变成像匈牙利裴多菲俱乐部那样的团体。"

8月14日（甲辰七夕）

张伯驹作词《风入松·七夕》《鹊桥仙·七夕》。

9月20日（甲辰中秋）

张伯驹夫妇在长春，伯驹作词《人月圆·甲辰中秋》。其后又作《人月圆·似随万里征人意》及《人月圆·云罗雾縠边城日》。

10月14日（甲辰重阳）

伯驹作词《金缕曲·甲辰重九》。

秋

张伯驹作词《金缕曲·秋色》《瑞鹧鸪·和慧远秋日赋别》。

张伯驹结识词人胡蘋秋,两人唱和之作曾结集《秋碧词》。寇梦碧有《沁园春》并序记之:

甲辰秋,张伯驹丈于福建词坛得见胡蘋秋女史词,清新婉丽,曾投函于胡,倍致倾慕,双方遂相唱和,情意缠绵,积稿四巨册,名之《秋碧词》。实则胡固一丈夫,早岁工为荀派青衫,博学多通,其易弁为钗者,特词人跌宕不羁,故弄狡狯而已。陈宗枢兄曾为编昆戏《秋碧词传奇》,余为之序,结语云:"霓裳此日,举世惊鼙鼓之声;粉墨他年,一笑堕沧桑之泪"。孰意时逢河清,丈遽而下世,此戏遂亦成广陵散绝矣。

三千世界,十二辰虫,作如是观。甚忽南忽北,兔能营窟,时钗时弁,狐竟通天。宛转秋心,蓸腾春思,蘋末风生井底澜。千秋恨,枉惠斋才调,一例蒙冤。

也曾曩演梨园,奈生旦相逢各暮年。笑优孟场中,虚调琴瑟,叔虞祠畔,浪配姻缘。纸上娇花,床头病骨,打碎葫芦定爽然。凭谁力,待唤醒痴梦,勘破情关。

张伯驹把自己的词集《丛碧词》寄赠胡蘋秋,蘋秋读后,作《沁园春·题丛碧词》。张伯驹与胡蘋秋随后有《秋碧词》数百阕。

张恩岭《张伯驹传》引胡蘋秋《沁园春·题丛碧词》:

满纸秋声,胡为胡来?敢以质君。记《甘州》自寿,生平磊落;《西河》吊古,才略风云。万卷蟠胸,万金结客,公子清名天下闻。风流处,有好花圆月,檀板金尊。

红桑换世移人,拟皂帽辽东自不群。系故园心眼,几开丛菊;暮年志气,犹向风尘。赤县神舟,云鬟玉臂,但铸新词情便真。

人间福，被先生占尽，往事休论。

一九六五年（乙巳）六十八岁

1月5日

中央文史研究馆馆员、北京中国书法研究社社长、春游社友陈云诰在北京病逝。

2月1日（甲辰除夕）

张伯驹作词《鹧鸪天·甲辰除夕》《高阳台·春意先梅》。

2月

张伯驹作词《瑶花·和钟美元宵前夕欲雪》《月下笛·和钟美元宵雪》。

春

张伯驹将1961年至本年初词作，编成《春游词》。其序云：

> 余昔因隋展子虔《游春图》，自号"春游主人"，集词友结"展春词社"。晚岁于役长春，更作《春游琐谈》《春游词》，乃知余一生半在春游中，何巧合耶！词人先我而来者，有道君皇帝、吴汉槎。穷边绝塞，地有山川，时无春夏。恨士流入，易生离别之思。友情之感，亦有助于词境。彼者或生还，或死而未归，余则无可无不可。沧桑陵谷，世换而境迁，情同而事

异。人生如梦,大地皆春,人人皆在梦中,皆在游中,无分尔我,何问主客,以是为词,随其自然而已。万物逆旅,尽作如是观。词始辛丑,乙巳春序。中州张伯驹。

8月3日（乙巳七夕）

张伯驹作词《鹊桥仙·七夕》。

9月10日（乙巳中秋）

张伯驹作词《水调歌头·乙巳中秋寄钟美北京》。

9月

张伯驹作词《人月圆·冕旒粉黛风流甚》《人月圆·重阳前七日》；并作词《浣溪沙》二首,怀念词友黄复。

10月3日（乙巳重阳）

张伯驹作词《金缕曲·乙巳重阳》。

10月

天津张牧石寄来津友重阳联句,张伯驹作词《浣溪沙·和沽上词人乙巳展重阳联句》《古香慢·泪凝露点》。

约秋冬季

张伯驹忽得一信,称或将张伯驹调回北京,伯驹甚喜,作词

《鹧鸪天》。

鹧鸪天

有入关信,牧石预为治"龙沙归客"小印以迓,赋此,喜告诸词侣。

五国边城咽暮笳,斜阳西望是吾家。孟婆倒引船儿转,马上春风入琵琶。

金缕怨,玉关赊,不须细雨梦龙沙。乌头未白人归去,老眼犹明更看花。

前调

鱼雁多劳为作媒,他生缘种此生胎,贴金愿许偕潘步,留枕情因识魏才。

桃脸笑,柳眉开,看人生入玉关来。胡笳休按文姬拍,青冢犹怜梦紫台。

11月10日

上海《文汇报》发表姚文元文章《评新编历史剧〈海瑞罢官〉》。

11月26日

张伯驹作词自度曲《人间痴梦·苔铺碎锦》。

本年

郭沫若连续发表三篇文章评王羲之《兰亭序》,引起学界强烈反响。张伯驹为此上书周恩来总理,批驳郭的观点。

周汝昌《周汝昌自传》：

郭沫若发文"考证"《兰亭》一帖，说帖连文带字，统统出于"伪造"。郭文发表后，反响强烈，但能言与敢言的书界人士极少，只南京高二适先生出面与郭说争辩是非。另有商承祚、章士钊、张伯驹、徐邦达皆表不服气。

同书：

张伯驹先生对郭说十分反感，却因不擅撰写论文，要我"捉刀"——他要向周总理反映意见。我应嘱代写了一份上书于总理的意见文字。但我心里明白：恐怕不会有什么用处——周总理怎能对这种问题表态？更不能对郭氏有什么指示。后来张先生似乎也没得到他所希望的结果。

一九六六年（丙午）六十九岁

1月20日（乙巳除夕）

张伯驹作词《鹧鸪天·乙巳除夕》。词云：

烛影摇红聚故人，思来已过十年春。蜃楼蚁国追前梦，蛛网蚕丝缚此身。

犹待漏，独倾尊，眼中谁更是交亲。东风枉有回天力，也自难招不起魂。

8月1日—12日

毛泽东在北京主持召开中共八届十一中全会，并在会议期间印发其《炮打司令部——我的一张大字报》。8日，全会通过了《中国共产党中央委员会关于无产阶级文化大革命的决定》。

8月

吉林省省直文化系统"造反派"群众在体育馆开会，斗争文化局副书记金树然，张伯驹被拉去陪斗。

9月

张伯驹在北京的住宅被"红卫兵"抄家，一批珍贵书画文物被毁，并把一部分文物及家具扣押转移。

约本年或次年

马明捷《张伯驹论剧》：

> 在"文革"初起的疾风暴雨中，我只见到张先生两次。一次是在长春市体育馆，省直文化系统批斗大会上，"牛鬼蛇神"全部被"横扫"出来，跪在比赛场上，当然有张先生在内。在震耳欲聋的"革命"口号声中，"牛鬼蛇神"绕场爬行三圈，眼见年已古稀的老人被人拖着、拉着匍匐前行，我说不清心里是什么滋味。过了一段时间，省、市文化系统又组织了一次全市大游斗，各单位把批斗对象押往省委大院集中，我又见到张先生了，挂着一根拐棍，白髯垂胸，面如土色，胸前挂一块牌子，写的什么记不清了，我远远地看着他被扔上卡车，又看着卡车开上大街。后来，我听说他的事情很严重，很复杂，因为

"中央首长"康生都过问了。

书画家溥雪斋在北京病逝。

一九六七年（丁未）七十岁

1月

张伯驹的吉林省博物馆副馆长职务被撤销。

楼宇栋、郑重《张伯驹生平简表》：

> 吉林省博物馆副馆长职务被撤。
>
> 出于对林彪、江青反革命集团的极度愤慨，写下了《金缕曲》两阕。不久，即被扣上八项罪名，遭受批斗。

2月

吉林省、市文化系统组织全市大游斗。各单位把批斗对象押往省委大院集中。张伯驹也在其中。

张恩岭《张伯驹传》引1969年1月27日《经历自述》：

> 六七年二月，革命群众对我和其他人斗争，斗争形式是挂牌子、跪凳子，会后，敲锣打鼓游街。

本年

张伯驹夫妇在长春多次遭受批斗，被关押在地下室内长达两年之久。

编者谨按："文化大革命"开始，宋振庭亦受到冲击，不能继续回护伯驹。而伯驹则不能不受其牵累，被指为"资产阶级安放在吉林省文化界的定时炸弹""走资派的马前卒"，受到迫害。所幸是宋振庭"解放"较早，七十年代初期即被"结合"进省领导班子，有云宋出任省委常委、省革委会副主任。张伯驹夫妇遂得以逃出囹圄。

京剧艺术家筱翠花即于连泉在北京病逝。

一九六八年（戊申）七十一岁

2月16日

中央文史研究馆馆员俞家骥在北京病逝。

4月13日

中央文史研究馆馆员钟刚中在北京病逝。

8月6日

原中央文史研究馆副馆长、春游社友叶恭绰在北京病逝。

一九六九年（己酉）七十二岁

5月17日

原交通部长、农工民主党中央主席、民盟中央副主席章伯钧在北京病逝。

一九七〇年（庚戌）七十三岁

1月7日

　　吉林省革委会政治部对张伯驹问题作出批示，做了"敌我矛盾，按人民内部矛盾处理"的结论，并送往吉林省舒兰县朝阳公社"放到群众中教育，劳动改造"。

1月29日

　　中央文史研究馆馆员、画家陈半丁在北京病逝。

3月18日

　　吉林省博物馆对张伯驹做出"一次性处理"——退职。给予夫妇双方一年工资退职金。

　　张恩岭《张伯驹传》引1974年10月26日张伯驹的"简历"：

　　　　七〇年三月，我爱人潘素随我退职。吉林省博物馆和省艺校各给予一年工资退职金，退职时我捐给博物馆一批文物，有元赵孟頫篆书千字文一卷，明王谷祥花鸟一卷（皆故宫佚失精品），明杨廷和书札一册，唐人写经一卷，又写经一卷，宋拓圣教序一册，明董其昌、赵宧光、张瑞图，清陈洪绶、周亮工对联六件，明陈古白兰花一卷，明文震孟图章一方，旧墨一匣及书籍等（有收据单）……

春

张伯驹赴津,欲与张牧石同往袁克文墓吊祭,知袁墓已迁而罢。

张伯驹《续洪宪纪事诗补注》:

> 庚戌春,余与张牧石往访西沽某诗人,问寒云墓,欲往一吊,云寒云墓已为其家人迁去,不知移葬何处,为之怅惘。

夏

张伯驹作词《小秦王·庚戌夏入伏》。

9月15日(庚戌中秋)

张伯驹作词《水调歌头·庚戌中秋晚登雁塔看月出》。

11月8日(庚戌立冬)

张伯驹作词《临江仙·庚戌立冬》《临江仙·立冬》。

11月

张伯驹作词《燕归梁·和君坦小雪节无雪》。

12月22日(庚戌冬至)

张伯驹作词《鹧鸪天·庚戌冬至》。

12月

张伯驹作词《渭城区·庚戌大雪节无雪》。

张伯驹作词《一剪梅·庚戌大雪节无雪》:

日短日长一线差,书也风沙,夜也风沙。谢娘咏絮减才华,柳未飞花,梨未开花。

纵不征途阻客车,何处天涯,到处天涯。空枝绕树似寒鸦,道是归家,还是无家。

冬

张伯驹作词《渭城区·今冬相对无梅》。

本年

楼宇栋、郑重《张伯驹生平简表》:

1月,吉林省革委会政治部对张伯驹问题做了"敌我矛盾,按人民内部矛盾处理"结论,并送往吉林省舒兰县朝阳公社劳动改造。

1月,又一次提出退职申请。

3月,获吉林省博物馆同意退职。

3月,与夫人潘素被送往舒兰县朝阳公社双安大队第三生产队插队。当地以不合插队规定,拒收落户。数日后,张伯驹夫妇返京。

5月,向吉林省博物馆革委会写信,要求改变插队安排,允许留京。

下半年，赴西安住女儿张传綵家，重游大雁塔、灞桥、华清池，过杜工部祠，登骊山，游秦始皇陵，均留有词作，集为《秦游词》。

张伯驹夫妇赴西安依女儿女婿一家生活，作《秦游词序》。

余少年从戎入秦，宝马金鞍，雕冠剑佩，意气何其豪横！中年避寇，再居关中，兵火之余，仅存书画；托迹商贾，聊供菽薪。暮岁东出榆关，追步道君、秋笳，铩羽归来，疾病穷苦，乃更入秦依女儿，以了残年。老马知途，不谙终南捷径，朱门鼎食，复味首阳蕨薇。此一生如四时，饱经风雨阴晴之变，而心亦安之。时则重到旧游地，作小词，亦不计工拙。盖为残雪剩爪，随笔之所至。幸方家视之勿以词品相衡量也。庚戌初冬，中州丛碧序。

张伯驹作词《小秦王·庚戌春花词》。

一九七一年（辛亥）七十四岁

1月26日（庚戌除夕）

张伯驹作词《鹧鸪天·庚戌除夕长安守岁》：

驽马终为伏枥材，空随夕照望金台。武陵佳气销龙种，千弩狂潮结蜃胎。

倾瓮酒，插瓶梅，闺中儿女费安排。须知今岁团圆夜，多少沧桑换得来。

萍梗一家诉聚离，灯前翻觉喜成悲。今朝今夕非长有，明岁明年更不知。

春浩浩，日迟迟，旧花争自上新枝。人生最是随缘好，半醉全醒各任时。

垂老飘零燕寄椽，岁阑客梦在长安。烛盘泪比金茎露，鼙鼓声疑爆竹天。

熏酒气，幻炉烟，回头直到汉唐年。残宵冥坐人如故，开眼明朝惊改弦。

1月

张伯驹作词《鹧鸪天·立春后一日雁塔看雪》。

2月5日

张伯驹作词《小秦王·庚戌春花词》。

2月10日（辛亥元宵）

潘素生日。张伯驹作词《鹧鸪天·辛亥元宵为潘素生日赋》《人月圆·辛亥元宵再赋》。

4月

张伯驹作词《虞美人·辛亥清明后》。

夏

张伯驹作词《小秦王·署日和君坦》《小秦王·连日酷热》。

8月27日（辛亥七夕）

张伯驹作词《鹊桥仙·辛亥七夕和淮海》《点绛唇·七夕和君坦》。

10月3日（辛亥中秋）

张伯驹作词《人月圆·辛亥中秋》《相见欢·放教月上高楼》。

10月26日

张伯驹亲笔给周恩来写信，讲目前的困难状况，请求解决问题。

张恩岭《张伯驹传》引张伯驹《致周恩来总理信》：

1971年10月26日张伯驹致周恩来总理信（抄件）

周总理钧鉴敬启者：伯驹自清末寓居北京已六十年，一九六一年夏，吉林省委宣传部约我夫妇去吉林艺专讲授国画，原拟三个月或半年即归，至则留作长期工作，家人潘素在艺专任教，我任省博物馆副馆长并促迁移户口，经回京与居住区派出所商量，以为可以迁去，并云将来迁回，并无问题，六九年冬，吉林省动员部分干部插队落户，年老有病者退休退职，七零年春，我夫妇奉准退职，听从组织安排至舒兰县朝阳公社插队，按照吉林省插队办法，一律携带工资及组织关系户口等，至则大队以我夫妇均已退职，即非干部，且我年逾七旬，身边又无子女。（中略）

我有一女在西安教小学，欲往投奔，小女夫妇月入甚微，无以安排其父母，户口至今仍未解决。溥溥大地，锥无可立，伏乞能饬属准予报入户口，实为至感。（中略）

张伯驹一生收蓄古代书画，过去甚至鬻产举债，以事争购，旨在不使民族主要书画珍品流入外国。在国民党时期，曾对家人潘素立有遗嘱，谓我所藏主要珍品，遇人民爱戴，政治修明之政府，应不以自私，捐归公有。解放后正逢所愿，五二年冬，听到总理团结知识分子报告后，遂将所藏晋陆机平复帖，唐杜牧赠张好好诗，宋范仲淹道服赞、蔡襄自书诗，黄庭坚诸上座帖，吴琚杂书诗，元赵孟𫖯千字文草书，俞和楷书等件捐献于国家，唐李白上阳台帖，则先于五三年呈献给毛主席，文化大革命时，又将三国魏敦煌太守仓慈写经，及元明清人绘画等件，交给故宫博物院。在吉林退职后，将隋人写经，宋拓碑帖，元明清人书画对联等，赠给吉林省博物馆，京寓书籍衣物，在破四旧时，荡然无存，我夫妇所得退职金，经过一年半之费用，即将有告罄之虞。

值此盛世，自恨筋力已衰，但爱国之忱，不敢后人，所写虽皆封建遗产，遵循毛主席批判接受，不割断历史之教导，对于历史文物鉴定整理有所需用，自当忘老忘病，勉贡薄知，以报国家。

家人潘素，早岁习画，曾临摹隋唐宋元名迹，解放后蒙党教育培植，其作品被选入全国妇女美术选集、首都国画选集、出国到瑞士等国巡回展览，前月获观"光辉历程图片"，衷心激动，发奋绘制革命圣地，及毛主席诗词大幅画册，意图宣传革命路线之伟大胜利，体现古为今用之艺术方向，但居住及生活未定，以亦有所不安。

党内老辈，我惟识陈毅先生，五七年、六一年两次晤谈，最后皆谆谆以忠于毛主席相嘱，并云彼跟随毛主席几十年，皆听从毛主席之话，知陈毅先生确为毛主席之忠实朋友。陈先生知我为泽，文化大革命期间，曾致函托其于将来代安排我之生活，现未能见到陈先生，闻其身体欠安，每以为念。（中略）

章行严（士钊）先生卓著风义，笃念旧交，因托其转呈此函。毛主席对知识分子政策，不使其无生活出路，不使有弃物弃材，用敢上陈下情，不胜屏营之至，函此，谨致。

10月27日（辛亥重阳）

张伯驹作词《朝中措·和牧石辛亥重阳》《朝中措·和梦碧辛亥重阳》。

11月24日

章士钊给周恩来总理写信，并附张伯驹的信。

张恩岭《张伯驹传》引章士钊信：

张伯驹有函呈公，求为代陈，事具函内，不加观缕，钊认为伯驹先生事紧迫，公如许允中央文史馆馆员，即时发表，可免除该馆员其他一切困难，乞酌，张函附呈。

12月8日（辛亥大雪）

张伯驹作词《临江仙·和君坦大雪节词》。

12月9日

周恩来总理收到章士钊的信和张伯驹信后，于此日亲笔批示。

张恩岭《张伯驹传》引周恩来信：

> 张伯驹先生可否安置为文史馆员，望与文史馆主事者一商。

12月22日（辛亥冬至）

张伯驹作词《减字木兰花·和君坦冬至词》。

12月29日

中央文史研究馆向时任总理秘书兼国务院参事室主任的吴庆彤函，丁江、吴庆彤批示。

张恩岭《张伯驹传》引中央文史研究馆函：

> 张伯驹情况白克涛同志专程赴吉林作了了解……根据总理批示精神，可以考虑聘为文史馆员，现将张的政治历史情况材料送上，请审阅核定。

吴庆彤批示：

> 同意张伯驹为中央文史馆馆员，请丁江同志批。

丁江在"丁江"两字上画了圈，并写了"同意"。

12月

某日张伯驹与童第周、张牧石、秦力生（中国科学院副秘书长）等在北京科学院哲学研究所吴则虞先生家闲谈，得知陈毅病重，又得知当天陈毅长子昊苏与秦力生之女秦昭、次子陈丹淮与鲍燕同日成婚的消息。大家公推伯驹书赠喜联一副祝贺。

本年

楼宇栋、郑重《张伯驹生平简表》：

10月，托章士钊先生致函周恩来总理，言及自己一生爱党爱国之心，并请求中央解决其在北京落实户口和生活困难问题。

11月，章士钊致函周总理，提议聘张伯驹为中央文史研究馆馆员，并转张伯驹信函。

12月，周总理批示，要求具体研究落实聘任一事。

12月，中央文史研究馆向国务院有关部门呈交聘任张伯驹先生为馆员的《请示报告》。国务院有关部门负责同志批示：同意张伯驹为中央文史研究馆馆员。

12月，写诗祝贺毛泽东主席七十八岁寿诞。

张伯驹年谱卷七
（1972年—1982年）

一九七二（壬子）七十五岁

1月6日

原国务院副总理兼外交部长陈毅元帅在京病逝。张伯驹作挽联悼念。

1月10日

陈毅追悼大会在八宝山革命公墓隆重举行，毛泽东亲自出席追悼会。有云毛泽东注意到张伯驹所送的挽联，询问伯驹的近况。

蒋洪斌《陈毅传》：

> 毛泽东戴上黑纱，步入灵堂，在一个不显眼的角落看到著名词人、书法家、原吉林省博物馆副馆长张伯驹写的挽联：
>
> 仗剑从云作干城，忠心不易，军声在淮海，遗爱在东南，万庶尽衔哀，回望大好河山，永辞赤县；
>
> 挥戈挽日接樽俎，豪气犹存，无愧于平生，有功于天下，

九泉应含笑，伫看重新世界，遍树红旗。

这副挽联，对仗工稳，情长意深，对陈毅的评价丝丝入扣，堪称绝唱。毛泽东驻足片刻，问周恩来：张先生现在哪里？周以实情相告，说张由舒兰县乡下劳动回京，要求到中央博物馆工作。毛泽东连说："快办，快办！"接着，追悼会开始。

楼宇栋《张伯驹小传》：

1972年，陈毅元帅不幸逝世，张伯驹悲痛万分，挥泪写挽联挂于灵堂之上。联云：

仗剑从云作干城，忠心不易。军声在淮海，遗爱在江南，万庶尽衔哀。回望大好河山，永辞赤县；

挥戈挽日接樽俎，豪气犹存。无愧于平生，有功于天下，九泉应含笑。伫看重新世界，遍树红旗。

之后，为纪念陈毅，又由夫人潘素取其曾在北戴河观海意境，画青绿山水《海思图》，张伯驹题悼诗四首以奠。录其中两首以窥雄浑悲壮，情见于词之一斑：

其一

痛我长城坏，寒天落大星。

遗言犹感激，老泪忽纵横。

日暗旌旗色，江沉鼓角声。

东南余壁垒，忍过亚夫营。

其二

怕听雍门曲，西州事可悲。

霜筠怜故剑，露薤泣灵旗。

国续褒忠灵，人寻堕泪碑。

音容图画里，剩寄海天思。

其时，张伯驹那副用泪与情写下的挽联被有意悬挂在灵堂中一个很不起眼的角落里。可参加追悼会的毛泽东主席一眼就看见这副用鸟篆体书写的挽联，走了过去，低声吟诵，连声说写得好，写得好，并询问陈毅夫人张茜：张伯驹来了没有？张茜告诉毛主席，张伯驹是陈毅生前好友，但今天的追悼会却不允许他参加。毛主席又从张茜口中得知张伯驹老夫妻从吉林回北京后很狼狈，住房、户口都无法解决。主席感叹了一声，转身关照周恩来总理过问此事。经毛主席亲自过问，张伯驹终于被聘为中央文史馆馆员，时在1972年1月21日，离陈毅元帅追悼会后仅仅十一天。

秦昭《春天的思念——回忆婆婆张茜》：

著名文化人士张伯驹和夫人潘素合作的《海思图》使我记忆犹新。画面上陈毅雄伟的身影，面对着大海伫立凝望。这幅画由我父亲秦力生亲自送来，婆婆看了十分感动，想表达一点谢意，征求我们的意见。秦晓建议送一副围棋。婆婆立即同意，叫小丹把陈老总用过的围棋拿来送给张老夫妇，由我父亲转送。听父亲说，张伯驹夫妇收到张茜赠送的礼物，感动不已，热泪盈眶，如珍宝一样捧在怀里。后来父亲还在西四"砂锅居"摆了一桌酒席，代表张茜特别感谢在陈老总病重期间和去世以后关心和帮助过陈家的几位文化界的老先生和他们的夫人。

(原载 2006 年 3 月 22 日《中华读书报》)

1月21日

张伯驹接到中央文史研究馆的聘书,聘任张伯驹为馆员,并重新将户口落户北京。

2月14日(辛亥除夕)

张伯驹作词《鹧鸪天》二首。

其一

皱面观河叹改颜,知经几世海为田。危巢容膝虽无地,乐土求心自有天。

灯到曙,酒余寒,檀垆香炉减云烟。开头且看明朝事,扰扰纷纷更一年。

其二

生也有涯乐有余,花明柳暗识长途。琢残白玉难成器,散尽黄金更读书。

梅蕊绽,柳枝舒,故吾镜里看新吾。眼前无限春光好,又写人间一画图。

2月25日(壬子正月十一日)

张伯驹作词《浣溪沙》:

浣溪沙

正月十一日大雪,晨起河边踏雪诵佛。

梦里曾于净土行,开门起看尽光明。岸边垂柳鹤梳翎。

天地与心同一白,乾坤着我并双清。万花飞散打身轻。

2月29日(壬子元宵)

潘素寿日。张伯驹作词《小秦王》四首。

小秦王

壬子上元潘素生日,于西郊同饮赋。

其一

白头犹觉似青春,共进交杯酒一巡。喜是团圆今夜月,年年偏照有情人。

其二

马龙车水记喧填,曾过升平几上元!火树银花皆梦里,寒窗相对一灯前。

其三

春雪飘落冻一城,东风吹到喜新晴。去年载得长安月,犹是今宵分外明。

其四

胜朝堂墅半成田,垂老重游贝子园。柙虎樊熊终一世,双飞应亦羡青天。

春

张伯驹作词《小秦王·春日偶书》《瑞鹧鸪·壬子暮春》。

8月

著名生物学家牛满江自美来京访问，此后与童第周开始进行科研合作。

编者谨按：童第周与张伯驹为好友，牛满江在京时，应是由童第周介绍，张伯驹结识牛满江。

9月22日（壬子中秋）

张伯驹作词《人月圆·壬子中秋在天津》。

南斜街里髫龄事，回首梦当年。焚香祝酒，听歌丹桂，看舞天仙。

离乡辞土，一身萍梗，满目烽烟。依然此世，青春不再，明月还圆。

10月15日（壬子重阳）

张伯驹作词《临江仙·风雨年年愁里过》。

10月

张伯驹作词《小秦王·庚戌春花词》。

本年

中央文史研究馆馆员邢赞庭在北京病逝。

昆曲艺术家白云生病逝,伯驹作挽联悼之。

朱经畬《张伯驹生平事略》:

> 1972年,白云生病逝于北大医院,伯驹挽以联云:
> 玉笛空吹,旧曲不堪歌白纻;
> 霓裳同咏,名园犹忆舞红氍。

一九七三年(癸丑)七十六岁

1月

张伯驹作词《西子妆慢·壬子小寒后》。

> 壬子小寒后,过天津南斜街童时旧居感赋。
> 松墨涂鸦,竹枝戏马,隔世已成云雾。斜街门巷几斜阳,过流年、不堪重数,归来旧主。似相识、前时燕去,问平生、算出山泉水,莺迁都误。
> 休看觑,蜃幻楼台,只剩波涛舞。小寒节后雪初花,故飞黏、白头丝缕,凋翎断羽。黄昏近、随春暂住。又惊心、万木不声待雨。

2月2日(壬子除夕)

张伯驹作词《鹧鸪天·壬子除夕》:

百感独多是此宵，老年景象更萧条。残灯意到原头火，沸水声来世上潮。

寻燕垒，寄鸠巢，余生心外作逋逃。逢春已少花间泪，眼雾迷离幻海涛。

2月17日（癸丑元宵）

张伯驹正患目疾，作词《人月圆·癸丑元宵》。

4月5日（癸丑清明）

张伯驹、潘素同廖同、李大千、周笃文等游大觉寺，伯驹作有《小秦王·癸丑清明》四首。词云：

其一

老年人在雾中行，无限光阴让后生，耳畔喜闻春到了，杏花时节又清明。

其二

旧雨无多新雨来，看花今又踏青苔，年年便是春长好，开落能知有几回？

其三

夹道松阴石径斜，行行直似入云霞。杏花恰对斜阳看，更着诗人与画家。

其四

折来羞对杏枝妍，回首衰年梦少年，只合玉兰花下立，白头相映各成颜。

7月1日

中央文史研究馆馆长章士钊在香港病逝。

8月5日（癸丑七夕）

张伯驹作词《鹊桥仙·癸丑七夕》。

9月11日（癸丑中秋）

张伯驹作词《人月圆·癸丑中秋》。

10月4日（癸丑重阳）

张伯驹作词《浣溪沙·癸丑重阳独登陶然亭》。

12月1日

沈苇窗主编的香港《大成》杂志创刊。张伯驹作《我从余叔岩先生研究戏剧的回忆》长文，陆续发表在《大成》第1、3、5期。

12月22日（癸丑冬至）

张伯驹作词《鹧鸪天·癸丑冬至》。

本年

张伯驹作词《小秦王·堂皇节署变名园》：

　　癸丑天津旧总督署公园同梦碧、机峰、牧石、绍箕看海棠赋。

　　堂皇节署变名园，上国屏藩梦北门。疑是华堂来命妇，严妆绝艳一销魂。

七十年来换物华，雨中忆折一枝斜。颠狂不是余年事，即在童时已爱花。

老来只作看花吟，已少风情惜寸阴。欲藉芳茵随一醉，犹嫌酒浅负杯深。

嫩红浅粉问如何，可似衰颜借酒酡。眼底花繁犹不见，无香岂更恨偏多。

一九七四年（甲寅）七十七岁

2月6日（甲寅元宵）

张伯驹作词《人月圆·甲寅元宵》：

甲寅元宵，室人潘素六十寿，赋此为祝。

一年月与人同好，涌出玉轮高。清光照到，花灯立处，喜上梅梢。

交杯换盏，三人成五，对影相邀。白头百岁，未来还有，四十元宵。

3月20日

陈毅夫人张茜病逝。

4月5日

张伯驹作词《瑞鹧鸪·甲寅清明遥祭孤桐》：

东华梦影旧同群，硕果于今独剩君。风势欲收山外雨，花光犹恋日边云。

堂空深柳莺仍在，楼倚高桐凤不闻。难挽客星天上去，垂纶终古几人文。

4月20日

张伯驹作词《小秦王·甲寅谷雨后》。

6月

张伯驹作词《小秦王·甲寅夏至后一日》《小秦王·甲寅夏至后》《瑞鹧鸪·夏至后雁塔对蜡梅》《瑞鹧鸪·夏至后西安公园对牡丹》。

8月24日（甲寅七夕）

张伯驹作词《鹊桥仙·甲寅七夕在西安》。

9月29日

张伯驹作词《人月圆·甲寅中秋先日预赋》《人月圆·中秋预赋词》。

张伯驹作词《人月圆·雨霁》：

雨霁，午夜后月出，再赋。

清新词似清秋月，只有李重光。烛花休放，马蹄待踏，满地如霜。颜又改,小楼故国,愁比江长。今宵何夕,不堪再梦,金粉南唐。

金风吹散云罗縠,卵色一天晴。清辉照彻,门前水白,楼外青山。犹如此,月还依旧,几换浮生。今宵回看,少年到老,同是光明。

10月1日

张伯驹作词《人月圆·十六日晴》。

10月23日（甲寅重阳）

张伯驹作词《浣溪沙·甲寅重阳》《少年游·重阳香山看红叶》。

10月24日

张伯驹作词《临江仙·甲寅重阳后一日》。

10月

张伯驹作词《人月圆·和君坦》。

初冬

张伯驹完成《红毹纪梦诗注》书稿。伯驹自序：

甲寅,余年七十有七,患白内障目疾,不出门。闲坐无聊,因回忆自七岁以来,所观乱弹昆曲、其他地方戏,以及余所演之昆乱戏，并戏曲之轶闻故事，拉杂写七绝句一百七十七首，更补注，名《红毷纪梦诗注》。其内容不属历史，无关政治，只为自以遣时。但后人视之，则如入五里雾中；同时同好者视之，则似重览日记，如在目前。于茶余酒后，聊破岑寂，以代面谈可也。甲寅初冬，中州张伯驹序。

一九七五年（乙卯）七十八岁

2月10日（甲寅除夕）

张伯驹作词《鹧鸪天·甲寅除夕》。

4月5日（乙卯清明）

张伯驹作词《小秦王·乙卯清明》。

春

张伯驹作词《小秦王·乙卯春》：

乙卯春，天津故李氏园看海棠。

离乡同是在天涯，都转署中带雨斜。七十年来犹故我，还留老眼为看花。

无雨无风正艳阳，曈曚晓日照晨妆。冶容绝代真惊目，怕是销魂更有香。

萃锦展春梦已残，东风犹自倚栏杆。石家金屋今何在，剩与寻常百姓看。

占取韶华一段春,流脂濯锦向红尘。吹来为有东风便,每到芳时忆故人。

6月

张伯驹参加国务院组织的参观天津、河南活动。

张恩岭《张伯驹传》:

1975年的6月,张伯驹还参加了由国务院组织的文史研究馆馆员参观天津、河南的活动,作了一次久违了的特别舒心的旅游。仅在河南,他就一路风尘,先后到了林县、辉县、新乡、郑州、洛阳等地,参观了红旗渠,身临了黄河水,遥望了麦浪千顷,漫步在街头绿荫,又香山怀古,铜驼巷凭吊,既感振奋,更有感慨。

8月13日(乙卯七夕)

张伯驹作词《鹊桥仙·银河倒泻》。

8月

张伯驹作词《瑞鹧鸪·运行难数几光年》。

夏承焘作七绝《听丛碧伉俪谈游太白山》。

初秋

张伯驹将甲寅年词作二百余首编成《无名词》并作序。全文如下：

某岁月，蛰园律社诗课，题为春草，韵九佳。余有句云："争如有意年年发，多半无名处处皆"。郭蛰云太史大激赏之。而余亦无名者也，然无名而好名。自三十岁学为词，至庚寅后二十几年，有集《丛碧词》。周玉言君跋云：词以李后主始，而以余为殿。此语一出，词老皆惊，余亦汗颜，而心未尝不感玉言也。此即好名之心，而自以为有名者矣。老子曰：道无名，有名非道也。六祖慧能偈语云：菩提本非树，明镜亦非台，本来无一物，何处着尘埃。本无名而有名，是非道矣；本无名而有名，是着尘埃矣。继《丛碧词》二十几年，又有《春游词》《秦游词》《雾中词》。自是非道者，着尘埃者，而迄不自知也。甲寅一年，复有词二百数十阕，因思何以名集。余即将八旬，以诵佛所得，以为文采风流皆是罪孽。悟及此，才一年间耳，正针对余之无名而有名。甲寅年词，即以无名名之。盖为知止而止，此后不再为词，无词即无名矣。使余心如止水，如死灰，尽忘一生之事；于余一身未了将了之前，先入此境界。其可乎！乙卯初秋，中州张伯驹序。

9月20日（乙卯中秋）

张伯驹作词《虞美人·和君坦乙卯中秋》。

9月

京剧艺术家李少春在北京病逝。

10月13日（乙卯重阳）

张伯驹作词《念奴娇·和正刚乙卯重阳》《鹧鸪天·和君坦重阳》。

10月25日

张伯驹作词《浣溪沙·乙卯霜降后一日》。

11月8日（乙卯立冬）

张伯驹作词《临江仙·立冬日》。

12月7日

张伯驹作词《忆王孙·大雪节前夜初雪》。

一九七六年（丙辰）七十九岁

1月8日

国务院总理周恩来在北京病逝。张伯驹作挽联：

奠山河于磐石，登人民于衽席，反殖反霸反帝反修，劳瘁一生当大任；

建社会以繁荣，措政治以修明，不怠不骄不卑不亢，勋名千古仰先知。

1月30日（乙卯除夕）

张伯驹编成词集《续断词》并作序。全文如下：

佛云，入人世即苦境，故为出世法。而人不知也。一生得失升沉，争逐驰骋，果何所谓，比老之已至，一回首皆明日黄花，戚友凋零，妻孥纤弱，身如独夫，而耳之所闻，目之所见，又都不如意。是当归不归，而犹作续断，其不更苦乎？然佛法万事随缘，当归而归，亦自然随缘而归；当归不归，亦自然随缘而作续断。此即即有即无，不黏不脱。佛有出世而在世者，人亦有在世而出世者，只在此心，心即佛即缘也。余甲寅词名《无名词》，意在知止而止，不以无名而求名好名，此后不再为词。但乙卯一年间，逢节令，春秋佳日，看花游山，及友人徵题徵和，仍复有作，已过百阕。其不大背无名词之旨！余何以自剖，盖如上者。缘之未了，情之尚在，当归不归，亦自然随缘而作续断，余亦不自知也。余乙卯年为词，不事推敲，不计工拙，于余昔年词功力大差。只是当归不归，自然随缘而暂作续断耳，不能以词论也。故名余乙卯词为《续断词》。乙卯除夕，中州张伯驹序。

1月31日或2月初

春节期间，张伯驹邀请萧劳、黄君坦、徐邦达、夏承焘、周笃文来宅作诗钟为乐。

2月

为贺伯驹、潘素寿,夏承焘作词《好事近·贺丛碧翁双寿》。

4月5日

天安门"四五"运动爆发。

4月

北京诸老词人同游大觉寺,伯驹是否参加待考。

夏承焘作《减字木兰花·北京诸词友邀游大觉寺,以病不偕作此答谢》。张伯驹应参加此次大觉寺游。

5月

张伯驹邀夏承焘同赏牡丹,夏以病未赴,作词《西江月·丛碧邀赏牡丹》。

6月

夏承焘拜访张伯驹话旧,作词《减字木兰花·过丛碧谈往》。

7月6日

全国人大常委会委员长朱德在北京病逝。

7月28日

唐山大地震。

9月9日

中共中央主席毛泽东在北京病逝。张伯驹作挽联：

覆地翻天，纪元重开新史；

空前绝后，人物且看今朝。

10月6日

江青、王洪文、张春桥、姚文元等"四人帮"被抓捕。持续十年之久的"文化大革命"宣告结束。

本年

中央文史研究馆馆员马宗霍在北京病逝。

一九七七年（丁巳）八十岁

本年

张伯驹八十寿辰，夏承焘作词《金缕曲·寿丛碧八十》。

周汝昌六十寿，张伯驹、朱家溍、徐邦达等友好在马凯餐厅（即后文湖南饭庄）聚会祝贺。

周汝昌《什刹海边忆故交》：

还有一次，说起来更令我永生难忘：我六十周岁那年的生日，却蒙几位忘年交老友记忆清清楚楚，到了那日，定要在鼓楼前的湖南饭庄为我祝寿。这次聚会，年纪最高的是张（伯驹）先生、朱家溍、徐邦达三位专家名流。席间，张先生展示了特为我写作的新词的墨幅，对我坚持研《红》，不畏阻难，备加奖赏。徐先生画了一幅翠竹横卷——他的画非常名贵，向来是不肯轻为人作的。朱老也有绝句见赠。席后，回到丛碧小院聚谈——进烟袋斜街，过银锭桥，循湖岸，拂柳丝，缓步谈笑而行……此情此景，如在眼前。

张伯驹为张牧石题联：

牧野鹰扬开地阔；
石头虎踞望天低。

张伯驹以"会馆·李白"为题作分咏格诗钟，集白居易、赵嘏诗句。

心是主人身是客；
诗家才子酒家仙。

一九七八年（戊午）八十一岁

2月

张伯驹为冯其庸题联。联云：

其鱼有便书能达；

庸鹿无为福自赎。

3月19日

张庆军、潘千叶编《京城玩主张伯驹》中，引用张伯驹自述：

吉林省博物馆郑国、宋玉兰来京，告知省委宣传部已批示为我"攻击江青"一事平反。

4月9日

张庆军、潘千叶编《京城玩主张伯驹》中，引用张伯驹自述：

晨，驱车前往大觉寺，写杏花，玉兰正开。周笃文、黄君坦等先生专游颐和园。吾赋《临江仙》一首，表达胜日逢春芳草绿、杏花肥的喜悦心情。

春

伯驹赴天津赏海棠花，逢张牧石五十一岁生日，伯驹有词。

7月

楼宇栋、郑重编《张伯驹生平简表》：

《红毹纪梦诗注》由香港中华书局出版。

李克非《张伯驹二三事》：

伯驹之《红毹纪梦诗注》手稿曾托吴祖光先生转交张庚先生拟在北京出版，然几经审查，拖延时间甚久，终未能付梓。

作者无奈，始再托香港友人使此书在香港中华书局出版。这部书得以问世，为后人留下一些梨园史料，首先要感谢中华书局香港分局的有识诸公呢！

9月

吉林省委宣传部批准吉林省文物局上报的对张伯驹复查结论，所谓的"攻击江青"一事被平反。

12月18日—22日

中共十一届三中全会在北京召开。

本年

楼宇栋、郑重编《张伯驹生平简表》：

9月，中共吉林省委宣传部批准吉林省文物局上报对张伯驹的复查结论，予以平反，恢复名誉。

吴德铎向上海古籍出版社提出整理出版《洪宪纪事诗》，张伯驹知道后，寄去《续洪宪纪事诗补注》一稿。

一九七九年（己未）八十二岁

2月12日

张伯驹与刘海粟合绘《芭蕉樱桃图》。

春

夏承焘等词友游大觉寺，作有《菩萨蛮·与北京诸词友游西山大觉寺》。伯驹是否参加待考。

3月2日

北京市文化局致函北京市委文化出版部，提出为张伯驹平反。

张恩岭《张伯驹传》：

（1979）京文人字089号

市委文化出版部：

张伯驹，男，79岁，河南项城人，家庭出身军阀，本人成份官僚资本家，解放后曾任公私合营银行联合会董事会董事，北京京剧基本艺术研究社副主任、北京市政协委员、民盟总部文教、财务委员会委员，1957年由北京市戏曲界整风联合办公室定为右派分子，按四类处理，撤销京剧基本艺术研究社副主任、市政协委员，1962年1月经陈毅同志建议，中央统战部徐冰、平杰三、薛子正同志同意，市委处理右派工作领导小组批准，摘掉右派帽子，现任中央文史研究馆馆员。

经复查，张伯驹先生在北京解放前夕及解放后的表现是爱国的，对国家、对人民做过有益的事情，组织京剧基本艺术研究社和该社所组织的业务活动，是在党和政府领导下进行的正常活动，与章罗联盟没有关系，不应划为右派分子，应予改正，根据中共中央（1978）55号文件精神，决定撤销原结论，恢复其政治名誉。

北京市文化局党的领导小组
1979年3月2日

3月19日

中共北京市委文化出版部批复北京市文化局函,同意为张伯驹平反。

张恩岭《张伯驹传》:

(1979)文出字24号

市文化局党的领导小组:

同意关于张伯驹先生右派问题复查结论的意见。

张伯驹先生在北京解放前夕及解放后的表现是爱国的,对国家、对人民做过有益的事情,组织京剧基本艺术研究社和该社所组织的业务活动,是在党和政府领导下进行的正常活动,与章罗联盟没有关系,不应划为右派分子,应予改正,根据中共中央(1978)55号文件精神,决定撤销原结论,恢复其政治名誉。

此复

中共北京市委文化出版部
1979年3月19日

3月28日

张恩岭《张伯驹传》:

张伯驹接通知来到北京市委，在作出为其改正错划右派问题，恢复其政治名誉的文件上签了字。

3月30日

全国政协副主席、中国科学院副院长童第周在北京病逝。

4月11日

童第周追悼大会在八宝山革命公墓隆重举行，聂荣臻主持，国务院副总理方毅致悼词。邓小平、李先念、王震、韦国清、乌兰夫、胡耀邦、彭冲、许德珩、胡厥文、谷牧、宋任穷、沈雁冰、康克清、季方、杨静仁等参加了追悼大会。

编者谨按：童第周为伯驹挚友，曾在伯驹最为困难的时候，每月从工资中拿出固定钱数来资助伯驹生活。

张伯驹《素月楼联语》：
童第周为动物研究所长，余赠以联云：
寄情在物象形骸以外；
多识于鸟兽草木之名。

夏

张伯驹与任二北、黄君坦、夏承焘、徐邦达、周笃文等词友及英国留学生培蒂一同至北海赏荷。夏承焘有词《玉楼春·吟人联袂凌空下》记之，见夏承焘《天风阁词集前编》。

9月14日

吴晗、袁震夫妇追悼大会在八宝山革命公墓举行。张伯驹送挽联：

> 钟室何存，于今不倒三家店；
> 舞台试看，终古长传一曲歌。

10月14日

张伯驹出席北京昆曲研习社在文研院小礼堂举办的昆曲活动。参加活动的还有张允和、吴鸿迈、王湜华、黄人道、王振声、袁牧男、严渭渔、朱复、冯其庸、周妙中、潘清如、邵怀民、许宜春、徐书城、周铨庵、莫暄、朱世藕、蔡安安等三十余人。

张允和《昆曲日记》：

> 昨晚14日在文研院小礼堂第二次活动。张伯驹先生到，唱了个"不提防"，大家鼓掌。我陪伯驹先生谈了很久，后来红楼梦研究所姓冯的来陪他。后由安安送出。

12月19日

北京市剧协主办，北京昆曲研习社恢复活动后首场演出招待会在吉祥戏院举行。张伯驹是否出席待考。

本年

张伯驹集毛泽东词句为联并书之。联曰：

> 山舞银蛇，原驱蜡象；

鱼翔浅底，鹰击长空。

编者谨按：上联改"原驰"为"原驱"。

一九八〇年（庚申）八十三岁

1月13日

张伯驹参加北京昆曲研习社同期活动并演唱《弹词》。参见张允和《昆曲日记》。

1月29日

梅兰芳夫人福芝芳在北京病逝。

张牧石《我和张伯驹的忘年情——谨以此文纪念张伯驹先生诞辰一百周年》：

> 再说一件鲜为人知的事，有一次他来信约我去京，我到京时，他正从梅兰芳夫人福芝芳处作客归来。时梅先生已谢世。他饮了点啤酒，说有些不胜，闭目倚在沙发上小憩。忽醒告我，偶得一联，命我笔录下，联云：
>
> 并气同芳，入室芝兰成眷属；
> 还珠合镜，升天梅福是神仙。
>
> 此联上用《论语》，下用《汉书》，巧妙地把梅兰芳、福芝芳二人名六个字嵌入。上联言其当年结婚，下联当时未解，岂料不数日后，福芝芳夫人也相继去世了。当然，我们不信什么"谶"一类的迷信，但这事的巧合，也是值得一提的。此联后来虽也

传流开，便多以为是福芝芳逝后，张伯驹先生作的挽联，只有我当事知其为偶然所得在先。

3月

《张伯驹、潘素夫妇书画联展》在北海公园画舫斋举行。见楼宇栋、郑重编《张伯驹生平简表》。

李克非《霁雪初融忆丛碧》：

> 1980年2月上旬，由中国美术家协会北京分会主办，在北海画舫斋举行的《张伯驹、潘素夫妇书画联展》，颇获国内外人士好评。展品中一部分是近年新作，计展出：《江楼夜泊》（原注：淡彩）、《桂林伏波山》（原注：大青绿）、《希夏邦马峰》（原注：彩墨雪景）、《崂山潮音瀑》（原注：金笺墨笔）、《目穷九派》（原注：金碧）、《漓江春晴》（原注：大青绿）、《临〈吴历雪山图〉》（原注：内有张大千、溥心畬、沈尹默、孔德成、夏仁虎、溥侗、陈云诰、许世英、高一涵、章士钊等五十余人题字，浅绛雪景。）等五十六幅。京畿名流宋振庭、潘絜兹等均撰文发表于报刊，赞扬备至。常任侠、王泽庆亦披露于香港《大公报》及《美术家》杂志。

北京古琴会复会，会前张伯驹书联祝贺。联曰：

> 玉轸金徽传失响；
> 高山流水聚知音。

参见楼宇栋、郑重编《张伯驹生平简表》。

4月

张伯驹应天津市文化局戏剧研究室邀请,赴津为京剧演员及研究者举办戏剧讲座。其后又应天津市古典小说戏曲研究会和南开大学中文系明清戏曲小说研究室邀请,举办京剧理论讲座。伯驹并撰文《京剧音韵与身段概论》。

从鸿逵《回忆张伯驹先生》:

> 1980年4月他最后一次来津,应天津市文化局戏研室邀请,为京剧演员及京剧研究者作了一次京剧讲座,内容包括京剧的起源和演变的基本理论以及京朝派和外江派的不同等问题。他认为外江派主要是让观众了解故事和技巧表演,而京朝派是注重表现人物的内心世界,这种看法是现实摆在眼前的,是有一定道理的。随后应天津市古典小说戏曲研究会和天津南开大学中文系明清戏曲小说研究室邀请,讲了关于京剧理论并写了名为《京剧音韵与身段概论》的文章。

张伯驹夫妇与宋振庭同游颐和园赏花。

5月28日

北京昆曲研习社将于6月9日在王府井北京市少年厅举办演出。

张允和寄票给张伯驹,邀请伯驹出席观看。

张允和《昆曲日记》:

> 票子发八位政协委员:钱昌照、沈性元、章元善、周有光、

倪征燠、叶圣陶、俞平伯。另发：吴小如、吴晓铃、张伯驹、王西徵、许姬传、陈中辅、顾森柏、金紫光、汪健君、杨荫浏、杨景任（原注：张奚若夫人）等。

5月

张伯驹与黄君坦合编《清词选》，伯驹作有前言。

初夏

应新加坡实业家周颖南之邀，张伯驹、潘素、王雪涛、李苦禅、许麟庐等合绘《爱莲图》，沈裕君篆书题名。其中张伯驹画水草数茎并题诗：

一池水满长鱼虾，上下蜻蜓对舞斜。
太液托根泥不染，清风初放白莲花。

6月9日

北京昆曲研习社在王府井北京市少年宫举办演出。张伯驹似应前往观剧。

6月15日

北京昆曲研习社举办座谈会，张允和、沈性元、夏淳、张伯驹、许姬传、吴晓铃、李万春、傅雪漪等出席并发言。参见张允和《昆曲日记》。

8月27日

张伯驹被聘为北京昆曲研习社联合社员或顾问。

张允和《昆曲日记》：

> 聘请联合社员及顾问：张伯驹、顾森柏、李万春、王金璐、马祥麟、侯玉山、侯永奎、金紫光、叶仰曦、华粹深、俞平伯、许宝騄、许宝驯、章元善、叶圣陶、周有光、钱昌照、谢锡恩、侯宝林、张伟君（原注：荀慧生夫人）、吴小如、吴晓铃、林焘、倪征燠、马少波、汪健君、王西徵、许姬传、杨荫浏、俞琳、阿甲、陈汲、陈竹隐、胡絜青、康时吉、杨景任、张庚、任桂林。

夏

据山水画家关瑞之先生回忆，他陪同张伯驹、关松房、启功、魏龙骧等老人同游颐和园，河南一位领导问关松房、张伯驹两位老人："当今很多名人都在考虑建博物馆、灌唱片将自己的艺术作品传世，你们是不是也有考虑？"张伯驹回答："我的东西都在故宫里，不用操心了。"

10月12日

张伯驹与夏承焘、周汝昌等筹办中国韵文学会。伯驹作有《成立中国韵文学会倡议书》。

张恩岭《张伯驹传》引张伯驹《成立中国韵文学会倡议书》：

> 自粉碎"四人帮"阴谋集团后，拨乱反正，政令一新，文

学艺术重新恢复"双百"方针。我们一些爱好祖国遗产诗赋词曲的老年人，建议组织中国韵文学会作为继承发扬文化遗产一学术团体。中国文学有散文、韵文两类，其韵文部分包括诗、骚、歌、赋、词曲，在韵律四声五音对仗上有其特殊艺术，为世界各国所罕见。从《诗经》《离骚》起已有3000年历史，其后名家辈出，竞秀争流。可是近代以来一直缺乏重视，对培养人才不够，以致出现后继无人的局面。现在能从事研究写作水平的，年龄大都在六七十岁以上，这种状况如果不加以挽救，势必造成中断和失传。这既不符合党对文化遗产的政策，也不适应国际上文化交流的形势。1956年章士钊、叶恭绰、张伯驹等人，曾一度倡为韵文学会之议，并且得到总理的首肯，将告成立，而反右事起，遂告中辍。于今事过20余年，旧人日益凋零，形势所迫不容延宕。我们倡议重新组织韵文学会，请国家予以支持由老一辈作家及研究者带头执笔，发行季刊，以大中学校中青年教师及社会研究者为对象，提高其韵文水平，以保存发扬中国文化遗产。

张伯驹执笔，与夏、周联名致函文化部部长黄镇。函云：

黄镇部长：

同人等为使中国古典诗词歌曲不致中断，拟由一些学者作家及业余研究工作者发行韵文汇刊，以供大高中学校及社会参考研究。但发行刊物须有学会组织，经呈中宣部申请成立中国韵文学会，闻已批交贵部。拟向您面陈梗概，乞示公暇时日，

以便趋谒，至为感荷。专此即致

　　敬礼

　　　　　　　　　　　　　　　　　　夏承焘

　　　　　　　　　　　　　　　　　　张伯驹　同上

　　　　　　　　　　　　　　　　　　周汝昌

　　　　　　　　　　　　　　　　　　八〇年十月十二日

　　编者谨按：中国韵文学会于1984年11月在北京成立。夏承焘先生与伯驹虽同为名词家，然本非旧友，"文化大革命"末期始有过从，一度尤为密切；至筹办韵文学会，彼此似有所不合，此后更无往来。

10月17日（庚申重阳）

　　张伯驹为刘海粟《存天阁谈艺录》作序《重题赤松图》，伯驹并题诗云：

　　　　世道清明日，子房还俗时。

　　　　休提避谷事，重题赤松诗。

　　编者谨按：沈祖安整理、刘海粟著《存天阁谈艺录》原有注，似出自沈祖安手笔：

　　　　1978年，刘海粟先生为党的十一届三中全会召开而画朱松巨幅，并题诗抒怀，请伯驹先生题诗。伯驹先生被"四人帮"迫害多年，又长期闭门不出，对三中全会后之时局，未能洞见，题诗中牢骚甚多。数年后，拨乱反正，政治清明，伯驹先生屡道此事，直言不讳，实为可敬。

11月12日

孙中山诞辰114周年。民革北京市委成立北京中山书画社,推举王昆仑为名誉社长,张伯驹为社长,"中山"二字即伯驹所拟。书画社聘请刘海粟、牛满江、董寿平、孙轶青等为顾问,孙墨佛、王遐举、周怀民、黄苗子、许麟庐、陆鸿年、卢光照、秦岭云等书画家参加书画社活动。

冬

张伯驹为谢稚柳《西湖小景》题词。

薄游曾记乐天游,湖水拍窗夜不眠。

一到沧桑□似梦,皇恩未许住三年。

昔游西湖,宿于湖滨旅舍,湖水拍窗,夜不能熟寐,今犹记之。白乐天刺杭州,"皇恩只许住三年",余游西湖,未能居及半月者。今见稚柳兄此图,不禁感慨系之。

庚申冬张伯驹题记

本年

张伯驹开始编纂《唐五代宋金元明清词选集评》,但因病未能完成。参见楼宇栋、郑重编《张伯驹生平简表》。

伯驹作文《书青绿山水画论》。

上海京剧女老生张文涓来京,请张伯驹为之说戏。

张恩岭《张伯驹传》：

张伯驹和丁至云在天津演出了京剧《打渔杀家》。

一九八一年（辛酉）八十四岁

年初

据楼宇栋、郑重编《中国文博名家画传：张伯驹》载，本年潘素画芭蕉两幅，张伯驹委托香港友人将画转给张大千，请大千补写数笔。张大千接到画后，分别补画波斯猫与团扇仕女，复托人带还伯驹夫妇。

张伯驹有致大千函：

大千贤弟：

自戊子握别，至今三十三载，回首前尘，恍若隔世。兄日夜思念老友，今有室人潘素绘就两幅芭蕉，请大师择一善者补写。万望老友多多保重。

伯驹　顿首

张大千接伯驹函后，复函。

张恩岭《张伯驹传》录大千函：

伯驹吾兄左右：

一别三十年，想念不可言。故人情重，不遗在远，先后赐书，喜极而泣，亟思一接清言，无如蒲柳之质，望秋先零，不得远行，企盼惠临香江，以慰饥渴。倘蒙俞允，乞赐示敝友徐伯效兄，谨呈往复机票两张，乞偕潘夫人南来，并望夫人多带大作，在港展出。至为盼切，望即赐复。

专肃俪喜

弟大千爱顿首

编者谨按：张恩岭《张伯驹传》云："捧读大千手书，张伯驹百感交集，恨不得即刻成行，但终因身体及其他缘故，未能成行。"然据潘素画照片所记时间，张大千应伯驹邀补画系在1982年8月，则已是伯驹身后事矣。故伯驹未及亲见此画。第二年，大千亦溘然长逝。

宋振庭住院，经医院确诊为癌症，随后动手术。

2月

春节期间，张伯驹作《沧桑几度平复帖》文，后发表于香港《大成》杂志第102期。

章伯钧夫人李健生偕女给张伯驹夫妇拜年。

2月19日（辛酉元宵）

张伯驹出席民革中央中山书画社活动。

楼宇栋《张伯驹小传》：

1981年元宵节，民革和"中山书画社"举办了一次集会，张伯驹对没有台湾代表深感惋惜，即席填词，表示对祖国统一的渴望。恰好当时的盛会上，有刚从美国回大陆探亲的黄花岗烈士方声洞的胞妹、著名画家方君璧女士。当场即由王莲芬女士挥毫写下了张伯驹的词："玉镜高悬照大千，今宵始见一年圆，银花火树夜喧阗。隔海河山同皎洁，阋墙兄弟早团圞。升平歌舞咏群仙。"（调寄《浣溪沙》）赠送给了方君璧女士，带去国外。对此，张伯驹非常欣慰。

3月14日

据张允和《昆曲日记》：

张伯驹邀请其参加韵文学会。

5月5日—9日

中国书法家协会第一次全国代表大会在北京人民大会堂召开，舒同当选为主席，赵朴初、沙孟海、启功、周而复、林林、朱丹、陈叔亮为副主席。张伯驹出席会议并当选为名誉理事。

6月4日

张伯驹与叶圣陶、黄君坦、王益知一起在三里河河南饭庄宴请新加坡作家、实业家周颖南夫妇，席间欣赏关良画作《五醉图》。

6月5日

周颖南夫妇在北海仿膳饭庄设宴，伯驹夫妇及庄明理夫妇、梁披云夫妇、宋文治、曾文韶、黄墨谷夫妇、王益知夫妇出席。

9月23日

张允和《昆曲日记》：

陪关同看张伯驹。

10月7日

伯驹为李克非所著《京华感旧录》作序。全文如下：

十年浩劫之初，余以填《金缕曲》一阕而开罪四蛇蝎；诸害剪除之后，祖国大地有如春雪初融，万象更新。舍表弟克非以其近年来为海外及港澳各报刊所撰之随笔、散文百余篇出示，并嘱写序言。

克非弟乃辛亥名流、先表叔沈邱李晓东公之哲嗣，髫年就学即聪颖过人，每读唐人绝句，辄能过目成诵。假日偶随长辈赴戏园观剧，登场诸伶，姓氏艺名凡见诸海报者，皆能全记无误，故自幼深得堂上欢娱。稍长，从桐城何克之（原注：其巩）先生习书法，后又拜乐至谢无量先生之门，兼临汉魏各碑，常获师长褒奖。

卢沟变起，李、张两家皆避难洛阳、镐京，余与克非弟为诗文、京剧之同好，时相过从，切磋琢磨。抗战期间，伊即常撰诗文及剧评发表于豫、陕各报刊，颇为当时读者所注目。

乌云散尽，天雨开霁。克非弟于工作之余整理旧稿，并将近年来在海外及港澳华文报刊所发表之小品文纂集成编，定名为《京华感旧录》，准备付梓。

《京华感旧录》所涉范围甚广，举凡历史掌故、名人轶事、诗词赏析、梨园旧闻、书画评介、游击特写、风土习俗、名胜古迹……皆纳其中，不啻一杂家之笔墨也。书中文字雅隽，引证广博，娓娓叙之，颇富情趣，岂让《东京梦华录》专美于前。因不揣愚陋，臃赘数语，荐与海内外贤士共赏之。辛酉重阳次日项城张伯驹于古燕平复堂。

11月

《词学》杂志创刊号由华东师范大学中文系古典文学研究室编辑出版。该杂志以夏承焘、唐圭璋、施蛰存、马兴荣为主编，张伯驹、俞平伯、任中敏、黄君坦、钱仲联、程千帆等列名编委。创刊号刊发了张伯驹著《丛碧词话》。

本年

楼宇栋、郑重编《张伯驹生平简表》：

先后担任北京中国画研究会名誉会长、京华艺术学会名誉会长、北京戏曲研究所研究员、北京昆曲研习社顾问、民盟北京市委文史资料委员会委员等职。

一九八二年（壬戌）八十五岁

年初

张伯驹曾书联：

壬人在位尚妨国；

戍削裁衣恰合身。

上联题：亲贤远佞，其国必昌；亲佞远贤，其国必亡。

下联题：汉书司马相如诗，衯衯裶裶，扬袘戍削。言衣服之裁制，宽窄合度也。

落款：中州张伯驹时年八十又五

编者谨按：伯驹下联用典出自《汉书》，另《史记》《文选》有相似语。《史记·司马相如列传》："扡独茧之褕袘，眇阎易以戍削。"司马贞索隐引郭璞曰："阎易，衣长皃。戍削，言如刻画作也。"《文选·司马相如》："衯衯裶裶，扬袘戍削。"郭璞注引张揖曰："戍削，裁制貌也"。

1月12日

张伯驹、潘素出席在人民大会堂召开的中华书局成立七十周年纪念会。

2月8日（壬戌元宵）

潘素生日。张伯驹病重住院。

2月15日

张伯驹八十五岁寿日。上午，张大千之孙张晓鹰将赴美国探亲，行前来医院探望伯驹并合影留念，伯驹泣不成声。午后，王禹时来医院探望，伯驹口述一诗一词，请王禹时帮助记录。

　　　　七律　病居医院

　　张大千兄令孙张晓鹰赴美,来视并拍照,因寄怀大千兄。

　　别后瞬经四十年,沧波急注换桑田。

　　画图常看江山好,风物空过岁月圆。

　　一病翻知思万事,余情未可了前缘。

　　还期早息墙阋梦,莫负人生大自然。

　　　　鹧鸪天

　　病居医院至诞辰感赋。

　　以将干支指斗寅,回头应自省吾身。莫辜出处人民义,可负生教父母恩?

　　儒释道,任天真。聪明正直即为神。长希一往升平世,物我同春共万旬。

2月26日

上午10时43分。张伯驹病逝。

楼宇栋、郑重编《张伯驹生平简表》：

　　因感冒住进北大医院。后从感冒转成肺炎,一直处于昏迷状态。2月26日上午10时43分,张伯驹去世,享年八十五岁。

2月28日

《俞平伯日记》：

　　午得(叶)圣陶书,知张伯驹于二月二十六日病故,文史馆中老辈又弱一个矣。

3月4日

张伯驹遗体告别仪式在京举行。

3月26日

午后。张伯驹先生追悼大会在京举行。叶剑英、邓颖超、王震、谷牧等国家领导人送花圈致哀。赵朴初、夏衍、胡愈之、牛满江、刘海粟等二百余知名人士送挽联，王任重、叶圣陶、周扬、萨空了、夏鼐、贺敬之、千家驹等各界人士五百人参加了追悼大会。叶圣陶主持追悼会，萨空了致悼词。

王昆仑挽联：

> 胸襟坦荡；
> 笔墨流芳。

宋振庭挽联：

> 爱国家、爱民族，费尽心血，一生为文化，不惜身家性命；
> 重道义、重友谊，冰雪肝胆，赍志念一统，豪气万古凌霄。

潘絜兹挽联：

> 晋唐宝迹归人民，先生所爱，爱在民族，散百万金何曾自惜；
> 丛碧遗编贻后世，夫子何求，求其知音，传二三子自足千秋。

冯其庸挽联：

> 一诺千金公子义重；
> 半屏丛碧先生情深。

黄君坦挽联：

> 公子翩翩，空城一曲风流尽；

先生好好，文采无双福慧全。

王益知挽联：

能书盛誉满鸡林，吸取河南登善法；

怀友遗诗吟病榻，难忘台北大千情。

史树青挽联：

书会忆追陪，不忍重看西晋帖；

春游成梦寐，何时更到北梅亭。

李克非挽联：

忆当年，福全楼馆，粉墨登场演卧龙，步叔岩余韵，堪称千古传绝唱；

看近岁，丛碧山房，群贤同观平复帖，附士衡骥尾，无愧万世留墨香。

张琦翔挽联：

曾从戎，务实业，主杏坛，工考古，海内公子谁得似？

擅诗词，长戏曲，能书画，识棋道，中州方域自足称。

吴小如挽联：

丛菊遗馨，诗纪红毹真一梦；

碧纱笼句，词传彩笔足千秋。

张牧石挽诗：

七十二沽春水鲜，金盘敲韵忆从前，

他年有梦寒山寺，怕听钟声到客船。

残泪依稀湿梦痕，海棠时节又黄昏，

剩春从此应难展，恻恻风光李氏园。

《潘光旦日记》：

知张伯驹该日去世后之后，到八宝山参加追悼会，与萨空了等人大为痛惜。并曾说："这几年我参加八宝山追悼会不知有多少次了。很多人的悼词上都无一例外写着'永垂不朽'。依我看，并非都能永垂不朽，真正的不朽者，张伯驹是一个。"

《千家驹年谱》：

（千家驹）知张伯驹该日去世之后，到八宝山参加其追悼会，与萨空了等人大为痛惜。并曾说，"这几年我参加八宝山追悼会不知有多少次了。很多人的悼词上都无一例外写着'永垂不朽'。依我看，并非都能永垂不朽，真正的不朽者，张伯驹是一个。"

编者谨按：潘光旦与千家驹所述雷同。

本年

香港《大成》杂志第101期发表张伯驹遗作《盐业银行与我家》。

参考文献

［美］西德尼·D.甘博：《北京的社会调查》，中国书店，2010年。

《陈毅传》编写组编：《陈毅传》，当代中国出版社，2006年。

爱新觉罗·溥杰著、叶祖孚执笔：《溥杰回忆录》，中国文史出版社，2012年。

包立民：《张大千家书》，山东画报出版社，2009年。

北京市档案馆编：《北京档案史料》，2002.1，新华出版社，2002年。

北京市档案馆编：《北京档案史料》，2002.2，新华出版社，2002年。

北京市档案馆编：《北京档案史料》，2002.3，新华出版社，2002年。

北京市档案馆编：《北京档案史料》，2004.3，新华出版社，2004年。

北京市档案馆编：《北平和平解放前后》，北京出版社，1988年。

北京市档案馆编：《那桐日记》，新华出版社，2006年。

北京市西城区政协文史资料委员会编：《府第寻踪》，中国文史出版社，2006年。

北京市艺术研究所、上海艺术研究所编：《中国京剧史》，中国戏剧出版社，1990年。

北京市政协文史和学习委员会编：《读辛亥前后的徐世昌日记》，北京出版社，2011年。

北京市政协文史资料委员会编：《北京文史资料》，第54辑，北京出版社，1996年。

北京市政协文史资料委员会编：《北京文史资料》，第57辑，北京出版社，1998年。

北京市政协文史资料委员会编：《北京文史资料》，第58辑，北京出版社，1998年。

北京市政协文史资料委员会编：《北京文史资料》，第72辑，北京出版社，2007年。

北京市政协文史资料委员会编：《京剧谈往录三编》，北京出版社，1990年。

北京市政协文史资料委员会编：《名人与老房子》，北京出版社，2004年。

［日］波多野真矢：《小翠花、张伯驹与〈马思远〉事件》，日本国学院杂志，第106卷11号，平成17年11月15日发行。

卞孝萱、唐文权编著：《民国人物碑传集》，凤凰出版社，2011年。

卞孝萱、唐文权编著：《辛亥人物碑传集》，凤凰出版社，2011年。

曹汝霖：《一生之回忆》，中国大百科全书出版社，2009年。

陈宝琛：《沧趣楼诗文集》（上、下），上海古籍出版社，2013年。

陈福康编：《郑振铎日记全编》，山西古籍出版社，2006年。

陈晋：《文人毛泽东》，上海人民出版社，1997年。

陈重远：《骨董说奇珍》，北京出版社，1998年。

陈重远：《鉴赏述往事》，北京出版社，1999年。

陈重远：《收藏讲史话》，北京出版社，2000年。

陈重远：《文物话春秋》，北京出版社，1996年。

陈谊：《夏敬观年谱》，黄山书社，2007年。

程砚秋：《程砚秋戏剧文集》，文化艺术出版社，2003年。

程永江编：《程砚秋日记》，时代文艺出版社，2010年。

程永江编：《程砚秋史事长编》（上），北京出版社，2000年。

程永江编：《程砚秋史事长编》（下），北京出版社，2002年。

楚双志：《变革中的危机：袁世凯集团与清末新政》，九州出版社，2008年。

戴建兵等：《话说中国近代银行》，百花文艺出版社，2007年。

单国强：《古代画史论集》，紫禁城出版社，2004年。

邓云乡：《文化古城旧事》，河北教育出版社，2004年。

邓力群：《邓力群自述：1915—1974》，人民出版社，2015年。

丁秉鐩：《菊坛旧闻录》，中国戏剧出版社，1995年。

费正清、费维恺编：《剑桥中华民国史》，中国社会科学出版社，1994年。

冯其利：《寻访京城清王府》，文化艺术出版社，2006年。

冯其庸：《瓜饭集》，商务印书馆，2009年。

冯玉祥：《我的生活》，黑龙江人民出版社，1983年。

高学栋、夏风主编：《中国珍贵文物蒙难纪实》，山东画报出版社，2012年。

高阳：《张大千：梅丘生死摩耶梦》，生活·读书·新知三联书店，2006年。

故宫博物院编：《捐献大家张伯驹》，紫禁城出版社，2007年。

韩世昌：《我的昆曲艺术生活》，收入《燕都艺谭》，北京出版社，1985年。

何虎生、李耀东、向常福编：《中华人民共和国职官志》，中国社会出版社，1993年。

何明主编：《国民政府文人高官的最后结局》，中共党史出版社，2008年。

何沁编：《中华人民共和国史》（第二版），高等教育出版社，1999年。

侯宜杰：《袁世凯传》，百花文艺出版社，2003年。

胡玫、王瑾编：《回忆胡政之》，天津人民出版社，2009年。

胡晓编：《段祺瑞年谱》，安徽大学出版社，2007年。

黄濬：《花随人圣盦摭憶》，上海书店出版社，1998年。

黄永玉著、丁聪绘：《比我老的老头（增补版）》，作家出版社，2007年。

蒋洪斌：《陈毅传》，上海人民出版社，1992年。

李菁：《记忆的容颜：〈口述〉精选集二2008—2011》，生活·读书·新知三联书店，2012年。

李菁：《走出历史的烟尘》，东方出版社，2013年。

李立夫、路红主编：《末代皇帝溥仪在天津》，天津人民出版社，2010年。

李良玉等：《倪嗣冲年谱》，黄山书社，2010年。

李伶伶：《梅兰芳全传》，中国青年出版社，2007年。

李剑亮：《夏承焘年谱》，光明日报出版社，2012年。

李新主编：《中华民国史》，第三编第二卷（上册），中华书局，2002年。

李新主编：《中华民国史》，第三编第二卷（下册），中华书局，2002年。

李新主编：《中华民国史》，第三编第六卷，中华书局，2000年。

李新主编：《中华民国史》，第三编第五卷，中华书局，2000

年。

梁小鸾叙事、冯宏来撰文：《我与京剧艺术》，时代文艺出版社，1997年。

廖大伟主编：《近代人物研究：社会网络与日常生活》，上海人民出版社，2012年。

林下风编：《张伯驹与京剧》，中国戏剧出版社，2005年。

林绪武、邱少君编：《吴鼎昌文集》，南开大学出版社，2012年。

刘北汜：《故宫沧桑》，紫禁城出版社，2004年。

刘曾复：《京剧说苑》，学苑出版社，2012年。

刘曾复：《京剧新序》，学苑出版社，2008年。

刘海粟：《存天阁谈艺录》，中国青年出版社，2007年。

刘国铭主编：《中华民国国民政府军政职官人物志》，春秋出版社，1989年。

刘军、柯建刚：《大藏家张伯驹》，中国工人出版社，2012年。

刘绍唐：《民国大事日志》，台湾传记文学出版社，1973年。

刘寿林编：《辛亥以后十七年职官年表》，中华书局，1966年。

刘新阳：《马明捷戏曲文集》，中国戏剧出版社，2012年。

刘真、文震斋、张业才主编：《余叔岩与余派艺术》，学苑出版社，2011年。

刘真、张业才、文震斋编：《余叔岩艺事》，2005年。

刘真、张业才编：《孟小冬艺事》，2007年。

楼宇栋、郑重：《中国文博名家画传：张伯驹》，文物出版社，2008年。

陆廷一：《宋子文大传》，团结出版社，2004年。

罗尔纲：《晚清兵志》，中华书局，1999年。

罗瑞：《近代金融奇才：周作民传》，湖北人民出版社，2007年。

骆宝善：《骆宝善评点袁世凯函牍》，岳麓出版社，2005年。

马保山：《张伯驹与展子虔〈游春图〉》，《中国文物报》1992年3月15日。

马衡：《马衡日记：一九四九年前后的故宫》，紫禁城出版社，2005年。

马明捷：《马明捷戏曲文集》，中国戏剧出版社，2012年。

马啸天、汪曼云遗稿，黄美真编：《我所知道的汪伪特工内幕》，东方出版社，2010年。

马芷庠著、张恨水审订：《老北京旅行指南》，吉林出版集团有限公司，2008年。

孟宪彝：《孟宪彝日记》（上、下），凤凰出版社，2016年。

毛泽东故居图书管理组编：《毛泽东故居藏书画家赠品集》，人民美术出版社，1983年。

么书仪：《程长庚·谭鑫培·梅兰芳——清代至民初京师戏曲的辉煌》，北京大学出版社，2009年。

南京市档案馆编：《审讯汪伪汉奸笔录》（上、下），凤凰出版社，2004年。

潘伯鹰：《小沧桑记》，上海辞书出版社，2013年。

潘伯鹰：《玄隐庐诗》，黄山书社，2009年。

潘乃和编：《潘光旦日记》，群言出版社，2014年。

溥仪：《溥仪10年日记》，同心出版社，2007年。

溥仪：《我的前半生》，同心出版社，2007年。

齐世英口述：《齐世英口述自传》，中国大百科全书出版社，2010年。

启功：《启功丛稿》，中华书局，1999年。

启功：《启功日记》，中华书局，2012年。

钱实甫编：《清代职官年表》，中华书局，1980年。

秦国经：《逊清皇室轶事》，紫禁城出版社，1985年。

秦国生、胡治安编：《中国民主党派历史政纲人物》，山东人民出版社，1990年。

秦燕春：《袁氏左右：清末民初的流年碎影》，凤凰出版社，2008年。

任凤霞：《一代名士张伯驹》，当代中国出版社，2006年。

荣宏君编著：《张伯驹牛棚杂记》，中华书局（香港）有限公司，2018年。

上海市档案馆编：《上海档案史料研究》，上海三联书店，2007年。

上海市档案馆编：《上海档案史料研究.第4辑，近代城市发展与社会转型》，上海三联书店，2008年。

施安昌、华宁释注：《马衡日记：1949年前后的故宫》，紫禁城出版社，2006年。

石楠：《刘海粟传》，北京航空航天大学出版社，2009年。

孙献韬：《复辟记：张勋传》，光明日报出版社，2008年。

孙养农：《谈余叔岩》，2003年。

孙曜东口述，宋路霞编：《浮世万象》，上海教育出版社，2004年。

孙应祥：《严复年谱》，福建人民出版社，2003年。

孙玉蓉编：《俞平伯年谱》，天津人民出版社，2001年。

汤用彬等编：《旧都文物略》，华文出版社，2004年。

陶孟和：《北平生活费之分析》，商务印书馆，2011年。

唐德刚访录、王书君著述：《张学良世纪传奇》，山东友谊出版社，2002年。

天津市档案馆编：《天津档案与历史》，第一辑，天津人民出版社，2008年。

天津市南开区地方志编修委员会编：《南开区志》，天津社会科学出版社，1998年。

天津市文史研究馆编：《吴玉如诗文辑存》，天津古籍出版社，2009年。

汪东兴：《汪东兴日记》，当代中国出版社，2010年。

王彬：《溥心畬》，河北教育出版社，2003年。

王家诚：《溥心畬传》，百花出版社，2007年。

王景山主编：《国学家夏仁虎》，浙江文艺出版社，2009年。

王可：《王冶秋传》，文物出版社，2007年。

王克明整理：《任芝铭存稿》，河南人民出版社，2013年。

王龙：《张大千》，湖北人民出版社，2002年。

王世襄：《锦灰堆》，三联书店，2000年。

王文章主编：《梅兰芳往来书信集》，文化艺术出版社，2014年。

王文政：《千家驹年谱》，群言出版社，2014年。

王忠和、荣进：《生是长穹一抹风：民国公子张伯驹》，湖北人民出版社，2011年。

王忠和：《民国四公子》，团结出版社，2007年。

王忠和：《袁克文传》，百花文艺出版社，2006年。

王忠和：《项城袁氏家传》，百花文艺出版社，2007年。

文斐：《我所知道的汪伪政府》，中国文史出版社，2005年。

文斐：《我所知道的袁世凯》，中国文史出版社，2004年。

文安主编：《晚清述闻》，中国文史出版社，2004年。

翁偶虹著、张景山编：《翁偶虹看戏六十年》，学苑出版社，2012年。

翁思再：《余叔岩传》，河北教育出版社，2002年。

翁思再：《余叔岩传》，（修订版），上海古籍出版社，2011年。

吴景平：《宋子文评传》，福建人民出版社，1992年。

吴景平：《宋子文政治生涯编年》，福建人民出版社，1998年。

吴廷燮：《段祺瑞年谱》，中华书局，2007年。

吴无闻编：《夏承焘教授纪念集》，中国文联出版公司，1988年。

吴小如：《吴小如戏曲文存》，北京大学出版社，1995年。

吴瀛：《故宫盗宝案真相》，华艺出版社，2008年。

吴祖光：《吴祖光日记》，大象出版社，2005年。

夏承焘：《夏承焘集》，浙江古籍出版社、浙江教育出版社，1998年。

夏弘宁：《夏丏尊传》，中国青年出版社，2002年。

向斯著、林京摄影：《珠联璧合——两岸故宫文物故事》，华艺出版社，2011年。

向斯：《故宫国宝宫外流失秘笈》，中国书店，2007年。

项城市政协编：《百年家族：项城袁氏家族资料汇辑》，河南大学出版社，2012年。

项城市政协编：《张伯驹先生追思集》，2007年。

肖东发等编《风物：燕园景观与人文底蕴》，北京图书馆出版社，2003年。

谢思进、孙利华编：《梅兰芳艺术年谱》，文化艺术出版社，2009年。

邢建榕：《老上海珍档秘闻》，上海辞书出版社，2007年。

邢建榕：《非常银行家：民国金融往事》，东方出版中心，2014年。

熊尚厚主编：《民国工商巨擘》，团结出版社，2011年。

徐邦达编：《重订清故宫旧藏书画录》，人民美术出版社，1997年。

徐友春主编：《民国人物大辞典》，河北人民出版社，1991年。

许健编：《琴史新编》，中华书局，2012年。

许恪儒编：《许宝蘅日记》，中华书局，2010年。

薛观澜：《我亲见的梅兰芳》，台北秀威资讯科技，2015年。

薛观澜等著：《袁世凯的开场与收场》，当代中国出版社，2018年。

薛观澜原著，蔡登山主编：《薛观澜谈京剧》，台北新锐文创，2017年。

严修：《严修日记》，南开大学出版社，2001年。

杨光编著：《最后的名士：近代名人自传》，黄山书社，2008年。

杨树标、王国永：《袁世凯家事》，江西人民出版社，2001年。

杨跃进：《蒋介石的终身幕僚：张群》，团结出版社，2007年。

姚锦：《姚依林百夕谈》，中共党史出版社，2008年。

姚抗：《北国工业巨子：周学熙传》，湖北人民出版社，2007年。

叶盛长口述、陈绍武整理：《梨园一叶》，中国戏剧出版社，1990年。

叶孝慎：《民国疑案》，中国青年出版社，2008年。

于德源：《北京灾害史》，同心出版社，2008年。

俞平伯：《俞平伯全集》，花山文艺出版社，1997年。

俞为洁：《克隆先驱：童第周传》，浙江人民出版社，2005年。

余心清：《在蒋牢中》，文史资料出版社，1981年。

寓真：《张伯驹身世钩沉》，三晋出版社，2013年。

袁克权：《袁克权诗集》，天津古籍出版社，2008年。

袁克文：《辛丙秘苑》，上海书店出版社，2000年。

张伯驹：《春游纪梦》，辽宁教育出版社，1998年。

张伯驹：《红毹纪梦诗注》，宝文堂书店，1988年。

张伯驹：《烟云过眼》，中华书局，2014年。

张伯驹：《张伯驹词集》，文物出版社，2008年。

张伯驹：《张伯驹词集》，中华书局，1985年。

张伯驹：《张伯驹集》，上海古籍出版社，2013年。

张伯驹编：《春游社琐谈·素月楼联语》，北京出版社，1998年。

张伯驹编：《春游琐谈》，初版本。

张伯驹潘素文献整理编辑委员会编：《回忆张伯驹》，中华书局，2013年。

张传绶：《袁世凯大公子袁克定的残烛晚年》，《三联生活周刊》2006年11月6日。

张大中：《我经历的北平地下党》，中共党史出版社，2009

年。

张牧石：《张牧石诗词集》，天津大港光明印刷，1997年。

张牧石：《石怡室吟掇》，2007年。

张恩岭：《张伯驹传》，花城出版社，2013年。

张恩岭：《张伯驹词说》，河南人民出版社，2018年。

张恩岭：《张伯驹词传》，河南人民出版社，2018年。

张恩岭：《张伯驹传》，河南人民出版社，2018年。

张庆军、潘千叶编：《京城玩主张伯驹》，中国社会科学出版社，2004年。

张斯琦：《余叔岩年谱》，中华书局，2020年。

张同乐：《华北沦陷区日伪政权研究》，生活·读书·新知三联书店，2012年。

张伟品：《言菊朋评传》，上海古籍出版社，2011年。

张心庆：《我的父亲张大千》，中华书局，2010年。

张新吾：《傅作义传》，团结出版社，2005年。

张允和著、欧阳启名编：《昆曲日记》，语文出版社，2004年。

张中行：《负暄琐话》，黑龙江人民出版社，1986年。

赵尔巽等：《清史稿》（第四四册），中华书局，1977年。

郑怀义、张建设：《皇叔载涛》，华文出版社，2002年。

郑理：《大收藏家张伯驹》，万卷出版公司，2008年。

郑会欣：《民国政要的私密档案》，中华书局，2014年。

郑振铎：《最后十年（1949—1958）》，大象出版社，2005

年。

郑志廷、张秋山：《直系军阀史略》，人民出版社，2007年。

中共北京市委党史研究室编：《风雨征程》，中央文献出版社，2010年。

中共中央文献研究室编：《毛泽东年谱》（1949—1976），中央文献出版社，2013年。

中共中央文献研究室编：《周恩来年谱》（1949—1976），中央文献出版社，1997年。

中国第二历史档案馆编：《中华民国史档案资料汇编》第三辑金融（一）（二），江苏古籍出版社，1991年。

中国人民政治协商会议全国委员会文史资料委员会编：《文史资料》，第一辑，文史资料出版社，1980年。

中国人民政治协商会议全国委员会文史资料委员会编：《文史资料选编》，第二十三辑，北京出版社，1985年。

中国人民政治协商会议全国委员会文史资料委员会编：《文史资料选编》，第二十四辑，北京出版社，1985年。

中国人民政治协商会议全国委员会文史资料委员会编：《文史资料选编》，第三十一辑，北京出版社，1986年。

中国人民政治协商会议全国委员会文史资料委员会编：《文史资料选编》，第十五辑，北京出版社，1982年。

中国人民政治协商会议全国委员会文史资料委员会编：《文史资料选辑》，第八十八辑，文史资料出版社，1983年。

中国人民政治协商会议全国委员会文史资料委员会编：《文史

资料选辑》，第四十九辑（总第一四九辑），中国文史出版社，2002年。

中国人民政治协商会议天津市委员会文史资料委员会编：《天津文史资料选辑》，2004.3（总第一百零三辑），天津人民出版社，2004年。

中国社会科学院近代史研究所主编：《民国人物传》第三卷，中华书局，1981年。

中国社会科学院近代史研究所主编：《民国人物传》第四卷，中华书局，1984年。

中国社会科学院近代史研究所主编：《民国人物传》第六卷，中华书局，1987年。

中国社会科学院近代史研究所主编：《民国人物传》第九卷，中华书局，1997年。

中国社会科学院近代史研究所主编：《民国人物传》第十卷，中华书局，2000年。

中国文物学会主编：《新中国捐献文物精品全集.张伯驹、潘素卷》（上、中、下），文津出版社，2015年。

中国银行总行、中国第二历史档案馆合编：《中国银行行史资料汇编》上编（1912—1949）二，档案出版社，1991年。

中国银行北京分行、北京市档案馆主编：《北京的中国银行》（1914—1949），中国金融出版社，1989年。

中国银行总行、中国第二历史档案馆合编：《中国银行行史资料汇编》上编（1912—1949）三，档案出版社，1991年。

中央文史研究馆编：《中央文史研究馆馆员传略》，中华书局，2001年。

周汝昌：《红楼无限情：周汝昌自传》，北京十月文艺出版社，2005年。

周汝昌：《岁华晴影：周汝昌随笔》，东方出版中心，1997年。

周颖南：《周颖南选集》，福建人民出版社，1983年。

朱保炯、谢沛霖编：《明清进士题名碑录索引》，上海古籍出版社，1980年。

朱家溍：《故宫退食录》，北京出版社，1999年。

庄严：《前生造定故宫缘》，紫禁城出版社，2006年。

宗鸣安：《西安旧事》，西安出版社，2009年。

左玉河编著：《张东荪年谱》，群言出版社，2013年。

编后记

张 洋

曹雪芹创作《红楼梦》是"字字看来皆是血,十年辛苦不寻常"。不夸张地说,这评价也适用于这本"十年磨一剑"的年谱。年谱仿佛是媒介,张伯驹和靳飞俨然都成了民国的"他者",围绕那个大时代,他们二人进行了一场穿越时空的对话。

"吾生也晚矣",却有幸受到靳飞先生多年的教诲,并参与了这本《张伯驹年谱》初稿的编校工作。编校的过程可谓"痛并快乐着"。"痛"是迫于作者"几易其稿、精益求精"的学术态度,"乐"是缘于边工作边学习的收获,以及能够投身这本重要学术著作的成就感。都说编者的幸事便是作品的第一读者,囿于专业和才学所限,我便基于传播学视域和历史研究路径来妄谈一番。

传播的横轴与纵轴

张伯驹《丛碧书画录》序云:"予之烟云过眼,所获已多,故予之收蓄，不必终予身为予有，但使永存吾土，世传有绪，是则予为是录之所愿也"。"世传有绪"四个字我反复咏诵，莫名地感受到一层爱国的意涵、一种文人的质感。四个字中，我对"传"字最为敏感。我认为这里的"传"，在狭义上可以解读为传承；在广义上可以阐释成传播。

传播学在众多学科中资历尚浅，其起源于20世纪30年代并于80年代引入国内。但是，传播的历史却近乎等同于人类的历史。正如传播学开山鼻祖威尔伯·施拉姆、威廉·波特在《传播学概论》中所述："我们是传播的动物；传播渗透到我们所做的一切事情中。它是形成人类关系的材料。它是流经人类全部历史的水流，不断延伸我们的感觉和我们的信息渠道。"如果将张伯驹视作研究对象，依据时间建构传播的两种向度，假设纵轴是物质的传承，横轴是文化的传播。那么，一如《平复帖》《游春图》的妥善保存，纵轴的传承是"有绪"的；而随着社会的发展、分工的细化、媒介的嬗变，生活中的方方面面都已然呈现出后现代的烙印，聚焦到横轴即文化的传播中碎片化现象已然泛滥。

如果爱好收藏，那么利用大众传媒，特别是配合收藏热所制作的收藏类节目，你能了解到张伯驹倾家荡产收藏国宝书画的掌故；如果醉心戏曲，那么借助分众传媒抑或人际传播，你可以遥想当年那场众星捧月的堂会，体会张伯驹对戏曲艺术的赤诚；如果钟情诗歌，那么通过文本传播的阅读，你可以玩味张伯驹的诗词，凭吊已然稀罕的名士风雅和才子风流。然而，这些都是碎片化的传播，每条路径都只呈现了张伯驹庞杂的一面，其往往导致我们认知的只是平面化的张伯驹，而非一个立体的人。

张伯驹的传播现象并非个案，上述的碎片化传播模式已经成为了时下传媒的集体式症候。诚然，碎片化阅读并非一无是处，其更以受众为核心、更强调实用和效率、更突出了传播的多样化及多元化。然而，我们不能忽略碎片式传播的根源，即不断扩大的贫富差距导致的社会阶层的碎片化。尤其是知识传播的碎片化，更是起到了推波助澜的作用。

这本年谱恰似向时下碎片化传播模式发起了一次挑战，同时也为我们呈现了一个立体的张伯驹。少年得志的轻狂、壮年痴迷文化的执着、晚年历经风雨的豁达，张伯驹不再是刻板化的"官二代""富二代"，他回归成一个活生生的人。

这本年谱的问世，应该唤起传媒各界的思忖。我认为，在纵轴的传承上，我们仍需发扬"有绪"；而在横轴的传播上，碎片化传播正亟待矫正。

"不为尊者讳"的历史研究范式

十年砥砺，年谱作者下的不仅是慢工，还是苦工。作者在序言中直言"述张伯驹的著述并不多"。我们知道，史学研究最怕的便是资料匮乏或资料过剩，资料匮乏就如无米之炊；资料过剩则增大了考证和遴选的难度。毫无疑问，张伯驹研究属于前者。本年谱的参考书目达162本，且不乏《严修日记》这样的"大部头"。粗略统计，本年谱引用文献约12万字，参考文献文字量达6400万字，实际使用率不足0.2%。如果按常人阅读速度即每天阅读10万字计算，那么仅读完这些文献便需2年。在喟叹作者学术态度的同时，我也祈愿这本学术严谨且规范的年谱，能够成为时下急功近利、浮夸吊诡的学术研究的当头棒喝，起到良好的示范作用。

作者称张伯驹的著述"内容庞杂，涉猎尤广，众所周知的是其戏剧、书画、收藏、诗词等四大项；事实上则牵扯到晚清、民国、共和国等几个时代的政治、社会、经济、文学、艺术、军事等诸多方面"。张伯驹是近现代收藏大家、戏剧家、诗人，在他的时代，其位居政治、经济、文化的核心。因此，研究一个立体的张伯驹，便对研究者提出了种种近乎苛刻的要求。比如，将人物还原于历史经纬的能力、开阔的眼界和格局、等同甚至逾越张伯驹在各领域的知识储备。念及此，便为作者的天才和用功所折服。

大卫·阿什德在《传播生态学——控制的文化范式》一书中写道："在任何社会秩序中，能利用主要传播渠道的人和机构有更多的机会来从事控制工作，通过解释他们领域中的问题使问题成为所谓社会秩序的问题。不过，附着在观念和节目中的是构成所有传播基础的弥漫的文化含义和逻辑的因素。"传统的历史写作难免陷于"为尊者讳"的思维定式，往往丧失了作者的客观和中立。这本年谱所彰显的"不为尊者讳"理念，对国内历史学研究而言可谓一大惊喜，亦是对传统历史学研究的一次颠覆。作者挖掘出陨落于历史星河却曾经无比璀璨的张伯驹，便是元例证。除张伯驹外，袁克文、袁克定、吴鼎昌、严修、许宝蘅……这些已被今日遗忘却曾经风云的人物，经作者的真实还原，也再度焕发出了异样的光彩。

此外，本年谱的写作，有明显的社会学研究痕迹，这对国内历史学学术研究而言，可谓又一惊喜。实际上，结合社会学的历史学研究范式在西方的历史学研究中已较为普及，而我国的历史学者普遍采用的仍是传统的历史写作模式。我相信，这本年谱是写给大众，也是写给学者的。其不仅囊括了所有有关张伯驹的文献，成为了张伯驹乃至相关研究的基石，还传递了上述历史学研究的新理念，值得历史学研究者揣摩玩味。

萨特在《恶心》一文中谈道："人类一直是一个说故事者，他总是活在他自身与他人的故事中。他也总是透过这些故事来看一切的事物，并且以好像在不断地重新诉说这些故事的方式生活下去。"这段话描绘一名历史学者实乃契合。在我看来，靳飞是张伯驹故事的说故事者，他活在他与张伯驹的故事中，而借着张伯驹，他要描绘的是整个民国，他要解构的是我国传统文化中亘古不变的基因编码。

2013年6月20日中国人民大学品园

再校后记

汪 润

我因为看戏的缘故,有幸得识靳飞教授。初识时,我只知道靳飞教授曾作中日版昆剧《牡丹亭》,还写过很多戏曲方面的评论文章。2020年3月,新冠病毒疫情期间,我接到靳飞教授电话,嘱我去他家中做《张伯驹年谱》的书稿校对工作。因为疫情,北京停工停学,我正好在家无事,便兴然应允;但去的路上,我还有几分担心,口罩、护目镜、手套、酒精一样不少。3月底,我终于陆陆续续地完成了校对工作,同时,也加深了对靳飞教授和他的学问的了解。

张伯驹年谱的编纂,只是靳飞学术研究的冰山一角,他在戏曲、民国史、金融史、中日交流史、文学等多个方面,均有很深的造诣。我与靳飞教授相识时间不长,只能从他的著作中以管窥豹。了解靳飞的学术脉络,也更有利于进一步了解此部年谱的闪光之处。

一、新文化运动以外的新文化

20世纪90年代末，在中国大陆学界掀起了一股反思新文化运动的思潮，很多著名学者参与了大讨论。教科书上的一般看法，认为新文化运动始于1915年，陈独秀在其主编的《新青年》刊载文章，提倡民主与科学，反对封建文化；认为它是"反传统、反孔教、反文言"的思想文化革新，是带有革命意义和进步意义的。但经过后世几十年的变化，学术界开始认为新文化运动和之后的五四运动在反对儒家传统、反对旧文化是激进主义的，从某种程度上说，割裂了中国传统的脉络，并对后来的中国建设影响并不完全有利。

王元化先生是这一系列反思新文化运动讨论的发起者之一。王元化总结新文化运动及五四运动，认为思想成就是个性解放，"人的觉醒"。但同时有四种观念弊端：第一，庸俗进化观点；第二，激进主义；第三，功利主义；第四，意图伦理。其中所谓"意图伦理"即在认识论上先确立拥护什么和反对什么的立场，这种立场态度决定认识的观点，就是韦伯的意图伦理。而且随着时间的进展，这四种观念对于我国文化建设越来越带来了不良的影响。（《九十年代反思录》）以今天人们的观点来看，新文化运动的思维模式过于激进，甚者趋向极端，对传统破坏力很大。由于要反对传统，而主张全盘西化。由于汉字难懂，而要废除汉字。由于反对旧礼教，而宣传非孝，等等。

王元化研究杜亚泉与陈独秀在五四运动前后的论战，发表《杜亚泉与东西文化问题论战》归纳当时论战的几个阵营差异：杜亚泉持中西文化调和论；陈独秀反对调和论；胡适以西学为主体，不主调和论；吴宓以中学为主体，亦不主调和论。通过研究，王元化认为"东西文化融会调和是极其复杂的，其中不少问题至今仍悬而未决。持调和论者主张开发传统资源，使之与西方文化接轨。但是在许多方面，传统资源十分贫乏"（《九十年代反思录》）。实际上，王元化是借杜亚泉之口，重新反思新文化运动中的新与旧、中与西的关系，并且希望借调和论找到新文化运动打破旧传统之后的出路。

反思新文化运动所观照的永远是现实社会。当很多学者看到五四运动的激进主义，传统文化的割裂之后，除了重新评价新文化运动之外，更多思考的是当时社会观念如何重建，以及现在需要什么样的传统文化的大问题。不同学者在不同领域寻找答案，林毓生所著的《中国意识的危机》和《中国传统的创造性转化》认为反传统的态度，彻底地摧毁了我们文化的凝聚力。而儒家文化可以和西方自由人文主义相结合，而这种结合就是儒家文化的现代化转变。杜维明也类似地从儒家传统找答案，认为要反对"儒教中国"，把儒家传统弘扬成为一个涵盖性的人文景观。这些学者仍然是在中西文化对立方面寻找答案，无非是五四运动打压了儒家传统，如今希望提高儒家传统。

不同于其他学者，王元化跳出了这种中西二元对立，指出："封建传统至少可区分为以封建时期高层文化（即精英文化或士绅文化）为内容的大传统和以封建时期低层文化（即民间文化）为内容的小传统两种形态。（所谓大传统与小传统是用文化人类学的概念）。而作为小传统的民间文化中又可区分为一般的大众文化和具有特定意义的游民文化等等。"（《一九九一年回忆录》）大传统与小传统是美国人类学家芮斐德（Robert Redfield）提出的一种文化分析二元框架。大传统可以理解为社会中少数上层人士、知识分子所代表的文化；小传统为在农村中多数农民和底层群众所代表的文化。在文化人类学领域，已经不断修订这一理论，认为不是大传统引领或者同化小传统，而是通过少数精英渗透小传统，小传统以传播方式影响大传统。

新文化运动的确也曾有推倒贵族文学提倡平民文学的口号。从来被轻视的民间文学，如小说、山歌、民谣、竹枝词等受到了新文化学人的重视。周作人、胡适等人搜集民间文学，"眼光向下的革命"成就了中国民俗学。但是，他们却对京剧采取了极其厌恶的态度。在《新青年》上辟专栏进行京剧的讨论，胡适、刘半农、钱玄同、周作人、傅斯年等发表了反对京剧的文章。这件事反而引起王元化的思考，从大传统与小传统角度，"京剧无论在表演体系上或在道德观念上，都体现了传统文化精神和传统艺术的固有特征。研究中国文化传统经过了怎样的渠道走进民间社会，甚至深入穷乡僻壤，使许多不识字的乡民也蒙受它的影响，这是一个值得探讨的问题"。"民间社会是通过小传统去接受大传统的，因此不是直接，而是间接地吸取了大传统如经史中的观念以及史实等等。今天许多人的历史知识不是来自正史，而是来自广为流传的小说戏曲"。（《九十年代反思录》）可见，王元化发现了沟通大传统与小传统的媒介可能是京剧。虽然京剧备受当时新文化运动领军人物的攻击,但恰恰承担了新文化的转变与宣传工作。但可惜王元化的思考仅止于此,没有进一步深入探讨京剧与新文化运动的诸多关系,靳飞接续了这项思考。

靳飞提出"在中国历史发生重大转折之际,也并非只有新文化运动诸公感受到了这一巨大变化,也并非只有新文化运动诸公意识到了要创造出一种新文化。换言之,在新文化运动之外,不等于就没有'新文化'的存在"。这里,靳飞所指的新文化运动之外的"新文化",其实主要指的就是中国京剧艺术。他继续指出"中国京剧艺术就是一种没有'被计划'过的,因时代变化而被激发起文化的自觉,自然而然形成的一种中国'新文化'"(《靳飞戏剧随笔》)。这里靳飞提出的新文化运动之外的"新文化",实质上就是发展了王元化认为新文化运动中有大传统与小传统的说法。《新青年》的编辑和作者团队,如陈独秀、李大钊、胡适、钱玄同、周作人、傅斯年等人,希望的是从国家和精英文化层面进入的文化变革,反对旧文化,反对旧传统。新文化运动和五四运动以一种激进的方式,推动了精英阶层的文化变化,这样的变化也必然从文化运动变成社会运动,经由少数精英渗透到小传统中,在小传统层面迅速传播,成为大众接受的新文化。可以说,靳飞提出的新文化运动之外的"新文化",打破了以往研究新文化运动只停留在少数精英的论辩,只关心新旧、中西这些近乎哲学的论战;这一概念的提出把新文化运动和五四运动从一个思想史的层面,或者革命话语下的政治史,拉回芸芸众生的社会史层面,思考小传统中的变化逻辑,中国京剧是否成为小传统中社会改造的探索先锋。从纯学术的角度上讲，这是开拓性的理论概念，具有很强的生命力，可以进一步扩展思考小传统的"新文化"如何改变了整个民国至今的文化政治生态。

北京戏曲评论学会副会长陈飞在《靳飞戏剧随笔》序中已经系统地阐述了"民国京剧"的理论形成与社会意义。"民国京剧"论是接续了王国维提出的"楚之骚、汉之赋、六代之骈语、唐之诗、宋之词、元之曲"。有人补充"明清小说"，靳飞再续"民国京剧"。（《靳飞戏剧随笔》）陈飞认为整个民国时代，京剧成为当时中国最为主流的本土艺术形式。京剧是在新旧文化、中西文化剧烈碰撞与交锋中形成，让各个阶层和有着不同文化背景的人群达到了艺术上的共通。"民国京剧"本身就是一场新文化运动。中国京剧在探寻其自身出路的同时，不知不觉间也肩负起了对于中国"新文化"的探索。中国京剧艺术因而既是中国最晚形成的中国古典艺术，同时又是中国最早形成的现代艺术。其重要程度，足堪媲美新文化运动。

靳飞并没有止步于提出概念，而且进行了具体的研究，并从不同层面论证"民国京剧"究竟如何成为"新文化"。他认为谭鑫培是中国京剧艺术"新文化"探索的肇始者。谭鑫培提升京剧艺术水平，提高艺术家社会地位，开拓现代化"新文化"理念，走进商业城市，接受报纸杂志、唱片电影等新思想和新艺术形式。另一个代表人物是梅兰芳，他从表演和创演两方面改良京剧，移步不换形。梅兰芳令京剧艺术成为国际间耀眼的中国文化徽章。除了艺术家的自我探索以外，不同阶层背景的精英加入了京剧改革队伍。齐如山这样的介于新旧之间的文人,他参与梅党,以及从事戏曲、民俗等方面的撰述。还有一部分留美背景的知识分子也参与到梅兰芳等人的戏剧活动中。余上沅提出"由中国人用中国材料去演给中国人看的中国戏"的"国剧"概念。熊佛西在河北定县开展"农民戏剧运动",希望把"国剧必建设在新剧与旧剧之间"等等。(《靳飞戏剧随笔》)另外,观众群体也是京剧变化的因素之一,周作人批评传统戏剧中的"粉戏",靳飞研究了当时的群众男女比例与粉戏的关系。直至民国之后,社会风气变化,女性观众进入剧场,这些粉戏才逐渐减少。(《梅氏醉酒宝笈》)

靳飞从与民国京剧相关的艺术家、文化精英、观众等各个阶层分析京剧改良运动及京剧艺术传播,给出了一个社会层面的民国京剧全景。同时,他还从儒家思想的层面,探讨京剧与传统儒教的关系,认为京剧天生就蕴含了儒教思想和意识形态。清末满族贵族把京剧演员请到宫廷,京剧演员的地位身价提高到史上中国传统戏剧演员所获得的最高水平。京剧剧场成为儒教的教堂。(《靳飞戏剧随笔》)所以说,小传统中的京剧一方面受到了大传统中精英的影响,另一方面又自成一体,更具有生命力和活力,完成了向民众传播观念的作用。

新文化运动之外的"新文化",概念来自人类学的大传统与小传统,我认为可以套用法国人类学家布尔迪厄的"文化场域"概念进行理解与进一步研究。布迪厄的文化场域概念,不是一个客观的场地,而是类似电磁场一样,不同的文化人物、文化资本、文化现象等等综合而有机地相互作用和影响,其中有权力政治,但同时又有自己的稳定结构。靳飞研究的各个阶层，不论是王孙贵胄还是贩夫走卒，都从自己的角度进入了中国京剧这个大场域中，每个人带着自己原有的社会、经济、文化资源，有着不同的意愿和目的，影响这个"新文化"走向，同时又从这个中国京剧中有所得。当一种文化，成为了社会各个阶层共同参与，共同创造又一起传播出去的时候，它的生命力就是无限的。新文化运动之外的"新文化"通过"民国京剧"这个核心手段，在中国小传统文化中不断扩散，逐渐地扎根百姓，深入人心。这样的影响力是新文化运动的诸位精英所无法达到的。其影响之深远就不仅是新文学和中西之辩所能包容的了，也许已经影响了民国直至现在的文化走向。

新文化运动之外的"新文化"，是靳飞关于民国政治文化变迁的核心观念。这个"新文化"概念与"民国京剧"论，我个人认为是一体两面的关系，是从不同层面，不同角度对民国文化的理解。新文化运动之外的"新文化"是对当时文化发展不同出路的判断，同时给出了新文化之后的道路，是从小传统的角度提出的。那么，非止京剧，其他戏曲、小说、竹枝词等小传统文化都可以在一定程度上进入"新文化"，但不够古今中西融合，没有那么典型。"民国京剧"是从唐诗宋词、元曲、明清小说等这一系列文学形式的角度上阐发的民国文化新风尚，是另一种新文化，也是不同阶层的文化改革运动的成果。总之，新文化运动之外的"新文化"是对新文化运动和五四运动反思的反思，既是对民国当时社会文化的客观描述，又是对"新文化"的全新阐释与发展，可以研究过去，也可以观照现在的文化建设。

二、还原"血肉"的年谱编纂

历史学研究一直以政治史为骨架，研究王朝更替，研究帝王将相功过得失。而其他的历史门类，则进入专门史学科领域。文化史、社会史则被称为还历史以"血肉"的历史，即在政治史的骨架上塞上不同时代的血肉组成完整的人。当然，随着史学的不断革命，各种新史学的学说越来越多，政治史这个骨架是否还被史学家认可，已经成为了问题。梁启超倡导新史学，傅斯年重实证，年鉴学派要社会科学化，法国提倡日常生活中发现历史；但不论史学理论如何变化，考证史实，尽量全面地还原历史人物始终是历史学的基础。

靳飞的《张伯驹年谱》不是史料的堆积，而是在大量考证工作之后完成的研究之作。张伯驹先生的传记已经有不少，但因为他一生在京剧、收藏、书画等方面都有很深的造诣，所以传记史家往往只执一项，而无法窥得张伯驹的全貌。张伯驹本身不是政治家，但他父亲张镇芳是民国政坛的风云人物，同时还是盐业银行的董事长。张伯驹从小在这样的环境中成长，但始终跟政治是比较疏离的。但是他身边的人很多是民国名流，他家与袁世凯家庭的联系紧密。1949年初，张伯驹与张东荪、彭泽湘等倡议罢兵，以保全人民古物，希望主动参与北平和平解放。这说明张伯驹虽然不是政治中心，但也有一颗参与政治的心。此部年谱在张伯驹及其父亲的交游方面，很费心思，收录了张镇芳及其重要亲属、朋友、部下的相关资料。这些资料分散于档案、书信、日记、报纸等大宗史料之中，民国政治史料人物众多，种类复杂，搜集很不容易。

年谱为后学的研究打下坚实的史料基础，对同一件事，兼收不同的声音。张伯驹的爱好是京剧、书画还有诗词。靳飞对京剧很有研究，年谱中收录了余叔岩和张伯驹的交往，国剧研究会，堂会等相关记录，尽可能地保留多种声音，当事人从各自的角度进行记录。对于诗词研究，当代很多历史学者望而却步，以我自己为例，完全看不懂诗词的意境，更何谈研究。靳飞教授留旧时遗风，爱好古体诗词。我亲眼所见靳飞教授"倚马"之才，手不辍笔，多有诗稿问世。他在研究张伯驹诗词的时候，得心应手，考据诗词始末缘由，又有编者按解释诗词情景，所收的诗词史料均有考订，无疑是年谱的一大特色。

我在靳飞教授家里做校对的时候，正好看到他给北大商学院的学生做网络直播，题目就是《透过张伯驹看近代金融》。两讲共三个小时，完全脱稿，一气呵成，大量的史料信手拈来。以往对于张伯驹的研究，多是书画与收藏，几乎未见有人涉及张伯驹与金融领域。靳飞还曾系统地研究过盐业银行，做过王绍贤小传。可以说张伯驹的重要收藏以及后来被绑架一事的解决，都与盐业银行的出力有关。近代金融业对中国近代文化的发展，民国各界名流与金融业的关系，这些问题至今学术界还罕有研究。

靳飞不是简单地以文本而研究历史，而是往往能够透过只言片语，理解当时人的状态，揣摩内心。他能够揣摩张伯驹这样一代公子名流的心境，跟其自身经历有关。靳飞本人交友甚多，自幼就接触文化界名人。在《北京记忆》的作者介绍中写道：靳飞"师从张中行、吴祖光、严文井、洁珉、范用、牛汉、姜德明诸老，转作散文随笔，时人谓之'老生代里之遗少'。好交游，师友多在花甲以上"。这些话并非自夸，《旧风旧雨》一书中，收录了对张中行、新凤霞、萧乾、胡絜青、叶盛长、严文井、季羡林等先生的怀念文章，记录了他与诸位先生的相交过往。靳飞始终浸透在文化圈的顶层，使得他能够年轻时候就见识非凡，体悟诸多名家的思想精华。他带着这样的感悟，走进张伯驹的交游世界，并不陌生，不隔膜，能够体会社会不同阶层人士的为人处世逻辑。这些都是普通只读书本的历史学者所无法具备的。吕不韦的《吕氏春秋》提出："古今一也，人与我同耳。有道之士，贵以近知远，以今知古，以益所见知所不见。"治史学者只能在古今的不断碰撞中，猜测古人的只言片语。真正能够做到笑谈古今，体会"古今一也"的人又有多少呢？靳飞所作文章的洒脱，是看懂人情世故皆学问的豁达。